ミネルヴァ教職専門シリーズ11

広岡義之／林泰成／貝塚茂樹
監修

総合的な学習の時間
の新展開

釜田 聡／松井千鶴子／梅野 正信
編著

ミネルヴァ書房

監修者のことば

　21世紀に入って，すでに20年が過ぎようとしています。すべての児童生徒にとって希望に満ちた新世紀を迎えることができたかと問われれば，おそらくほとんどの者が否と言わざるを得ないのが現状でしょう。顧みてエレン・ケイは，1900年に『児童の世紀』を著し，「次の世紀は児童の世紀になる」と宣言して，大人中心の教育から子ども中心の教育へ移行することの重要性を唱えました。それからすでに120年を経過して，はたして真の「児童の世紀」を迎えることができたと言えるでしょうか。

　そうした視点から学校教育を問い直し，いったい何が実現・改善され，何が不備なままか，あるいは何が劣化しているかが真摯に問われなければなりません。このようなときに，「ミネルヴァ教職専門シリーズ」と銘打って，全12巻の教職の学びのテキストを刊行いたします。教職を目指す学生のために，基本的な教育学理論はもとより，最新知見も網羅しつつ，新しい時代の教育のあるべき姿を懸命に模索するシリーズとなりました。

　執筆者は大学で教鞭をとる卓越した研究者と第一線で実践に取り組む教師で構成し，初学者向けの教科書・入門的概論書として，平易な文章で，コンパクトに，しかも教育的本質の核心を浮き彫りにするよう努めました。すべての巻の各章が①学びのポイント，②本文，③学習課題という3点セットで統一され，学習者が主体的に学びに取り組むことができるよう工夫されています。

　3人の監修者は，専門領域こそ違いますが，若き少壮の研究者時代から相互に尊敬し励まし合ってきた間柄です。その監修者の幹から枝分かれして，各分野のすばらしい執筆者が集うこととなりました。本シリーズがみなさんに的確な方向性を与えてくれる書となることを一同，心から願っています。

　2020年8月

広岡義之／林　泰成／貝塚茂樹

は　じ　め　に

　総合的な学習（探究）の時間は，変化の激しい社会に対応して，探究的な見方・考え方を働かせ，横断的・総合的な学習を行うことを通して，よりよく課題を解決し，自己の在り方生き方を考えていくための資質・能力を育成することを目標にしています。

　今，世界情勢は新型コロナウイルス感染症（COVID-19）やウクライナ情勢など，まさに予測不可能な変化の激しい時代を迎えています。日本の教育界は，Society5.0への対応とGIGAスクール構想の実現に向け，加速度的に教育改革が進んでいます。このような国内外の社会情勢から，総合的な学習（探究）の時間は，ますます重要な役割を果たすと考えます。

　『総合的な学習の時間の新展開』と題する本書は，「第Ⅰ部　総合的な学習の時間の理論と方法」「第Ⅱ部　総合的な学習の時間の実際」「第Ⅲ部　総合的な探究の時間とこれからの総合学習」の3部構成になっています。

　本書は，主にこれから総合的な学習（探究）の時間の理論と実践を修得しようとする学部生・大学院生，あらためてその理論と実践を学び，これからの総合的な学習（探究）の時間を展望しようとする教育実践者・研究者を対象としています。本書を手にとり，それぞれの立場から，総合的な学習（探究）の時間の理論と実践，今後の展望について考えていただきたいと思います。

　第Ⅰ部から第Ⅲ部を通じて，小・中学校の総合的な学習の時間のあゆみ，理論と方法，具体的な教育実践を概観できるように編集しました。また，高等学校の総合的な探究の時間のねらいや具体的な教育実践，およびこれからの総合学習について展望できるように構成しました。

　ここで，第Ⅰ部から第Ⅲ部までの概要を説明します。

　第Ⅰ部の「総合的な学習の時間の理論と方法」は，第1章から第7章までの7つの章で構成されています。第1章は総合的な学習の時間の創設の経緯等について，第2章は総合的な学習の時間の意義と特質について扱います。第3章

から第7章までは，学校運営と総合的な学習の時間の関係，特にカリキュラム・マネジメントについて取り上げています。また，総合的な学習の時間における具体的な指導と評価の在り方，体制づくりについて説明しています。

　まずは第1章全体を一読していただくことで，総合的な学習の時間の創設期から現在に至るまでの経緯や理論と実践の概要を理解していただけると思います。

　第Ⅱ部の「総合的な学習の時間の実際」は，第8章から第15章までの8つの章で構成されています。第8章から第10章では，国際理解教育やSDGs，多文化共生など，主にグローバル時代に関わる教育課題と総合的な学習の時間の関係を扱います。第12章では，生活科の特性と生活科と総合的な学習の時間の接続について整理しています。第13章から第15章では，総合的な学習の時間とICT，人権教育，防災教育を扱います。

　第Ⅲ部の「総合的な探究の時間とこれからの総合学習」は，補章1から補章4までで構成されています。補章1から補章3は，高等学校の総合的な探究の時間の実践について説明しています。補章4は，現代的な課題に正対した総合学習の在り方として，新型コロナウイルス感染症との関係を取り上げました。学校における危機管理，人権教育等との関係について検討できると思います。

　最後になりましたが，本書の執筆者の皆様には，大変ご多用の中，快くご執筆をお引き受けいただきました。執筆者の皆様のおかげで，本書は総合的な学習（探究）の時間の理論と実践について，論理的かつ読みやすく仕上がったように思います。ありがとうございました。

　ミネルヴァ書房編集部の平林優佳さんからは，温かく細やかなご配慮・ご教示をいただき，丁寧に本書を仕上げていただきました。

　心より感謝申し上げます。

2022年12月

　　　　　　　　　　　　　　　　　編者を代表して　釜田　聡

目　次

監修者のことば

はじめに

第Ⅰ部　総合的な学習の時間の理論と方法

第Ⅰ部

総合的な学習の時間の理論と方法

総合的な学習の時間のあゆみ
―――総合的な学習の時間の創設―――

　「総合的な学習の時間」は，1996年7月の中央教育審議会答申（第一次答申）および，これをふまえた1998年7月の教育課程審議会答申において創設が提言された。その後，1998（平成10）年12月告示の小・中学校学習指導要領，1999（平成11）年3月告示の高等学校学習指導要領に位置付けられた。

　本章では，最初に「総合的な学習の時間」創設の経緯を，1990年前後の国内外の出来事や教育界の動向，教育実践研究の系譜から考えよう。次に「総合的な学習の時間」創設時の目的や意義について，中央教育審議会答申や教育課程審議会答申，学習指導要領等から探究しよう。

1　「総合的な学習の時間」の創設

（1）時代背景

　1990年代初頭，世界は激動の時期を迎えた。1990年8月にイラクがクウェートを侵攻し，湾岸戦争が勃発した。10月には東西ドイツが統一し，翌1991年12月，ソビエト社会主義共和国連邦が解体した。まさに，戦後の世界秩序の転換期がこの時期に訪れた。

　日本国内では，バブル経済が崩壊（1991年～）し，未曽有の経済的混乱に直面した。バブル経済の崩壊は，その後の日本人の生活スタイルや価値観にも大きな影響を及ぼした。1995年1月17日には，淡路島北部を震源とするマグニチュード7.2の大地震が近畿地方を襲った（阪神・淡路大震災）。この地震による被害は甚大で，日本国内のみならず世界中に衝撃を与えた。

　このように，1990年代初頭，世界では湾岸戦争や東西ドイツ統一，ソ連解体と，世界中に続けざまに大きな激震が走り，日本国内は，バブル経済の崩壊，

表1-1 「総合的な学習の時間」創設に関わる動向

日本の教育界の動向	年	日本・世界の動向
	1990（平成2）年	イラクがクウェートを侵攻，湾岸戦争勃発 東西ドイツ統一
	1991（平成3）年	バブル経済の崩壊（日本） ソビエト社会主義共和国連邦解体
学校週5日制（毎月の第2土曜日を休業日とする月1回の学校週5日制）の導入	1992（平成4）年	地球サミット開催 （国連環境開発会議，リオ・デ・ジャネイロ）
	1993（平成5）年	EU発足
文部省「生きる力をはぐくむ」を副題に掲げた教育白書を発表	1994（平成6）年	
文部省「マルチメディアの発展に対応した文教政策に関する座談会」の開催 中央教育審議会　諮問	1995（平成7）年	阪神・淡路大震災
中央教育審議会　第一次答申	1996（平成8）年	
教育課程審議会　中間まとめ	1997（平成9）年	
教育課程審議会　答申 小中学校学習指導要領告示	1998（平成10）年	
高等学校学習指導要領告示	1999（平成11）年	
中央教育審議会　諮問 学習指導要領の一部改正	2003（平成15）年	
中央教育審議会　答申 小中学校学習指導要領告示 高等学校学習指導要領告示	2008（平成20）年	

出所：筆者作成。

阪神・淡路大震災と，大きな困難に直面し，深い悲しみに包まれた。

　表1-1は，「総合的な学習の時間」創設に関わる日本の教育界の動向と当時の日本・世界の情勢をまとめたものである。

（2）日本の教育界の動向——「生きる力」の登場

　1994年12月13日，文部省は「生きる力をはぐくむ」を副題に掲げた教育白書を発表した。この教育白書は，当時の学校教育が直面していたいじめや登校

拒否（不登校），校内暴力などの教育課題を独立した項目として取り上げ，「一人ひとりを大切にする教育」を進めることを強調した。

　1995年4月26日，与謝野馨文部大臣（当時）は，中央教育審議会（以下，中教審）に対し「21世紀を展望した我が国の教育の在り方」を諮問した。諮問の理由として，国際化社会，情報化社会，高度技術社会の中で，21世紀に向けた教育の在り方について検討を行う必要があることを挙げている。この諮問文の骨子は，先の1994年に発表された教育白書が強調した教育課題をふまえたものであった。

（3）教育実践研究の系譜

　「総合的な学習の時間」の創設に関わっては，各学校の教育実践研究，特に戦後の教育実践研究によるところが大きい。ここでは，総合学習[1]に関わる研究開発学校等の教育実践研究について検討する。

① 研究開発学校等

　文部科学省は，1976年，幼稚園，小学校，中学校，義務教育学校，高等学校，中等教育学校および特別支援学校の教育課程の改善に資する実証的資料を得ることを目的として，研究開発校制度を設けた[2]。研究開発学校の実践の集積は，「総合的な学習の時間」の創設に際しての実証的な資料を提示するものとなった[3]。

　研究開発学校は，確かに「総合的な学習の時間」創設に向けて実証的な資料

---

(1)　本章では，総合学習を，「総合的な学習の時間」や合科的，あるいは教科横断的な学習を総称した意味として使用する。

(2)　この制度は，現在的な教育課題に即した研究開発を行おうとする学校を「研究開発学校」として指定し，その学校には，学習指導要領等の現行の教育課程の基準によらない教育課程の編成・実施を認め，その実践研究を通して新しい教育課程・指導方法を開発していこうとするものであった。

(3)　代表的な事例は次の通りである。小学校では，滋賀県・浜田東小（1990〜1992年度），香川大学教育学部附属高松小（1992〜1994年度），東京学芸大学附属大泉小（1995〜1997年度），滋賀県・春照小（1995〜1997年度）など。中学校では，愛媛大学教育学部附属中（1989〜1991年度），北海道教育大学附属中（1990〜1992年度），香川大学教育学部附属高松中（1991〜1993年度）など。高等学校では，大分県立情報科学高（1989〜1991年度），奈良女子大学文学部附属高（1989〜1991年度），金沢大学教育学部附属高（1992〜1994年度）など。

を提示した。一方で，研究開発学校が提示した資料を十分に集約・整理しきれなかったことも事実である。たとえば，中教審の審議の段階では，「教科等の構成の在り方」が問題となっていた。しかし，この問題は，教育課程審議会（以下，教課審）の審議においては中心的な論点とならなかった。この点に関わって，中教審の専門委員の一人であった児島邦宏の次の発言は重要である（児島，1998：204）。

> もちろん，総合的学習の目標や内容が固まり，各教科との関連も明らかにされ，学校段階を貫く系統性，一貫性も明らかにされて後，新教科あるいは領域として設定されるのが本筋であろう。しかし，目標や内容が，これまでの数多くの研究開発学校での実践を集約しても，固定したものとして明示できる結果に至らなかったという状況がある。そのため，総合学習は大いなるトライアルであって，目標も内容も何も判然としないままに開始するものである。

　この指摘からは，中教審や教課審の検討の過程で，総合学習を「新教科」あるいは「領域」として明確化しようとする努力があったことがわかる。また，研究開発学校の実践事例は，意欲的かつ先駆的な取り組みが多いが，目標や内容，方法などを一般化，あるいは固定化することが困難であったことがうかがわれる。そのことを，児島は「総合学習は大いなるトライアルであって，目標も内容も何も判然としないままに開始するものである」と表現したのであろう。つまり，十分な実証的データがない中での見切り発車であったといえる。もし，中教審および教課審が「新教科」あるいは「領域」として設定しようとした場合は，当然の結果として教科再編は避けられなかったであろう。少なくとも，抜本的な教育課程の改革が行われていたと考えられる。

　もう一つ大きな動きがあった。総合学習の内容の例示に質的な変化が見られたことである。教課審の中間報告の段階までは，総合学習の内容の例示は，国際理解や環境教育など，横断的・総合的な現代的課題の内容を中心に例示されていた。しかし，教課審答申（1998年7月29日）以降は「興味・関心に基づく課題」および「地域や学校の特色に応じた課題」が付け加わり，例示の範囲がより多様になった。

② 　地域の教育実践

　研究開発学校以外にも，「総合的な学習の時間」の創設に寄与した学校の取り組み，教育実践研究がある。ここでは，新潟県上越地域[4]の小・中学校の事例を紹介する（釜田ほか，2020）。

　上越地域では，「総合的な学習の時間」創設以前から，地域で総合学習に取り組んできた。たとえば，上越市立大手町小学校では，1935年に「郷土科」を創設し，地域に根ざした教育活動を重視してきた。1977年には，文部大臣指定開発学校として，「教科」と「生活活動」の2領域による教育課程の開発に着手した。その後も，生活科の理論構築と実践，7単元群による教育課程の開発など，「総合的な学習の時間」の先駆的な教育実践研究を全国に発信し，日本の教育界に大きな影響を与えてきた。

　上越教育大学附属小学校は，1930年，教材や教科の関係を見直し，「郷土科」を特設した。その後，1949年に，「教育課程の編成と実施」と題して研究開発に取り組み，「生活単元」を教育課程に設定した。1974年には，「教科活動」「総合単元」「総合教科活動」「心の活動」「集団活動」の5教育活動を教育課程に設定した。その後は，総合学習を基軸にした教育課程を開発し続け，今日に至っている。

　上越教育大学附属中学校は，1995年から教科枠を超えた学習の場（グローバルセミナー）を教育課程に設定した。グローバルセミナーは，国際理解教育と環境教育，情報教育の3つの学習領域を有し，そのねらいと内容に応じて，各教科等の学習内容や学習方法の関連・統合化を図った。後に学習指導要領に位置付く「総合的な学習の時間」の先駆的な実践といえる。

　以上，国際社会の動向や日本の社会情勢，日本の教育界の動向から「総合的な学習の時間」が創設された経緯に迫ってきた。ここまでで，「総合的な学習の時間」は，時代や社会の要請，教育界の動向，研究開発学校等の地道な教育実践の蓄積から創設されたことが確認できただろう。次節では，具体的な答申の内容や学習指導要領を手がかりに，「総合的な学習の時間」の内実に迫って

(4)　本章では，新潟県に位置する上越市・妙高市・糸魚川市を意味する。

いこう。

2　1996年7月中央教育審議会第一次答申

中教審は，「21世紀を展望した我が国の教育の在り方について（第一次答申）」冒頭で，日本の教育の現状を次のように総括している（中央教育審議会，1996）。

①欧米諸国に追い付き追い越すという目標に適合した追い付き型教育により，日本は高度成長を達成し，物質的に豊かになった。

②その反面，子どもの問題状況をみると，加熱した受験競争のもとで，社会性の欠如，ゆとりのない生活，健康体力の低下，学校への不満等が深刻となっている。

③子どもをとりまく家庭や地域の教育力が低下している。

④国際化や情報化の進展，科学技術の発展，環境問題の深刻化，あるいは高齢化の進行等のマクロ的変化に対応する教育が求められている。

いわゆるキャッチアップ型の教育観の克服や，校内暴力，いじめ，不登校など，子どもたちを取り巻く深刻な教育課題を指摘した。一方で，子どもたちの健全な成長を支える家庭や地域の教育力の低下と，国際化や情報化等の新たな課題について述べ，新しい時代の教育の必要性について言及した。

このような現状認識を示したうえで，「横断的・総合的な学習の推進」については，次のように述べている（中央教育審議会，1996）。

> 　子供たちに［生きる力］をはぐくんでいくためには，言うまでもなく，各教科，道徳，特別活動などのそれぞれの指導に当たって様々な工夫をこらした活動を展開したり，各教科等の間の連携を図った指導を行うなど様々な試みを進めることが重要であるが，［生きる力］が全人的な力であるということを踏まえると，横断的・総合的な指導を一層推進し得るような新たな手だてを講じて，豊かに学習活動を展開していくことが極めて有効であると考えられる。
>
> 　今日，国際理解教育，情報教育，環境教育などを行う社会的要請が強まってきているが，これらはいずれの教科等にもかかわる内容を持った教育であり，そうした観点からも，横断的・総合的な指導を推進していく必要性は高まっていると言える。

> （中略）各教科の教育内容を厳選することにより時間を生み出し，一定のまとまっ
> た時間（以下，「総合的な学習の時間」と称する。）を設けて横断的・総合的な指導
> を行うことを提言したい。

　生きる力は全人的な力であること，また，国際理解教育，情報教育，環境教育などの社会的要請に応えるためにも「新たな手立てを講じる」必要があるとして，一定のまとまった時間（「総合的な学習の時間」）の創設を提言している。そのうえで，「この時間における学習活動としては，国際理解，情報，環境のほか，ボランティア，自然体験などについての総合的な学習や課題学習，体験的な学習等が考えられるが，その具体的な扱いについては，子供たちの発達段階や学校段階，学校や地域の実態等に応じて，各学校の判断により，その創意工夫を生かして展開される必要がある」と学習活動例を示した。

　ここで注目すべきことは，具体的な扱いとして，子どもたちの発達段階や学校段階，学校や地域の実態等に応じて，各学校の判断により，その創意工夫を生かすよう求めたことである。つまり，学習指導要領で，「総合的な学習の時間」の内容や方法等を厳格に規定せず，実践の内容と方法の内実を各学校に委ねたのである。

　このことは，研究開発学校や総合学習の先駆的な教育実践の分析と考察をもとに，目標や内容が，固定したものとして明示できる結果に至らなかったことから見れば当然の帰結だったといえる。

3　1998年7月教育課程審議会答申

　1998年7月29日，教育課程審議会は「幼稚園，小学校，中学校，高等学校，盲学校，聾学校及び養護学校の教育課程の基準の改善について」と題する答申を公表した。新しい学習指導要領告示の約4カ月前のことである。

　その答申において示された，「総合的な学習の時間」創設の趣旨は次の2点である（教育課程審議会，1998）。

　①各学校が地域や学校の実態等に応じて，創意工夫を生かして特色ある教育

　　活動を展開する時間を確保するため。

　②国際化や情報化をはじめとする社会の変化に主体的に対応できる資質や能
　　力を育成することを目的として，教科等の枠を超えた横断的・総合的な学
　　習をより円滑に実施する時間を確保するため。

　そのうえで，「総合的な学習の時間」が，「生きる力」を育むことを目指す今
回の教育課程の基準の改善の中核となるとした。

4　1998年・1999年告示の学習指導要領と 「総合的な学習の時間」

　1998年7月29日の教育課程審議会答申に基づき，小・中学校の学習指導要
領は1998（平成10）年12月に告示され，2002（平成14）年4月から全面実施と
なった。高等学校においては，1999（平成11）年に告示され，2000（平成12）
年4月からの実施が可となり，2003（平成15）年4月から年次進行での実施と
なった。

　学習指導要領において，「総合的な学習の時間」は，小・中・高等学校すべ
てで，「第1章　総則」に位置付けられた。

　小・中学校の表記等はほぼ同じである。高等学校は，教科の特性や発達段階
をふまえ，小・中学校の学習指導要領に一部加筆されている。

　以下，それぞれの特色を比較するため，一覧表にまとめた（表1-2）。

　小・中学校と高等学校の「総合的な学習の時間」の違いは，次の2点である。

① 　学習活動の例示

　小・中学校では，国際理解などの例を示しながら，「学校の実態に応じた学
習活動」を求めている（表1-2左列3）。

　また，小学校においては，国際理解に関する学習として，外国語学習を行う
場合に，「小学校段階にふさわしい体験的な学習が行われるようにすること」
と歯止め規定が盛り込まれた（表1-2左列5 (3)）。高等学校では，概ね小・中
学校と同様の例示を示しつつ，学習活動の内容について，さらに2つの項目が
付け加えられた（表1-2右列3イ・ウ）。

表 1 - 2　「総合的な学習の時間」創設に関わる小・中学校学習指導要領と
高等学校学習指導要領の比較

1998（平成10）年告示　小・中学校学習指導要領	1999（平成11）年告示　高等学校学習指導要領
小学校「第 1 章　総則」「第 3　総合的な学習の時間の取扱い」 中学校「第 1 章　総則」「第 4　総合的な学習の時間の取扱い」	高等学校「第 1 章　総則」「第 4 款　総合的な学習の時間」
1　総合的な学習の時間においては，各学校は，地域や学校，児童（生徒）の実態等に応じて，横断的・総合的な学習や児童（生徒）の興味・関心等に基づく学習など創意工夫を生かした教育活動を行うものとする。	1　総合的な学習の時間においては，各学校は，地域や学校，生徒の実態等に応じて，横断的・総合的な学習や生徒の興味・関心等に基づく学習など創意工夫を生かした教育活動を行うものとする。
2　総合的な学習の時間においては，次のようなねらいをもって指導を行うものとする。 (1)　自ら課題を見付け，自ら学び，自ら考え，主体的に判断し，よりよく問題を解決する資質や能力を育てること。 (2)　学び方やものの考え方を身に付け，問題の解決や探究活動に主体的，創造的に取り組む態度を育て，自己の生き方を考えることができるようにすること。	2　総合的な学習の時間においては，次のようなねらいをもって指導を行うものとする。 (1)　自ら課題を見付け，自ら学び，自ら考え，主体的に判断し，よりよく問題を解決する資質や能力を育てること。 (2)　学び方やものの考え方を身に付け，問題の解決や探究活動に主体的，創造的に取り組む態度を育て，自己の在り方生き方を考えることができるようにすること。
3　各学校においては，2 に示すねらいを踏まえ，例えば国際理解，情報，環境，福祉・健康などの横断的・総合的な課題，児童（生徒）の興味・関心に基づく課題，地域や学校の特色に応じた課題などについて，学校の実態に応じた学習活動を行うものとする。	3　各学校においては，上記 2 に示すねらいを踏まえ，地域や学校の特色，生徒の特性等に応じ，例えば，次のような学習活動などを行うものとする。 ア　国際理解，情報，環境，福祉・健康などの横断的・総合的な課題についての学習活動 イ　生徒が興味・関心，進路等に応じて設定した課題について，知識や技能の深化，総合化を図る学習活動 ウ　自己の在り方生き方や進路について考察する学習活動
4　各学校における総合的な学習の時間の名称については，各学校において適切に定めるものとする。	4　各学校における総合的な学習の時間の名称については，各学校において適切に定めるものとする。
5　総合的な学習の時間の学習活動を行うに当たっては，次の事項に配慮するものとする。 (1)　自然体験やボランティア活動などの社会体験，観察・実験，見学や調査，発表や討論，ものづくりや生産活動など体験的な学習，問題解	5　総合的な学習の時間の学習活動を行うに当たっては，次の事項に配慮するものとする。 (1)　自然体験やボランティア活動，就業体験などの社会体験，観察・実験・実習，調査・研究，発表や討論，ものづくりや生産活動など体験的

決的な学習を積極的に取り入れること。
(2)　グループ学習や異年齢集団による学習など
の多様な学習形態，地域の人々の協力も得つつ
全教師が一体となって指導に当たるなどの指導
体制，地域の教材や学習環境の積極的な活用な
どについて工夫すること。
(3)　国際理解に関する学習の一環としての外国
語会話等を行うときは，学校の実態等に応じ，
児童が外国語に触れたり，外国の生活や文化な
どに慣れ親しんだりするなど小学校段階にふさ
わしい体験的な学習が行われるようにすること。
(中学校は(2)まで。)

な学習，問題解決的な学習を積極的に取り入れ
ること。
(2)　グループ学習や個人研究などの多様な学習
形態，地域の人々の協力も得つつ全教師が一体
となって指導に当たるなどの指導体制，地域の
教材や学習環境の積極的な活用などについて工
夫すること。
(3)　総合学科においては，総合的な学習の時間
における学習活動として，原則として上記3の
イに示す活動を含むこと。

6　職業教育を主とする学科においては，総合
的な学習の時間における学習活動により，農業，
工業，商業，水産，家庭若しくは情報の各教科
に属する「課題研究」，「看護臨床実習」又は
「社会福祉演習」（以下この項において「課題研
究等」という。）の履修と同様の成果が期待で
きる場合においては，総合的な学習の時間にお
ける学習活動をもって課題研究等の履修の一部
又は全部に替えることができる。また，課題研
究等の履修により，総合的な学習の時間におけ
る学習活動と同様の成果が期待できる場合にお
いては，課題研究等の履修をもって総合的な学
習の時間における学習活動の一部又は全部に替
えることができる。

出所：筆者作成。

　イの中で，「進路等」に言及していること，「知識や技能の深化，総合化を図
る学習活動」を求めていること，さらにウで「自己の在り方生き方」を加えた
ことは，高等学校の特殊性を表しているものといえよう。
②　高等学校における学科・教科等の特殊性
　高等学校学習指導要領では，高等学校の学科の特殊性に鑑み，「総合学科に
おいては，総合的な学習の時間における学習活動として，原則として上記3の
イに示す活動を含むこと」と示し（表1-2右列5(3)），「生徒が興味・関心，進
路等に応じて設定した課題について，知識や技能の深化，総合化を図る学習活
動」を求めた。
　また，職業教育を主とする学科における「総合的な学習の時間」の取り扱い

について，特例を認め，高等学校の特殊性への配慮を示した（表 1 - 2 右列 6 ）。

　以上，「総合的な学習の時間」創設のあゆみを概観してきた。こうした経緯を経て，20世紀末，「総合的な学習の時間」が始まった。しかし，十分な準備期間の確保や体制づくりができなかったことから，その後，「総合的な学習の時間」の実践に様々な課題が表出してきたことも事実である。その結果，2003（平成15）年12月には，学習指導要領の一部改正が公表され，「総合的な学習の時間」の充実に向けて新たな提言がなされた。

[学習課題]　① 「総合的な学習の時間」が創設された経緯を，時代背景や教育界の動向などの観点から多面的に考えてみよう。
　　　　　② 「生きる力」を育むために「総合的な学習の時間」が有効である理由を考え，話し合ってみよう。
　　　　　③ 「総合的な学習の時間」が創設された後，実践上の課題がいくつか生じた。どのような課題があったのか，調べて発表しよう。また，そうした課題に対応するため，どのような対応が必要であるか，話し合ってみよう。

[引用・参考文献]

阿部彰『戦後教育年表』風間書房，2005年。

貝塚茂樹・広岡義之編著『ミネルヴァ教職専門シリーズ 2 　教育の歴史と思想』ミネルヴァ書房，2020年。

釜田聡・小林晃彦・松井千鶴子『上越発「総合学習」のあゆみと展開』三恵社，2020年。

教育課程審議会「幼稚園，小学校，中学校，高等学校，盲学校，聾学校及び養護学校の教育課程の基準の改善について（答申）」1998年。

国立教育研究所「昭和62～平成10年度　文部省研究開発学校における研究開発の内容に関する分析的検討（1）──教育課程の全体的な再編，情報教育，『総合学科』高校，英会話をめぐる研究開発」2000年。

国立教育政策研究所「昭和62～平成10年度　文部省研究開発学校における研究開発の内容に関する分析的検討（2）──『新教科』及び『総合的学習』の創造をめぐる研究開発」2001年。

児島邦宏『教育の流れを変える総合的学習──どう考え，どう取り組むか』ぎょうせい，1998年。

中央教育審議会「21世紀を展望した我が国の教育の在り方について（第一次答申）」1996年。

第2章

総合的な学習の時間の意義

　本章では，2017（平成29）年告示学習指導要領の改訂における総合的な学習の時間の改訂の方向性を示したうえで，総合的な学習の時間は学習指導要領において，どのような位置付けとなっているのかを見ていこう。そして，その背景についても理解を深める。さらに，どのように改訂されたのかを目標と内容を取り上げて具体的に示すとともに，今後の総合的な学習の時間にはどのようなことが期待されているのかについても考えていこう。

1　学習指導要領改訂の趣旨

(1) 改訂の趣旨

　2016（平成28）年12月の中央教育審議会の答申（「幼稚園，小学校，中学校，高等学校及び特別支援学校の学習指導要領等の改善及び必要な方策等について」）において，学習指導要領等改訂の基本的な方向性が示されるとともに，各教科等における改訂の具体的な方向性も示された。2017（平成29）年の総合的な学習の時間の改訂は，これらをふまえて行われたものである。

　総合的な学習の時間は，学校が地域や学校，子どもの実態等に応じて，教科等の枠を超えた横断的・総合的な学習とすることと同時に，探究的な学習や協同的な学習とすることが重要であるとしてきた。特に，探究的な学習を実現するため，「①課題の設定→②情報の収集→③整理・分析→④まとめ・表現」の**探究のプロセス**を明示し，学習活動を発展的に繰り返していくことを重視してきた。全国学力・学習状況調査の分析等において，総合的な学習の時間で探究のプロセスを意識した学習活動に取り組んでいる子どもほど各教科の正答率が高い傾向にあること，探究的な学習活動に取り組んでいる子どもの割合が増え

ていることなどが明らかになっている。また，総合的な学習の時間は，PISA（Programme for International Student Assessment；OECD生徒の学習到達度調査）における好成績につながったことのみならず，学習に向かう姿勢の改善に大きく貢献するものとして，OECDをはじめ国際的に高く評価されている。

　そのうえで，課題とこれからの期待として，以下のことが示された。

　一つは，総合的な学習の時間を通してどのような資質・能力を育成するのかということや，総合的な学習の時間と各教科等との関連を明らかにするということについては学校間の格差があるということである。これまで以上に総合的な学習の時間と各教科等の相互の関わりを意識しながら，学校全体で育てたい資質・能力に対応した**カリキュラム・マネジメント**が行われるようにすることが求められている。もう一つは，探究のプロセスの中でも，「③整理・分析」「④まとめ・表現」に対する取り組みが十分ではないという点である。探究のプロセスの質的向上を目指し，一人ひとりの資質・能力の向上をこれまで以上に意識することが期待されている。

（2）改訂の要点

　2017（平成29）年学習指導要領改訂における総合的な学習の時間の基本的な考え方としては，探究的な学習の過程をいっそう重視し，各教科等で育成する資質・能力を相互に関連付け，実社会・実生活において活用できるものとするとともに，各教科等を超えた学習の基盤となる資質・能力を育成することにある。

　また，総合的な学習の時間の目標は，「探究的な見方・考え方」を働かせ，総合的・横断的な学習を行うことを通して，よりよく課題を解決し，自己の生き方を考えていくための資質・能力を育成することを目指すものであることが明確化されている。また，教科等横断的なカリキュラム・マネジメントの軸となるよう，各学校が総合的な学習の時間の目標を設定するにあたっては，各学校の教育目標をふまえて設定することも示された。

　学習内容，学習指導の改善・充実については，各学校は総合的な学習の時間の目標をふまえた探究課題を設定するとともに，課題を探究することを通して

育成を目指す具体的な資質・能力を設定することが求められるようになった。加えて，探究的な学習の中で，各教科等で育成する資質・能力を相互に関連付け，実社会・実生活の中で総合的に活用できるものとなるよう改善された。

　さらには，教科を超えたすべての学習の基盤となる資質・能力を育成するため，課題を探究する中で，協働して課題を解決しようとする学習活動や，言語により分析し，まとめたり表現したりする学習活動（比較する，分類する，関連付けるなどの，考えるための技法を活用する），コンピュータ等を活用して，情報を収集・整理・発信する学習活動（情報手段の基本的な操作を習得し，情報や情報手段を主体的に選択，活用できるようにすることを含む）が行われることも示された。自然体験やボランティア活動などの体験活動，地域の教材や学習環境を積極的に取り入れること等は引き続き重視すること，プログラミングを体験しながら論理的思考力を身に付ける学習活動を行う場合には，探究的な学習の過程に適切に位置付くようにすることなども示された。

2　学習指導要領における総合的な学習の時間の位置付け

（1）教育課程において育成を目指す資質・能力

　現在の日本の子どもの学力を分析すれば，およそ大きな成果が上がってきていると考えることができる。たとえば，PISA調査の結果においては，近年好ましい状況を示し，世界的に見ても高水準を保っている。また，全国学力・学習状況調査の結果については，各都道府県の格差が縮まり，テストなどによって測定できる学力については，一定の成果が出ていると考えることができる。一方，TIMSS（Trends in International Mathematics and Science Study；IEA国際数学・理科教育動向調査）の調査結果からは，「授業が楽しくない」「授業が役立つとは思わない」などの意見をもつ子どもの割合が諸外国より高く，近隣諸国の子どもより自己肯定感が低いことなども明らかになっている。さらには，自分で考え，判断して，行動する力などにも不十分さを示している。社会の変化を見据えることのみならず，子どもの実態を見つめることからも，2017（平成29）年告示学習指導要領の改訂が目指している「何ができるようになるか」の

ために,「どのように学ぶか」をいっそう重視する必要があることが理解できる。

社会の変化や先に示した子どもの実態から,「何ができるようになるか」について, 育成を目指す資質・能力を以下の三つの柱として, 学習指導要領改訂の議論が進められてきた。

①「何を理解しているか, 何ができるか」(生きて働く「知識及び技能」の習得):各教科等において習得する知識や技能であるが, 個別の事実的な知識のみを指すものではなく, それらが相互に関連付けられ, さらに社会の中で生きて働く知識となるものも含む。

②「理解していること・できることをどう使うか」(未知の状況にも対応できる「思考力, 判断力, 表現力等」の育成):将来の予測が困難な社会の中でも, 未来を切り拓いていくために必要な思考力, 判断力, 表現力等である。

③「どのように社会・世界と関わり, よりよい人生を送るか」(学びを人生や社会に生かそうとする「学びに向かう力, 人間性等」の涵養):①および②の資質・能力を, どのような方向性で働かせていくかを決定付ける重要な要素。

ここに示された育成を目指す 3 つの資質・能力が, 一人ひとりの子どもに確かに身に付くようにするためには, とりわけ「どのように学ぶか」が今まで以上に重要となる。これまでのような一方的に知識を教え込む「チョーク・アンド・トーク」の授業や, 一人ひとりの子どもが受身の授業を大きく改善していかなければならない。そうした受動的で指導者中心の学びでは, 実際の社会で活用できる資質・能力が育成できるとは到底考えられないからである。学習者中心で, 能動的な学びこそが求められているのである。ここに総合的な学習の時間の価値が存在している。

（2）教育課程の中核を担う総合的な学習の時間

育成を目指す資質・能力の三つの柱に基づいて各教科等の目標や内容を整理することは, 各教科等において育成を目指す資質・能力を明確にするだけにとどまらず, **教科等横断的な学習**を実現することに寄与する。子どもにとって各教科等の学びはどのようにつながり, どのように連動しているのか。そして,

それが子どもにとってどのような意味をもつものなのかが問われ始めている。こうして教科等を横断する際にカリキュラムの中核となるのは，総合的な学習の時間であり，このことについては，2017（平成29）年の改訂で疑う余地のないものとなった。

　2017（平成29）年告示小学校学習指導要領「第1章　総則」「第2　教育課程の編成」の1の「各学校の教育目標と教育課程の編成」において，次のように記述されている（下線は筆者による）。

> 　教育課程の編成に当たっては，学校教育全体や各教科等における指導を通して育成を目指す資質・能力を踏まえつつ，各学校の教育目標を明確にするとともに，教育課程の編成についての基本的な方針が家庭や地域とも共有されるよう努めるものとする。その際，第5章総合的な学習の時間の第2の1に基づき定められる目標との関連を図るものとする。

　また，続く「2　教科等横断的な視点に立った資質・能力の育成」においては，基盤となる資質・能力や現代社会の課題の解決に求められる資質・能力を教科等横断的な視点で育成していくことが示されている。

> (1)　各学校においては，児童の発達の段階を考慮し，言語能力，情報活用能力（情報モラルを含む。），問題発見・解決能力等の学習の基盤となる資質・能力を育成していくことができるよう，各教科等の特質を生かし，教科等横断的な視点から教育課程の編成を図るものとする。
> (2)　各学校においては，児童や学校，地域の実態及び児童の発達の段階を考慮し，豊かな人生の実現や災害等を乗り越えて次代の社会を形成することに向けた現代的な諸課題に対応して求められる資質・能力を，教科等横断的な視点で育成していくことができるよう，各学校の特色を生かした教育課程の編成を図るものとする。

　以上のことから，2017（平成29）年の学習指導要領の改訂において，総合的な学習の時間は，各学校がカリキュラムをデザインするうえでの，中核となる存在として明確に位置付けられたといえよう。総合的な学習の時間は，学校教育目標との直接的な関係をもつ唯一の時間として教育課程に位置付けられ，学

校独自のカリキュラムをデザインする際の「教育課程の起点」となることがはっきりとしたと考えることができる。

3　総合的な学習の時間が求められる背景

（1）社会の変化が求める人材と資質・能力

　総合的な学習の時間が教育課程上の重要な役割を担う時間として位置付けられ，具体的に改善されてきた。そうした改訂が行われてきたのはなぜなのだろうか。多くの未来予測からも明らかなように，私たちの目の前の子どもたちが活躍する近未来においては，人工知能の革新的進化などに象徴される，想像以上の大きな変化の到来が現実味を帯びている。そうした変化の激しい社会や，日常の暮らしの中に人工知能などが普及する社会においては，ただ単に一方的に知識を教えるだけの教育を行っていても期待される人材を育成することはできない。知識の習得はもちろん重要ではあるものの，これからの社会においては，身の回りに生じる様々な問題に自ら立ち向かい，その解決に向けて異なる多様な他者と協働して力を合わせながら，それぞれの状況に応じて最適な解決方法を探り出していく力をもった人材こそが求められている。また，様々な知識や情報を活用・発揮しながら自分の考えを形成したり，新しいアイディアを創造したりする力をもった人材が求められている。

　こうした新しい社会で活躍できる人材の育成に向けては，先にも述べた通り「何ができるようになるか」が重要であり，そのためには「何を学ぶか」に加えて，「どのように学ぶか」が大切な視点としてクローズアップされてきている。実際の社会で活用できる資質・能力の育成が期待され，そのために「主体的・対話的で深い学び」が実現されるよう学習指導要領の改訂が行われてきた。

（2）資質・能力を育成する授業改善とカリキュラム・マネジメント

　育成を目指す資質・能力の三つの柱として，生きて働く「**知識及び技能**」，未知の状況にも対応できる「**思考力，判断力，表現力等**」，学びを人生や社会において生かそうとする「**学びに向かう力，人間性等**」を，一人ひとりの子ど

もに確かに育成していくことが期待されている。そのためにも，学びの過程において，実社会や実生活と関わりのあるリアリティのある真正の学びに主体的に取り組んだり，異なる多様な他者との対話を通じて考えを広めたり深めたりする学びを実現することが大切になる。また，単に知識を記憶することだけにとどまらず，身に付けた資質・能力が様々な課題の対応に生かせることを実感できるような，学びの深まりも欠かせない。こうした学びは，2017（平成29）年告示学習指導要領において「**主体的・対話的で深い学び**」と表現され，これを実現するためには，学習過程を質的に高めることが必要である。そのためにアクティブ・ラーニングの視点による授業改善が求められている。

　また，資質・能力を育成するための「主体的・対話的で深い学び」を実現していくためには，授業改善とともに，カリキュラム・マネジメントの充実も重要となる。なぜなら，「主体的・対話的で深い学び」を単位時間において実現するには，その1時間がどのような単元に位置づいているかという単元構成を抜きにして考えることはできない。また，その単元は，どのような年間の位置付けになっているかという年間指導計画を知らずして考えることも難しい。さらには，そうした1時間の授業や単元構成，年間指導計画が，すべての教科等においてどのように配列され構成されているかを俯瞰することなく語ることもできない。もちろん，そうしたカリキュラムが，どのような教育目標を受けているかを考えることは当然である。各学校においては，いかにカリキュラムをデザインしていくかが問われており，そのことが資質・能力の育成へと向かうものであることを自覚しなければならない。

　実際の社会で活用できる資質・能力が，一人ひとりの子どもに育成されるためには，「主体的・対話的で深い学び」を実現する授業改善とカリキュラム・マネジメントが欠かせない。そのためにも，期待する学びの実現に向けた総合的な学習の時間のいっそうの充実と，総合的な学習の時間を中核とした教育課程の編成が不可欠である。これまで以上に探究の重要性に光が当たり，総合的な学習の時間の役割と存在価値が明確なものとなってきている。

4　総合的な学習の時間の目標と内容

（1）総合的な学習の時間の目標

　こうして，2017（平成29）年告示学習指導要領において，総合的な学習の時間の目標は以下のように改訂され示されている。

第1　目　標

　探究的な見方・考え方を働かせ，横断的・総合的な学習を行うことを通して，よりよく課題を解決し，自己の生き方を考えていくための資質・能力を次のとおり育成することを目指す。

　(1)　探究的な学習の過程において，課題の解決に必要な知識及び技能を身に付け，課題に関わる概念を形成し，探究的な学習のよさを理解するようにする。

　(2)　実社会や実生活の中から問いを見いだし，自分で課題を立て，情報を集め，整理・分析して，まとめ・表現することができるようにする。

　(3)　探究的な学習に主体的・協働的に取り組むとともに，互いのよさを生かしながら，積極的に社会に参画しようとする態度を養う。

　目標はそれまでの学習指導要領では，一文で示されていた。しかし，2017（平成29）年の改訂では，一文で表した序文と，(1)(2)(3)として各一文で表した資質・能力で構成している。序文は，総合的な学習の時間に固有な見方・考え方，総合的な学習の時間の前提となる特質，総合的な学習の時間における期待する子どもの姿を，序文に続く(1)(2)(3)は，資質・能力の三つの柱に沿って目標を示している。すなわち，(1)では総合的な学習の時間において育成を目指す資質・能力として「知識及び技能」を，(2)では「思考力，判断力，表現力等」を，(3)では「学びに向かう力，人間性等」を示している。

（2）総合的な学習の時間の内容

　総合的な学習の時間の内容については，2017（平成29）年告示学習指導要領には以下のように示されている。

> 2　内　容
>
> 　各学校においては，第1の目標を踏まえ，各学校の総合的な学習の時間の内容を定める。

　総合的な学習の時間では，各教科等のように，どの学年で何を指導するのかという内容を学習指導要領に明示していない。これは，各学校に，地域や学校，子どもの実態に応じて，創意工夫を生かした内容を定めることが期待されているからである。

　2017（平成29）年の改訂では，内容の設定については，「目標を実現するにふさわしい探究課題」「探究課題の解決を通して育成を目指す具体的な資質・能力」の2つを定めることが明示されている。

　「目標を実現するにふさわしい探究課題」とは，目標の実現に向けて，学校として設定したものであり，子どもが探究的な学習に取り組む学習対象のことである。つまり，探究課題とは，探究的に関わりを深める人・もの・ことを示したものであり，たとえば「身近な自然環境とそこで起きている環境問題」「地域の伝統や文化とその継承に力を注ぐ人々」「実社会で働く人々の姿と自己の将来」などが考えられる。

　一方，「探究課題の解決を通して育成を目指す具体的な資質・能力」とは，各学校において定める目標に記された資質・能力を探究課題に即して分析したものであり，子どもが探究課題の解決に取り組む中で具現することが期待される資質・能力のことである。

　このように，総合的な学習の時間の内容は，探究課題と具体的な資質・能力の2つによって構成される。目標の実現に向けて，「どのような対象と関わるか」を表したものが探究課題であり，「どのような学びを実現するか」を明らかにしたものが具体的な資質・能力という関係になる。

5　総合的な学習の時間の今後の展望

　ここまで記してきた2017（平成29）年告示学習指導要領における総合的な学

習に時間に期待することとして，以下が考えられる。

① 探究的で協働的な学びへ

　総合的な学習の時間では，探究のプロセスのいっそうの充実が期待される。その際，一人ひとりの学びを高めていく協働的な学びが欠かせない。多様な意見を生かすことで学びの質を高めるとともに，様々な立場の人と協力しながら問題の解決に立ち向かう姿の実現が期待されている。

② 横断的で学際的な学びへ

　これまで以上に各教科等を横断した学びが求められる。各教科等で身に付けた資質・能力が，総合的な学習の時間で活用・発揮されることなどについて，具体的なイメージを明らかにしたい。その実現に向けて，指導方法を工夫したり，指導計画を改善したりすることが期待されている。

③ 今日的で現代的な課題を

　SDGs，STEAM 教育，地域活性化などは，総合的な学習の時間でこそ実践の可能性が広がる今日的な教育課題である。資質・能力の育成に向けて探究的に学ぶ総合的な学習の時間において，新たな社会課題，教育課題を積極的に扱うことが期待されている。

④ 本質的なキャリア形成に

　自らの生き方や在り方を考えることこそが本質的なキャリア教育である。総合的な学習の時間での豊かな学びを通して，一人ひとりが現実の社会でどのよう暮らしていくかを考え続けることが期待されている。そうした取り組みの中から，未来社会を創造する主体が育成されるものと考える。

学習課題　① 総合的な学習の時間が求められる理由を明らかにしよう。
　　　　　　② 総合的な学習の時間が他教科等と異なる点を示してみよう。

引用・参考文献

文部科学省『小学校学習指導要領（平成29年告示）解説　総合的な学習の時間編』東洋館出版社，2018年a。
文部科学省『小学校学習指導要領（平成29年告示）解説　総則編』東洋館出版社，2018年b。

第3章

総合的な学習の時間とカリキュラム・マネジメント

　2017（平成29）年告示小・中学校学習指導要領では，各学校の教育課程を編成する際，総合的な学習の時間の目標との関連を図ることが求められている。また，総合的な学習の時間においては，カリキュラム・マネジメントを通じて，子どもたちに育む資質・能力を明確にし，各教科等における学びと関連付けていくことが必要とされている。これらのことから，総合的な学習の時間の指導をする際には，その時間の充実だけでなく，教育課程全体を視野に入れたカリキュラム・マネジメントが必要になる。本章では，求められる「社会に開かれた教育課程」やカリキュラム・マネジメント，そして，それらに果たす総合的な学習の時間の役割に注目して読み進めてみよう。

1　「社会に開かれた教育課程」と総合的な学習の時間

（1）「社会に開かれた教育課程」とは

　総合的な学習の時間の学習指導を進める時，担当する学年や学級のカリキュラムを考えるだけでは不十分である。2017（平成29）年告示小・中学校学習指導要領「第1章　総則」には次のような記述がある（下線は筆者による）（括弧内は中学校）。

> 　教育課程の編成に当たっては，学校教育全体や各教科等における指導を通して育成を目指す資質・能力を踏まえつつ，各学校の教育目標を明確にするとともに，（中略）その際，第5章（第4章）総合的な学習の時間の第2の1に基づき定められる目標との関連を図るものとする。

　また，『小・中学校学習指導要領（平成29年告示）解説　総合的な学習の時間

編』には，次のような記述がある（文部科学省，2018a：24／2018c：24）（下線は
筆者による）。

> 　総合的な学習の時間は，教科等を越えた全ての学習の基盤となる資質・能力を育
> むとともに，各教科等で身に付けた資質・能力を相互に関連付け，学習や生活に生
> かし，それらが総合的に働くようにするものである。このような形で各教科等の学
> 習と総合的な学習の時間の学習が往還することからも，総合的な学習の時間は教科
> 等横断的な教育課程の編成において重要な役割を果たす。

　これらのことからわかるように，総合的な学習の時間は，**教科等横断的な教
育課程の編成**において役割を果たすことが求められているのである。

　そこで，まずは，2017（平成29）年告示学習指導要領で目指す「**社会に開か
れた教育課程**」と，それに果たす総合的な学習の時間の役割について把握して
おこう。改訂に向けて出された「幼稚園，小学校，中学校，高等学校及び特別
支援学校の学習指導要領等の改善及び必要な方策等について（答申）」（以下，
答申）では，子どもたちが未来の創り手となるために求められる資質・能力を
育んでいくために「社会に開かれた教育課程」が示され，次の 3 点が重要とさ
れている（中央教育審議会，2016：19〜20）（下線は筆者による）。

> ①　社会や世界の状況を幅広く視野に入れ，よりよい学校教育を通じてよりよい社
> 　会を創るという目標を持ち，教育課程を介してその目標を社会と共有していくこ
> 　と。
> ②　これからの社会を創り出していく子供たちが，社会や世界に向き合い関わり合
> 　い，自らの人生を切り拓いていくために求められる資質・能力とは何かを，教育
> 　課程において明確化し育んでいくこと。
> ③　教育課程の実施に当たって，地域の人的・物的資源を活用したり，放課後や土
> 　曜日等を活用した社会教育との連携を図ったりし，学校教育を学校内に閉じずに，
> 　その目指すところを社会と共有・連携しながら実現させること。

　「社会に開かれた教育課程」とは，教育課程や目指す資質・能力を社会と共
有したうえで，その実現に向けて連携・協働していくという理念であると捉え
ることができるであろう。その理念を理解し，教員間だけでなく，保護者や地

域住民とも共有し，実現を目指すことが必要なのである。

　「社会に開かれた教育課程」と類似した言葉に，「**開かれた学校**」がある。「21世紀を展望した我が国の教育の在り方について（第一次答申）」（1996年7月）では，学校が社会に対して閉鎖的であるという課題を指摘し，学校内の情報を家庭や地域社会に積極的に発信することや，地域の人々や保護者に学校ボランティアとして協力してもらうことなどを挙げており，情報や人が物理的に行き交うことが中心となっている。

　では，「社会に開かれた教育課程」はどうだろうか。「目標を社会と共有」「目指すところを社会と共有・連携」という記述から，各学校の教育目標や教育課程の理念の共有に重きが置かれているといってよいだろう。「社会に開かれた教育課程」は，情報を共有したり，連携して児童生徒のための活動を行ったりするだけでなく，目指す子ども像やそれを目指して実践する学習活動の意味も共有していこうとするものである。

（2）「社会に開かれた教育課程」に果たす総合的な学習の時間の役割

　「社会に開かれた教育課程」を目指していく時，総合的な学習の時間はどのような役割を果たすことが必要だろうか。総合的な学習の時間の目標では，実社会や実生活の中から問いを見出すことや，積極的に社会に参画することを重視している。それらは，学校内の教育活動だけで達成することは難しい。実社会や実生活の中から問いを見出すには，地域に出かけて対象と向き合ったり，人と出会ったりすることが大切である。そういった活動をするために教師は，協力してくれる方々に対して事前に活動の意図を説明し，児童生徒への関わり方について共通理解を図ることになる。たとえば，教師から，「現実の社会で起きていることに正対させたいので，課題や問題点も含めて率直に話してください」と伝えることによって，学校がどのようなことを大切にして教育活動を行い，どのような児童生徒を育てようとしているのかを理解してもらうことができる。総合的な学習の時間では，児童生徒の姿を介して，そして一緒に活動することを通して，教育活動として大切にしていることを地域の方に具体的に理解してもらえるのである。

（ 3 ）「社会に開かれた教育課程」の実現を目指すカリキュラム・マネジメント

①　カリキュラム・マネジメントの考え方

　カリキュラム・マネジメントは，「School Based Curriculum Development（学校に基礎を置くカリキュラム開発）」（以下，SBCD）と関係の深い営みであり，「学校をカリキュラム開発の場と位置づけ，学校での日常的な活動を通して開発を進めていこうとする考え方」（田村，2019：42）といわれている。我が国においては，学習指導要領等に示された国家基準の教育課程があり，当然それに従うものの，全国一律の教育課程にするということではない。前出の答申においても，改訂の趣旨として，「新しい時代に求められる資質・能力の育成やそのための各学校の創意工夫に基づいた指導の改善といった大きな方向性を共有しつつ，むしろ，その実現に向けた多様な工夫や改善の取組を活性化させようとするものである」（中央教育審議会，2016：22）と記されている。つまりは，「社会に開かれた教育課程」を自校化し，理念としてはSBCDを目指すということだと考えられる。そうした時教師に求められるのは，教育課程の使用者ではなく，カリキュラム・マネジメントを行う者としての自律性であろう。教育課程は変えられないものではなく，学校や地域，児童生徒の実態に対応して工夫できるものであると認識することが大切である。

②　カリキュラム・マネジメントの３つの側面

　『小・中学校学習指導要領（平成29年告示）解説　総則編』においては，「カリキュラム・マネジメントは，学校教育に関わる様々な取組を，教育課程を中心に据えながら組織的かつ計画的に実施し，教育活動の質の向上につなげていくこと」（文部科学省，2018b：39／2018d：40）とし，次の３つの側面から整理して示してある。

- 児童（生徒）や学校，地域の実態を適切に把握し，教育の目的や目標の実現に必要な教育の内容等を教科等横断的な視点で組み立てていくこと：これは，学校の教育目標を踏まえた教科等横断的な視点で，目標の達成に必要な教育の内容を組織的に配列していくという側面である。
- 教育課程の実施状況を評価してその改善を図っていくこと：これは，教育課程を編成し，実施し，評価して改善を図る一連のPDCAサイクルを確

立するという側面である。

- 教育課程の実施に必要な人的又は物的な体制を確保するとともにその改善を図っていくこと：これは，教育内容と，教育活動に必要な人的・物的資源等を，地域等の外部資源も含めて効果的に組み合わせるという側面である。

③　カリキュラム・マネジメントを機能させるための基盤

　教師は，上記の3つの側面からカリキュラム・マネジメントに取り組むことになるが，カリキュラム・マネジメントを十分機能させるためには，その基盤となるものについても考えておく必要がある。たとえば，校務分掌等の**組織構造**，教職員の意識などの**組織文化**等である（田村，2011：14〜18）。カリキュラムをつくり，それを動かしていくためには，人，時間，財，情報などの条件を整えることが必要である。教育活動の質を上げるために，教職員の配置をどうするか，教育活動に必要な教材や費用をどのように工面するかなどについても考える必要がある。また，自分たちでカリキュラムをつくり上げようとする創造的な考え方，教職員間のつながりや学年部や各分掌のつながり，協働性などの組織文化も重要である。

　こういった，組織構造や組織文化などについては，管理職やミドルリーダーが考えることだと捉えられがちであるが，そうではない。「児童の資質・能力を育むためにこんな学習活動をしたい。そのために，このような条件整備が必要だから，こんな方法で進めていこう」と考えれば，教職員一人ひとりが取り組む必要のあることだとわかるであろう。

2　総合的な学習の時間を生かしたカリキュラム・マネジメント

（1）カリキュラム・マネジメントの3つの側面と総合的な学習の時間

　総合的な学習の時間には，カリキュラム・マネジメントの機能が含まれている。答申に示されているカリキュラム・マネジメントの3つの側面に照らすとそれがよくわかる。総合的な学習の時間を教育課程にどのように位置付け，活用していくかを考えることによって，総合的な学習の時間を生かしたカリキュ

ラム・マネジメントが可能となる。

① 教科等横断的な視点での内容の配列

　総合的な学習の時間の目標には，「横断的・総合的な学習を行うことを通して」とあり，そもそも教科等横断的な視点が含まれている。また，答申では，総合的な学習の時間における「見方・考え方」として，「各教科等で身に付けた知識や技能等を相互に関連付け，学習や生活に生かし，それらが児童生徒の中で総合的に働くようにすること」（中央教育審議会，2016：237）と述べられており，他教科等との関連はこれまで同様に重視されている。

　このように，総合的な学習の時間そのものが，教科等横断的な視点を重視している。質の高い総合的な学習の時間を実現しようとすれば，教科等横断的な視点で活動を構想するというカリキュラム・マネジメントは不可欠である。

② PDCAサイクルの確立

　総合的な学習の時間は，各学校が内容を決めることになっている。そのため，各学校独自のテーマ設定による年間指導計画や単元計画を作成することになる。その実践では，子どもに育みたい資質・能力がどの程度身に付いているかについての評価が重要になる。そこで，毎時間，小単元，学期ごと，そして年間での学習の評価を行い，それをもとにカリキュラムの変更や指導方法を改善する。年度当初の計画をそのまま実施していくのではなく，子どもの学習状況に合わせて改善しながら進めるのである。

　他の教科も同様の手順で行われるが，総合的な学習の時間は，内容が決められておらず，長いスパンでの学習が多くなることから，よりPDCAを意識した実践が大切になる。

③ 教育内容とリソースの効果的な組み合わせ

　総合的な学習の時間は，学習の内容を各学校が決めることや学校の特色ある教育活動として位置付けることが多いため，地域の教育資源の活用が積極的に行われている。たとえば，筆者の住む上越市であれば，米づくりを中心にして食や環境，経済について学ぶ活動や，商店街や町の人とともに地域の活性化に取り組む活動，地域の事業所での職場体験をもとに自分の進路や生き方を考える活動などである。地域にある，人・もの・ことは学習の対象となると同時に，

学習を支えてくれる人的・物的資源にもなりうるのである。何を学習の対象とし，どの場面でどのような人や機関などに支援を依頼し協働するかを考え，実践することが重要なマネジメントになる。

　以上のように，総合的な学習の時間の実践を充実させていくための教育活動には，カリキュラム・マネジメントの3つの側面が含まれていることがわかる。

（2）総合的な学習の時間を中核にした教育課程

　答申には，「学んだことを，教科等の枠を越えて活用していく場面が必要」であり，「そうした学びを実現する教育課程全体の枠組みが必要になる」とある（中央教育審議会，2016：32）。そして，そのための重要な枠組みとして，「教科等横断的な学びを行う総合的な学習の時間や特別活動」（中央教育審議会，2016：32）などを挙げている。教育課程における総合的な学習の時間の位置付けを意図的に行うことによって，教科等の枠を越えて学んだことを活用していくような学習を実現できるのである。その事例として，上越教育大学附属小学校の「総合的な学習の時間を中核にした教育課程」を紹介する。総合的な学習の時間を中核にすることによって，教育課程全体をつながりのあるものとして編成・実施していこうという考え方に基づいた事例である。

　上越教育大学附属小学校では，2014年度から，「創造活動」「実践道徳」「実践教科活動」「集団活動」の4つの教育活動で教育課程を編成している（上越教育大学附属小学校，2015）。「創造活動」（生活科・総合的な学習の時間）を，6年間を通じて教育課程の中核に位置付け，「創造活動」との関連がどう図られるかを吟味して，4つの教育活動の内容を「年間活動構想表」に整理して実践しているのである。

　そして，中核となる「創造活動」を含めた4つの教育活動が相互に関連することによって生まれるよさや可能性として，「子どもが学びをひろげる」ことを挙げている（上越教育大学附属小学校，2015：20）。「創造活動」で対象とつながりながら社会・自然と関わった子どもは，「必然性をもって他の実践教科活動の内容について，関連させたり包含したりしながら納得・実感し学んでい」く（上越教育大学附属小学校，2015：20）とし，子どもが自ら「実践教科活動」の

内容を学びとっていくと考えている。

　このように，総合的な学習の時間を教育課程の中核に位置付けることによっ
て，児童生徒の学びの往還を図りやすくすることも考えられる。

3　総合的な学習の時間におけるカリキュラム・マネジメント

（1）総合的な学習の時間のカリキュラムづくり

　総合的な学習の時間の質を高めるためのカリキュラムは，どうあったらいい
だろうか。1単位時間を充実したものにするためには，児童生徒が探究的に学
べるような単元計画，年間指導計画が必要であろう。また，各教科等で身に付
けた資質・能力との往還を図るため，各教科等の学習も含めた横断的・総合的
な学習の時間を見渡せるような単元配列表も必要になる。さらには，学校とし
ての総合的な学習の時間の指導方針を示した全体計画もある。それらを総合し
たものが総合的な学習の時間のカリキュラムとなる。これらのカリキュラムを
つくっていく際の留意点を挙げる。

① 学校の教育目標との関連

　第1節第1項で述べたように，学習指導要領の総則に「教育課程の編成に当
たっては，（中略）第5章（中学校は第4章）総合的な学習の時間の第2の1に
基づき定められる目標との関連を図るものとする」とあることから，**学校の教
育目標との関連**が図られていることが必要である。「学校の教育目標→総合的
な学習の時間の全体計画→年間指導計画・単元計画→単元配列表→本時案」と，
系統性をもったものにする必要がある。具体的には，教育目標で目指す子ども
像を，総合的な学習の時間の全体計画に「知識及び技能」「思考力，判断力，
表現力等」「学びに向かう力，人間性等」の資質・能力の三つの柱で明示する。
その資質・能力を，自分が担当する学年の児童生徒であればどのようなものが
適切かをより具体的に考えて，年間指導計画に記述し，さらに単元や本時単位
ではどのような資質・能力の育成ができるかを具体化して明示することになる。

② 児童生徒の成長の考慮

　総合的な学習の時間を担当者として指導するのは1年間だけかもしれないが，

児童生徒の成長には区切りがあるわけではなく連続している。担当する児童生徒の1年前，2年前……そして，1年後，2年後……，というように，前後を考慮したうえでのカリキュラムづくりが大切である。どのような学習体験をしてきたのか，何を学んでどのような資質・能力を身に付けてきているのか，さかのぼっての実態把握があれば，どのような学習活動を設定するか考えやすくなる。また，先を見通すことで，その学年で身に付けておきたい資質・能力を考える時の参考にもなる。このようにして，児童生徒の成長を，連続したものとして捉えることにより，児童生徒の実態に合ったカリキュラムを作成することができる。

③　協働でのカリキュラムづくり

　総合的な学習の時間のカリキュラムづくりは，一人の教員に任せるのではなく，協働で行うことが大切である。学年の教員が一緒になって考えたり，担当の教員が考えたものを一緒に検討したりすることが大切である。学年が単学級であれば，隣接する学年の教員同士が一緒に検討するなどしたい。そうすることによって，学年内や学年を越えて，育みたい資質・能力や総合的な学習の時間の考え方を共有できる。それは，学校としての総合的な学習の時間を考えることになり，子ども観や指導観の共有にもなる。また可能であるならば，養護教諭，栄養教諭，図書館司書，事務職員などにも加わってもらって検討すれば，専門的な見地からの意見をもらうことができる。さらには，地域の人に加わってもらうことも考えられる。必要な地域の情報を得ることができると同時に，学校が育みたい資質・能力などを知ってもらう機会になることから，「社会に開かれた教育課程」の実現にもつながる。

（2）総合的な学習の時間のカリキュラム評価

　教師がよく考えてつくったカリキュラムであっても，学習を進めていくうちに，子どもの思考とのずれを感じたり，別の適切な学習活動が見えてきたりする。そこで，活動の途中でもカリキュラムを評価し改善することが必要になる。夏休み，冬休みなどを利用して，カリキュラムがこれでよいのかを評価してみることが大切である。これも，個人で行うよりも，複数で行うことで，多様な

視点から評価できる。そこでは，年間指導計画や単元計画などを見直すことが中心になるが，次年度のことも視野に入れた検討ができれば，全体計画の見直しに結び付く。

　カリキュラムはつくって終わりではない。活動を始めた時のカリキュラムは仮のもので，学習活動の積み重ねによってカリキュラムをつくり上げていくと考えたい。そういった考え方や教師の姿勢が，総合的な学習の時間を充実させ，「社会に開かれた教育課程」の実現にもつながるのである。

学習課題　① 総合的な学習の時間の質を高めるために，学級担任として何ができるか，カリキュラム・マネジメントの3つの側面に対応させて考えてみよう。
② 総合的な学習の時間は，「社会に開かれた教育課程」を実現するためにどのような役割を果たすことができるか，話し合ってみよう。

引用・参考文献

上越教育大学附属小学校『今を生き明日をつくる子どもが育つ学校2015──「感性」を培う新教科・教育活動の創設』2015年。
田村知子編著『実践・カリキュラムマネジメント』ぎょうせい，2011年。
田村知子「教育課程行政からカリキュラム・マネジメントへ」金馬国晴編著『カリキュラム・マネジメントと教育課程』学文社，2019年，42〜58頁。
中央教育審議会「21世紀を展望した我が国の教育の在り方について（第一次答申）」1996年。
中央教育審議会「幼稚園，小学校，中学校，高等学校及び特別支援学校の学習指導要領等の改善及び必要な方策等について（答申）」2016年。
文部科学省『小学校学習指導要領（平成29年告示）解説　総合的な学習の時間編』東洋館出版社，2018年a。
文部科学省『小学校学習指導要領（平成29年告示）解説　総則編』東洋館出版社，2018年b。
文部科学省『中学校学習指導要領（平成29年告示）解説　総合的な学習の時間編』東山書房，2018年c。
文部科学省『中学校学習指導要領（平成29年告示）解説　総則編』東山書房，2018年d。

第4章

総合的な学習の時間の各学校で
定める目標及び内容

　学校が総合的な学習の時間の目標や内容を定める際，2017（平成29）年告示小・中学校学習指導要領では，国が定める「第1の目標」とともに自校の教育目標をふまえることとしている。これは，総合的な学習の時間の理念や目標を共有しつつ，各学校がその実態に応じた計画と実践を創造できることを意味している。また，教育目標達成の観点から，総合的な学習の時間が各教科等の学習と関連し，教育課程の要として果たす役割があることをも意味している。本章では，各学校で総合的な学習の時間の目標及び内容を設定するために必要な考え方を理解し，自校に適した総合的な学習の時間の諸計画を作成していく方法を学んでいこう。

1　総合的な学習の時間の目標

（1）学習指導要領の「第1の目標」

　2017（平成29）年告示の小・中学校学習指導要領第5章（中学校は第4章）第1で示された，総合的な学習の時間の目標は次の通りである。

第1　目　標

　探究的な見方・考え方を働かせ，横断的・総合的な学習を行うことを通して，よりよく課題を解決し，自己の生き方を考えていくための資質・能力を次のとおり育成することを目指す。

　(1)　探究的な学習の過程において，課題の解決に必要な知識及び技能を身に付け，課題に関わる概念を形成し，探究的な学習のよさを理解するようにする。

　(2)　実社会や実生活の中から問いを見いだし，自分で課題を立て，情報を集め，整理・分析して，まとめ・表現することができるようにする。

---

(3) 探究的な学習に主体的・協働的に取り組むとともに，互いのよさを生かしな
がら，積極的に社会に参画しようとする態度を養う。

（2）前文について

　最初に「探究的な見方・考え方を働かせ，横断的・総合的な学習を行う」と
あるが，これは総合的な学習の時間の本質的な学習の在り方を示している。

　『学習指導要領解説』（以下，『解説』）では，「各教科等における見方・考え方
を総合的に活用して，広範な事象を多様な角度から俯瞰して捉え，実社会・実
生活の課題を探究し，自己の生き方を問い続けるという総合的な学習の時間の
特質に応じた見方・考え方を，**探究的な見方・考え方と呼ぶ**」（文部科学省，
2018a：10／2018b：10）としている。

　また，総合的な学習の時間で探究課題として各学校が設定する課題は，現代
的な諸課題など，特定の教科の枠組みだけで取り組むことは難しい。それゆえ，
課題の解決にあたっては，各教科等で身に付けた資質・能力や見方・考え方を
探究の場面に応じて柔軟に駆使していく必要がある。このことから，総合的な
学習の時間の学習は，探究的な見方・考え方を働かせ，各教科等の枠を超えた
「**横断的・総合的な学習**」でなければならないのである。

　こうした学習を通して，「**よりよく課題を解決し，自己の生き方を考えてい
くための資質・能力**」を育成することが，総合的な学習の時間の目標である。
現代のような予測困難な時代の中では，経験のない課題に直面した時，それま
で身に付けてきた知識や技能，思考力などをフル活用し，多様な他者と協働し
て解決していく力や，自己を見つめ，よりよい生き方を求め続けていくための
資質・能力が欠かせない。その育成を中核的に担うのが総合的な学習の時間で
ある。

（3）3つの資質・能力について

　ここでは，「第1　目標」で示された育成を目指す3つの資質・能力につい
て説明する。なお，この3つは他の教科等と同様に，「第1章　総則」第1の

３に示された「(1)**知識及び技能**が習得されるようにすること」「(2)**思考力，判断力，表現力等**を育成すること」「(3)**学びに向かう力，人間性等**を涵養すること」の３つに対応している。

① 　知識及び技能が習得されるようにすること

　児童生徒が実社会や実生活などの中から問いを立て，課題を設定し，その解決に向かう学習の中で獲得していく**知識**は，各教科等で身に付けてきた知識と学習の過程で得られた知識を，探究の文脈の中で自ら取捨選択したり関係付けたりしながら，課題と関わって**概念化**していくものと考えられる。**技能**もまた，各教科等で身に付けてきた諸技能が，探究の目的に応じて組み合わされたり高度化されたりして，より実社会や実生活の課題解決に資するものとして身に付けることができるものと考えられる。

　たとえば，中学校で「地産地消で健康づくり」というテーマで探究的な学習を行う場合，社会科で学ぶ地域の農林水産業，保健体育科（保健分野）で学ぶ健康と食事，技術・家庭科（家庭分野）で学ぶ栄養を満たす食事，日常食の調理と地域の食文化に関する知識，さらに，探究の過程で得られる農家や商店などでの聞き取り内容，地元に伝わる醸造技術の調査内容などが，課題解決に向けて関係付けられる。その結果，「地元の農産物やその加工技術の活用は，地元の食文化を育て，農業や食品加工，観光や飲食業の活性化，さらには人々の健康づくりに貢献できる」などといった，構造的で概念的な理解を可能にする。

　このように，探究的な学習のプロセスを通して各教科等で学んだ知識や技能が生かされたり，組み合わされたりして，課題解決に資する知識や技能，新たな考えを身に付けることで，「**探究的な学習のよさ**」の理解を深めていく。それは，探究的な学習への意欲を高めていく大切な要件である。

② 　思考力，判断力，表現力等を育成すること

　「実社会や実生活の中から問いを見いだし，自分で課題を立て，情報を集め，整理・分析して，まとめ・表現すること」は，探究的な学習の過程であり，総合的な学習の時間における「思考力，判断力，表現力等」は，その学習過程全体を通して発揮され，育成されていく。

　ここで特に留意したいのは，探究的な学習を「**自分で**」進めていくことがで

きるようにしていくことである。現実の社会や日々の生活の中で解決しなければならないことが発生した時，広範な事象の中から何が問題となっているかを見きわめ，自分が取り組むべき課題は何かを考え，情報を集め活用し，関係者と協力して解決にあたっていく主体は，自分であるからである。

　したがって，児童生徒が日々の学習や日常生活，メディアを通して入ってくる国内外の情報から抱く問いを教師が読み取り，探究課題と関連させながら，児童生徒が自分で課題を立てられるように工夫する必要がある。発達段階や学習経験によっては，問いを整理したり焦点化したりするなどといった教師の支援は欠かせないが，あくまでも児童生徒が「自分で立てた課題」という認識をもてるようにする。そして，「情報を集め，整理・分析して，まとめ・表現する」という探究的な学習を進めているのは，自分自身であるという自覚をもち続けられるように，教師が支え，導いていくことが大切である。

　一方，①で述べたように，個別の知識が探究の文脈に沿って概念化していくためには，「比較，分類，順序付け，関係付け」などの思考・判断が必要であり，思考力・判断力の育成は，**「考えるための技法」**などの活用を念頭に，各教科等の指導と関連付け，探究のサイクルの中で，計画的に進めていきたい。

③　学びに向かう力，人間性等を涵養すること

　急速な少子高齢化や地域コミュニティ衰退，持続可能な地域づくりなど，社会に立ちはだかる課題を解決するには，その構成員一人ひとりが主体的に課題を受けとめ，考え，学び合い，話し合って協働的に行動していく必要がある。探究的な学習においても，自分で課題を立て，①の知識や技能と，②の思考力，判断力，表現力等を発揮して粘り強く探究に取り組もうとする態度，級友や教師，関係者などの探究的な学習に関わる人を尊重し，共に学び協力しようとする態度を養っていきたい。

　そのためには，探究的な学習の中で，児童生徒が自分の資質・能力，自然や社会への興味・関心が高められていること，他者と協働的に取り組むよさが実感できることなど，一人ひとりの児童生徒が確かな手ごたえを得られるように，評価やそれに基づく支援を教師が意図的に行う必要がある。

2　各学校において定める目標

　2017（平成29）年告示「小・中学校学習指導要領」「第5章（中学校は第4章）総合的な学習の時間」第2の1では，「各学校においては，第1の目標を踏まえ，各学校の総合的な学習の時間の目標を定める」としている。ここでは，各学校が目標を定めるうえで留意しておくべきことを述べる。

① 　第1の目標をふまえること

　まず，「**第1の目標を踏まえ**」というのは，本章第1節で述べた第1の目標にある「探究的な見方・考え方を働かせ，横断的・総合的な学習を行う」ことにより「よりよく課題を解決し，自己の生き方を考えていくための資質・能力を育成すること」を目指し，その資質・能力は，「知識及び技能」「思考力・判断力・表現力等」「学びに向かう力，人間性等」に対応して述べられている3点であるという趣旨をふまえるということを指す。それを前提に，各学校では，自校の実態等に応じて，最適な目標を設定するのである。

　このことは，総合的な学習の時間の趣旨に基づき，児童生徒の実態，地域や保護者の願い，教育目標などをふまえ，各学校が主体的に，創意工夫によって最適な学習を創造できるようにしたものといえる。

② 　自校の教育目標をふまえること

　2017（平成29）年告示「小・中学校学習指導要領」「第1章　総則」第2の1では，「教育課程の編成に当たっては，（中略）各学校の教育目標を明確にするとともに，（中略）第5章（中学校は第4章）総合的な学習の時間の第2の1に基づき定められる目標との関連を図るものとする」と述べている。また，同じく第2の3⑴では，「各学校において定める目標については，各学校における教育目標を踏まえ，総合的な学習の時間を通して育成を目指す資質・能力を示すこと」としている。

　このことは，総合的な学習の時間の目標が教育目標と直接つながっているという，他の教科等には見られない特質をもち，カリキュラム・マネジメントを行う際，重要な役割があることを示している。

<table>
<tr><td>第1の目標</td><td>教育目標
深く考え，ともに向上を目指す生徒</td></tr>
</table>

教育目標が目指す生徒の姿のうち（「知」を身に付けた姿）

- 持続可能な社会に向けて，課題の解決の基盤となる知識及び技能を習得する。
- 各教科等の学びを持続可能な社会と結び付け，身近な課題を解決することができる思考力，判断力，表現力等を育成する。
- 自他を理解し，学校内外の多様な他者と協働的・対話的に学び，主体的に参画しようとする態度，人間性を涵養する。

ユネスコスクール加盟校として

- 未来や世界規模のグローバルな課題を問いながら，身近な人，こと，ものの持続可能性について探究していく。

ESD 教育を全教育活動の中核に

- SDGs の達成に向けたカリキュラム・マネジメントを推進する。全教育活動を通して，持続可能な社会に向けた教育活動を展開する。

「総合的な学習の時間」を中心に育成する資質・能力（目標）

- 発信する力…持続可能な社会の担い手として課題解決の基盤となる知識・技能を身に付け，相手や場に応じて表出する力【知識及び技能】
- 想像する力…持続可能な社会の実現に向けて，今後の未来を想像し，自分なりの解決策を創造する力【思考力・判断力・表現力等】
- 考 え る 力…客観的な情報や公平な判断力に基づいて，批判的，代替的に思考・判断・表現する力【思考力・判断力・表現力等】
- つ な が る…人，もの，ことや社会，自然などと自分とのつながりや関わりに関心をもち，それらを尊重し，大切にしようとする態度【学びに向かう力，人間性等】

図 4-1　城北中学校の「総合的な学習の時間の目標」の設定（2021 年度）
出所：上越市立城北中学校（2020・2021）をもとに筆者作成。

　なお，各学校の教育目標の中には，ごく短い言葉で抽象的または象徴的に表現しているものが見られ，そのままでは学校教育全体を通じて育成を目指す資質・能力が読み取れない場合がある。この場合，教育目標そのものを見直し改善するか，教育目標が示す資質・能力を別に定めておく必要がある。この点について，上越市立城北中学校の総合的な学習の時間の目標設定の考え方が参考になる。この学校は，教育目標が目指す生徒の姿を知・徳・体の3つの区分で

具体的に定めている。そして，図 4 - 1 のように，特に「知」の内容を受け，ユネスコスクール加盟校として，ESD の視点に立った学習指導で重視する能力・態度を念頭に，総合的な学習の時間の目標を設定している。

3　各学校において定める内容

（1）「内容」についての捉え

　2017（平成29）年告示「小学校学習指導要領」第 5 章（中学校は第 4 章）第 2 の 2 では，「各学校においては，第 1 の目標を踏まえ，各学校の総合的な学習の時間の**内容を定める**」としている。また，同じく第 2 の 3 (4)では，「各学校において定める内容については，目標を実現するにふさわしい探究課題，探究課題の解決を通して育成を目指す具体的な資質・能力を示すこと」としている。

　つまり，目標と同様に，各学校では第 1 の目標をふまえ，生徒や学校，地域の実態に応じて自校に適した総合的な学習の時間の内容を定めるものとしている。このことも，他教科等には見られない総合的な学習の時間の特質といえる。

　2008（平成20）年告示の小学校学習指導要領では，何を内容とするか，直接の記述はなく，『解説』において「総合的な学習の時間においては，内容として，目標の実現のためにふさわしいと各学校が判断した学習課題を定める必要がある」（文部科学省，2008：23）とされていた。また，「各学校が定める内容の具体的な要素としては，学習対象や学習事項等が考えられる」（文部科学省，2008：65）とも述べられていた。

　2017（平成29）年告示の「小学校学習指導要領」（以下，「学習指導要領」）では，「目標を実現するにふさわしい探究課題」と「探究課題の解決を通して育成を目指す具体的な資質・能力」を内容として明記している。

（2）目標を実現するにふさわしい探究課題

　『解説』によれば，**目標を実現するにふさわしい探究課題**（以下，探究課題）とは，「目標の実現に向けて学校として設定した，児童（生徒）が探究的な学習に取り組む課題であり，従来『学習対象』として説明されてきたものに相当

する。つまり，探究課題とは，探究的に関わりを深める人・もの・ことを示したものである」としている（括弧内は中学校）（文部科学省，2018a：21 ／ 2018b：21）。したがって，ここでいう探究課題は，児童生徒が探究的な学習の中で自ら立てる課題ではなく，学校が目標の実現を目指して，指導計画の中で設定する課題である。具体的には「学習指導要領」第 2 の 3(5)で「目標を実現するにふさわしい探究課題については，学校の実態に応じて，たとえば，国際理解，情報，環境，福祉・健康などの**現代的な諸課題に対応する横断的・総合的な課題，**（小学校のみ「地域の人々の暮らし，伝統と文化など」）**地域や学校の特色に応じた課題，児童の興味・関心に基づく課題，**（中学校ではこれに加えて「**職業や自己の将来に関する課題」**）などを踏まえて設定すること」と説明している。これらはあくまで例示であり，各学校が生徒の実態等に応じ，自校に適したものを設定するべきであるとされるが，探究課題は，目標の実現に資するものでなければならない。したがって，探究的な見方・考え方を働かせることができること，横断的・総合的な学習を伴うものであること，探究的な学習を通してよりよく課題を解決し，自己の生き方を考えていくための資質・能力を育成するに値するものでなければならない。

（3）探究課題の解決を通して育成を目指す具体的な資質・能力

　『解説』によれば，**探究課題の解決を通して育成を目指す具体的な資質・能力**（以下，具体的な資質・能力）とは，「各学校において定める目標に記された資質・能力を，各探究課題に即して具体的に示したものであり，**教師の適切な指導の下，**児童（生徒）が各探究課題の解決に取り組む中で，育成することを目指す資質・能力のことである」としている（括弧内は中学校）（文部科学省，2018a：21 ／ 2018b：21）。したがって，この具体的な資質・能力は，各学校が定める総合的な学習の時間の目標が，一つひとつの探究課題の解決を目指して行う学習を通して育成が実現された具体的な姿として捉えることができる。

　なお，具体的な資質・能力は，学校が設定する目標と同様，「知識及び技能」「思考力，判断力，表現力等」「学びに向かう力，人間性等」の 3 つの事項に配慮することとしている。

表 4 - 1　城北中学校の「総合的な学習の時間の内容」（2021年度）

学年	探究課題	探究活動を通して育成する資質・能力（具体の評価規準）			
		知識・技能	思考力・判断力・表現力		主体的に学習に取り組む態度
		発信する力	想像する力	考える力	つながる態度
1年	・中ノ俣アドベンチャー ・上越2030	中ノ俣地域の暮らしや文化，課題や魅力を知り，自分の意見を伝えることができる。	持続可能な社会をつくり上げるために，自分なりの解決策を提言することができる。	現在行われている施策を調べ，上越市の課題などについて，考えをまとめることができる。	社会・自然などと自分のつながりに関心をもって探究課題に取り組もうとしている。
2年	・そうだ！本町へいこう！ ・探究！未来のカタチ	働くことの価値や企業などのSDGsの取組を知り，自分の意見を伝えることができる。	持続可能な社会をつくり上げるために，他者の考えを取り入れながら自分なりの解決策を提言することができる。	客観的な情報に基づいて，京都・大阪で行われている施策と上越の施策を比較して，考えをまとめている。	人・もの・こと・社会・自然などと自分のつながりに関心をもって，地域社会に参画しようとしている。
3年	・持続可能なまちづくり ・起業 for SDGs	持続可能なまちづくりについて，これまでの学習経験をもとに，自分の意見を伝えることができる。	持続可能な社会をつくり上げるために，他者と合意形成を図りながら，自分なりの解決策を提言することができる。	客観的な情報や公平な判断に基づいて，持続可能性を視点にまちづくりの在り方について，考えをまとめている。	人・もの・こと・社会・自然などと自分のつながりに関心をもち，SDGsの達成に貢献しようとしている。

出所：上越市立城北中学校（2021）。

　また従来，各学校では，「**学習方法に関すること，自分自身に関すること，他者や社会とのかかわりに関すること**」を「育てようとする資質や能力及び態度」の視点として取り組み，成果を上げてきたが，「学習指導要領」第5章（中学校は第4章）第2の(6)では，「学びに向かう力，人間性等」の具体的な資質・能力について，「自分自身に関すること及び他者や社会との関わりに関すること」の視点をふまえることとしている。一方，「学習方法に関すること」（たとえば，情報を収集し分析する力，分かりやすくまとめ表現する力など）は，探究的な学習を通して育成を目指す「思考力・判断力・表現力等」育成の視点と見

ることができる。

　表 4 - 1 は，上越市立城北中学校が前掲の図 4 - 1 をふまえて作成した「内容」である。この学校では，SDGs の達成を目指すことを念頭に，「持続可能なまちづくり」を，3 年間を通したテーマとして探究課題を構成し，その解決を目指して行う学習を通して育成を目指す具体的な資質・能力を 4 つの視点から定めている。これらの図から，第 1 の目標，教育目標，学校が定める目標，内容の関係を読み取ってほしい。

4　「目標」及び「内容」の設定で特に配慮すること

　最後に，総合的な学習の時間の目標と内容を設定するうえで，特に留意しておきたい 2 つのことを見ていこう。

① 　日常生活や社会と児童生徒との関わりを大切にすること

　探究的な学習は，児童生徒が日常生活や自分が接している社会の中から問いをもち，自ら解決したいとの思いで課題を立てることによって，主体的で意欲的な学習活動を始めることができる。また，身近な社会に直接働きかけ，課題解決に向けて手ごたえをつかむことができれば，児童生徒は自信をもち，積極的に社会に参画しようとする態度が養われていく。

　教師は児童生徒の日常生活や身近な社会を深く見つめ，彼らがどんなことに問いをもち，彼らにとってどのようなことに探究課題としての意義があるのか，日頃から関心をもって児童生徒と対話したり，地域社会と関わったりしていくことが大切である。

② 　地域や保護者の意見をふまえ，全教職員で目標や内容を考えること

　ここまで述べたように，総合的な学習の時間は，教育課程全体の中でカリキュラム・マネジメントの要としての役割をもち，他教科等との間で互いに見方・考え方や育まれる資質・能力が生かされるように工夫することが大切である。そのことからも，すべての教職員が研修と協議を重ね，教育課程全体を見通して，総合的な学習の時間の目標や内容の設定に参画することが大切である。

　また，児童生徒が実社会や実生活から問いをもって課題を立てること，探究

の過程で身近な事象と関わって体験活動を行うこと，特に地域の人の理解と協力が必要であることなどから，積極的に総合的な学習の時間の活動を公開し，説明するとともに，地域の人の思いや願いもふまえて計画を作成していきたい。

学習課題　①　総合的な学習の時間の目標と他教科等の目標を比較し，総合的な学習の時間の特質は何か，考えてみよう。
　　　　　②　総合的な学習の時間の目標や内容を，各学校で定めることの意義は何か，考えてみよう。

引用・参考文献

上越市立城北中学校『教育計画』2020・2021年。

文部科学省『小学校学習指導要領（平成29年告示）解説　総合的な学習の時間編』東洋館出版社，2018年a。

文部科学省『中学校学習指導要領（平成29年告示）解説　総合的な学習の時間編』東山書房，2018年b。

文部科学省『小学校学習指導要領（平成20年告示）解説　総合的な学習の時間編』東洋館出版社，2008年。

第5章

総合的な学習の時間の単元計画
──主体的・対話的で深い学びを実現するために──

　21世紀に入り，新たな時代に対応した資質・能力，技能をもった人間の育成が，学校教育の使命となっている。総合的な学習の時間は，そのための有用な学びの機会としてその拡充が期待されている。単元計画の作成はその学習成果を高めることのできる基本的事項である。

　本章においては，単元計画作成の前提として，総合的な時間に関わる用語の意味を考察する。また，学習者の視野を広げ，思考を深めていく対話を活用した学習方法の基本的な要件を明確にする。そして，これらをふまえた総合的な学習の時間の単元計画の基本的な考え方と方法について学んでいこう。さらに，未来志向の視点から，示唆を得ることができる実践事例も見てみよう。

1　主体的・対話的・深い学びとは

（1）主体性とは

　深い学びとは，後述するように，**知識・スキル・人間性**の基礎が総合されて初めて生起するものである。その総合的な学習の時間の学習方法の有用なキーワードが，①主体性，②対話，③深い思考の3つである。本節ではまずそれぞれの意味を理解しよう。

　主体性とは，自分に問いかけ，何よりも現時点で自分が納得できる本当の自分の考えや感じ方を見つけ，行動できることである。主体性をもたらすものは，外からの刺激による外発的動機付けと自己内面から生起する内発的動機付けとの**統合**（internalization）である。

　主体性を生起させる第一段階は，外からの刺激による気づき・発見・驚き，疑問などである。これらが内面の情動を揺さぶり，「なぜだろう」「もっとよく

知りたい」との問いを生み出させ，学びに火を付ける。

　協同学習における探究段階では，外部や自己の内部からの多様な情報を自己選択し，自分の内面と対話しつつ自己決定する。この過程を経て，現時点での納得できる自己の考え方がもたらされ，主体性が生起する。

　こうしたことから，主体性の生起には，自己の内面を見つめる時間，他者の見解や感想を受けとめ，吟味する時間，それらを統合する時間が必要なのである。

　また，外部からの刺激や自己の内面の思いは，次々と変化していく。したがって，主体性とは，不動の信念，確固とした生き方を確立することではない。折々の他者との相互啓発により，自己選択・自己決定していくプロセスなのである。

（2）対話的とは

　対話とは，自己および多様な他者・事象と交流し，差異を生かし，新たな智慧や価値，解決策などを共に創り，その過程で良好で創造的な関係を構築していくための，言語・非言語による，継続・発展・深化する表現活動である。

　対話は，あたりさわりのない話し合いである会話（downloading）や，互いに意見を主張し，相手を論破しようとする討論（debating）とは異なる。対話の目的は，新たな智慧や価値，解決策などを生起させることにある。

　総合的な学習における話し合いで重視すべきは，相互の意見を真摯に聴き合い，相互理解を深めようとしつつ，対立や異見や感覚などのずれや相違をむしろ活用して，新たな解や叡智を生成（presensing）する，共創型の対話なのである。

（3）深い学びとは

　深い学びとは，多面的かつ総合的なものの見方や考え方，感じ方を重視し，多様な見解や感覚を結び付け，見えていないことまで推論し，組み合わせ，統合し，新たな智を生起させることである。

　学びに深さを生起させる要件には以下のようなものがある。

• 解明されるべき切実な課題が設定されていること。

- 読書，他者との対話，教科学習等により得られた知識，生活・社会体験，成功・失敗・挫折体験などから感得したことが基礎的素養となる。
- 様々な気付きや発見を大切にする。
- 多様な，異見・感想・体験・知識がぶつかり合い，様々な意見が縦横につながり合う，その結び目から新たな知見，視点転換が生み出される。
- 従前の価値観や見方に固執せず，事物・事象を新たな視点や発想から捉え直す。
- 予想外の気付きや発見を大切にする。
- 物事の本質を見抜く，直感力・洞察力を高めておく。
- いったん集約した結論を見直し，揺さぶりをかけ，なぜなのか，本当にそれでいいのか等の前提を問い直したり，さらに掘り下げたりする。
- 臆せず意見表明する。批判的思考を活用し，論議を深めるなど思考を深めていく対話を組織する。
- 混沌・混乱は創発の母胎である。論議が混乱した時には，意図的に省察・振り返りを設定する。

（4）総合から類推力・汎用力へ

　総合的な学習の時間の学習体験は，類推力や汎用力を高めることにつながることが望まれる。

　類推（analogy）とは，既有の知識と眼の前の事実とを比較し，差異や共通点を見分け推論することである。人は類推を働かせ，自分がよく知っていることに関係付けて新たな課題の解決を見通したり，予想したりする。ある学習により習得した問題・課題解決の方法が内在化され，他の問題・課題の解決に援用されるのは類推の機能による。

　汎用（general-purpose）力とは，既習の学習や体験を通して修得した思惟方式や行動様式を自分のものとし，新たに出現した事象・分野に援用し，解決・対応する力である。

　類推・汎用力は振り返り・省察によって定着していく。類推・汎用力を意図的に高めることは，先行き不透明で，ダイナミックに変化する社会において，

様々な課題や問題に直面した時の臨機応変の対応力の育成につながる。

2　総合的な学習を拡充するための要件

（1）多様性の活用

　本節では，学習者の視野を広げ，思考を深めていく対話を活用した学習方法の基本的な要件について考察する。

　多様性の活用は，視野を広げ，思考を深める有用な手立てである。多様性の活用の第一歩は，多様性への認識を深めることである。

　多様性は「個人的多様性」と「社会・文化的多様性」に大別できよう。個人的多様性とは，感じ方・見方・考え方・生き方などであり，同じ事象でも個人により，受けとめ方は多様である。社会・文化的多様性には，職種，学歴，社会的地位，生活習慣・制度，思惟方式，対人距離などが含まれよう。こうした多様性への認識を深めること，さらにずれや異見，対立などを活用することにより対話が深まり，豊かな学びが生まれる。

　こうした多様性を学びに活用するための根本理念に「脱システムの思想」が挙げられる。

　脱システムの思想とは，システムの外に飛び出して多様な視点を獲得すること，あるいは，自明とされる自己の常識や価値観を意図的に見直す姿勢をもつことが視野を広げるという考え方であり，その援用は，深い思考を生起させる契機となる。

　対象を外から見る視点をもち，さらに，不思議，戸惑い，疑問，理解の難解さなどの多様性をも巻き込むアプローチを意図的に学びにもち込み，多様性が発展・深化につながる学習体験をさせたい。

（2）人間性の基礎を陶冶する

　学びには，知識とスキルと**人間性の基礎**が必要と考えられる。知の世界を広げ，新たな時代の人間形成を希求する総合的な学習においては，勇気・冒険心，粘り強さや，臨機応変の対応力，共感・イメージ力など，人間性の基礎を練磨

していくことが，学習者の視野を広げ，思考を深めていく。

　勇気を出して当たり前と思っていたことを見直し，殻を破る冒険心が，皮相的・予定調和的見方や考え方を打破し，新たな発想を生起させ，深い思考につながる。また，他者の思考や心情・思いを推察・イメージすることによって，本当に伝えたいことがわかる。そこから育まれた相互信頼が，協働の学びの成果を高めていく。

　殊に重視すべきは，失敗に落ち込まない**自己復元力**（resilience）を高めることである。大量の失敗の情報（Negative Data）が思わぬ叡智の発見につながることは，科学研究の歴史が証明している。直感や思い付きが新たな発想をもたらすこともある。創造的失敗をむしろ奨励し，少々の失敗に臆せず，むしろそれを自己成長の糧にする姿勢を培わせたい。

（3）混沌・混乱・沈黙の活用

　混沌・混乱・沈黙の活用もまた，学習者の視野を広げ，思考を深める時空をもたらす。

　近代の合理主義は，効率と集中を近代化とした。しかしカオス理論，複雑性の科学が解明してきたように，不確実，曖昧さ，稚拙さ，的外れに見える意見，微妙なニュアンスの違いなどへの着目と活用が学びの世界を豊かにする。

　最近の脳科学の研究で注目されてきたのは，**デフォルト・モード・ネットワーク**（default mode network）である。何もせず，ぼんやりしている時間にこそ活動している脳の回路があることが発見されたのである。無為に見える時間に，心の整理ができたり，新たな発想に気付いたり，自己選択・自己決定し，納得解に至るのである。このことは，学びの過程において，自由に漂うように浮遊し，思索する（浮遊型思索）時間の大切さを明らかにしたと受けとめられる。

　総合的な学習の時間において，学習過程の随所に，振り返り，省察の時間を取り入れ，また，混沌・混乱をむしろ重視し，そこから新たな発想を生起させる学習体験をさせたい。

（4）共創型対話の活用

　前述した，多様性の活用，混沌・混乱・沈黙の活用のすべては，対話によって学びの中で効果的に営まれていく。対話は総合的な学習の基本技能である。その対話は，目的，参加者相互の関係などにより次の4つの型に分類できる。①「生きる意味とは何か」「自然との共生はどうあるべきか」といった，真理を希求していく対話である真理探究型，②会社における上司と部下，集団スポーツにおける監督と選手との間で交わされる指示・伝達型対話，③様々な軋轢や対立が起こってきた時，それを解消するための交渉，契約，依頼，要求，説得などを目的とした対応型対話，そして④**共創型の対話**である。総合的な学習の時間においては，④の共創型対話が特に注目される。

　共創型対話の基本理念は，相互理解を基調におく多様性の容認と尊重・活用による叡智の共創にある。共創型対話を生起させる要件は以下である。

- 新たな解や叡智を共に求める創造的な関係性を構築する。
- 相手の心情・文化や立場への響感力や想像力をもち，相手の伝えることを的確に聴き取る姿勢をもつ。
- 相手の納得・共感を得るための表現方法の工夫ができる。
- 対立・批判や異見に傷つくことなく，臆せず反論，質問，批判しつつ，違いをむしろ生かし，調整し，新たな解決策や智慧を共創していける。
- 予想外の状況や内容の変化に応じて臨機応変に対応していける。また論議の流れを把握しつつ，新たな視点や発想を出せる。
- 沈黙・混沌・混乱は創造の母胎，自己変革の機会として大切にする。
- 自分の考えをもちつつ，納得できる他者の見解に啓発され，柔軟に自己見解を再組織化できる。

3　総合的な学習の時間の単元計画

（1）単元計画の構成要素

　総合的な学習の時間は，多様な構成要素により，計画されていく。**単元計画**を作成する際には，下記の構成要素を検討し，学習目的に応じた計画を構想す

ることになる。

- 学校教育目標（学校の基本目標，育みたい資質・能力，技能）
- 学習目標（達成目標，知識の習得，資質・能力，技能の向上目標）
- 学習活動（対話する，調べる，作業する，観察する，振り返る等）
- 学習組織（個別，チーム，マルチ学年，偶然のチーム等）
- 学習支援活動（動機付け，板書，掲示物，説明，提示，個々への支援等）
- 学習材（教科書，文献，実物資料，映像資料等）
- 教育機器（コンピュータ，テレビ，OHP，電子黒板等）
- 学習時間（1時間，連続時間，モジュール制等）
- 学習空間（普通教室，特別教室，校庭，オープンスペース，各種施設）
- 学習評価（クリエイティブ・アセスメント，ピア・アセスメント）
- 省察と再設計（単元計画の再設計，授業の実際，教師の活動省察）

（2）単元計画作成と実施（気付き・発見，分析・考察，選択・決定，表現）

　総合的な学習の時間は，学習者の主体性，探究による発展・深化が重視される。学習の見通しをもった**単元計画の作成**は大切である。ただ，実際の進行では，単元計画に寄り添いつつ，柔軟な発想で展開することとなる。

　単に「仮説から始まって結論で終わる」の一連の段階を踏むといった予定調和的進行ではなく，決めつけず，先入観をもたず，知的好奇心をもった未知の領域を探究する姿勢こそ大切となる。

　その道筋は，景観はすばらしいが難所も多い山道のようなものであり，あちこちに岩や谷，脇道が存在しており，予定外の脇道を行くと，正規の道より，面白い問いや結論に至ることもある。その過程の中で，学習者は，様々な情報を関連付け，パターンに気付き，意味ある探究と発見に継続していく。時には，思わぬ結果が出ることもあろうが，その折にこそ深い思考が生起するのである。また時には，昨日までの自分を否定する勇気も必要となろう。

　総合的な学習の時間で繰り返すのは，省察と再構築の連続であり，学ぶ意味とは複雑性や変化への挑戦なのである。

　単元計画の流れと，実施上の留意事項としては下記のことが挙げられる。

①多様な気付き・発見により，課題に対する知識・情報を広げる段階。

②様々な情報を，相違点・共通点などにより，分類・整理し，探究するテーマを絞り込む段階。この段階では分類整理から落ちるものも大切にする。

③探究するテーマについて調査活動し，結果を分析し，新たな視点・発想から論議し，深めていく段階。

④調査学習の結果を統合・集約し，結論を再吟味し，最終的な報告・提言事項をまとめる段階。知の世界を拓く体験，統合・総合・共創する場面。

⑤研究成果を効果的にプレゼンする段階。

各段階において，自己選択・自己決定が繰り返される。共創型対話を汎用し，また折々に振り返り，省察の時空を設置する。単元全体の省察から，類推力・汎用力が高められていく。

4　特色ある実践事例——小学校

（1）学習の概要と単元計画

本節では，富山県氷見市十二町小学校6年生で行われた宮林次美教諭による実践例を紹介する。

6年生の総合的な学習の時間「心をつなごう——感謝でニコキラ　十二町ハッピープラン」におけるパンフレット作成の実践事例である。

児童主体の学びにおいて取材，分析・考察，集約，表現のプロセスを通して，パンフレットの質的な向上だけでなく，自らの力で課題を解決していく力を高めることも目指した。この活動にあたり，図5-1のような単元計画が立てられた。

（2）授業の実際の進行と子どもの反応

本実践では，学校や地域の枠を越え，十二町のよさを広くPRすることを目指して学習を進めた。

調査活動は，興味の対象により「歴史・伝統」「自然・食べ物」「現在の十二町小学校・卒業生の活躍」の3つのチームに分かれて進めた。各チームで1冊のパンフレットを作り，ページを分担して各自が責任をもって作成することを

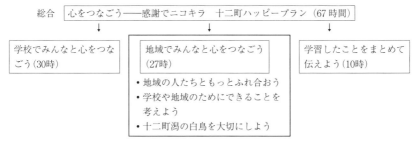

図 5-1　総合的学習単元計画　十二町のパンフレットづくり

出所：多田ほか（2022：11〔付録〕）。

共通理解とした。

　重点を置いたのは，取材活動である。取材の日時，内容等は，事前に担任が先方に連絡を入れつつも，子どもたち自身で電話をかけ，直接交渉を行うようにした。この取材活動を通して，仲間と共に新たな気付きや発見，驚きを共有しながら，一つのものを作り上げる一体感につながっていった。

　「よりよいものを作ろう」を合言葉に，読み手に伝わりやすい言葉や表現を選ぶことを意識して，互いにアイディアを出し合い，チーム内で推敲した。「いいことを思いついた」「ちょっと他のチームに聞いてくるね」など，生き生きと自然に学び合う姿が見られた。

　完成したパンフレットは，取材に協力してくださった方々や家族へ手紙を添えて渡したり，学校のホームページに掲載したりした。パンフレットを見た相手から感想をもらうことで，いっそう達成感や満足感を高めていた。

（3）対話の活用の有用性

●知識・技能を習得・定着させ，表現力を向上させる。

　自分たちには当たり前であっても，知らない人にとっては難しかったり理解しにくかったりすることがある。「文字数を減らした方が読みやすいね」「写真を入れよう」「笑顔の自分をキャラクターとして登場させよう」など，互いにアドバイスし合い，修正した後は「これで伝わる？」と何度も友達に確認する姿が見られた。

●チームとしての一体感を構築する。

　チームでの活動に重きを置いた。「どうやっているの？」と聞き合う中で対話が生まれ，「○○さんのページが見やすいよ。文字と図のバランスがちょうどいいね」と相互支援しつつ一体感を育む環境が醸成された。

●取材対象への興味・関心，憧れの高まり。

　「どうしてこんなにも長い間，オニバス（絶滅危惧種の水生植物）の講師として小学生に教えてくださるのだろう。何か魅力があるのかな」と疑問を抱いた子，「箱根駅伝を走るって，プレッシャーはないのかな。走っている間，どんなことを考えているのか聞いてみたい」と語る子たちがいた。活動を進めていくにつれ，インタビューの内容への興味・関心が高まるとともに，その人自身の魅力にも気付き，生き方や考え方にまで興味が発展していった。

●自己の生き方・考え方を見つめる。

　「イタセンパラ（絶滅危惧種の淡水魚）に，なぜここまで情熱をもてるのだろう」と思う子がいた。この質問をイタセンパラ学習でお世話になった学芸員のNさんに投げかけたところ，「小学生にイタセンパラの魅力を知ってもらうことが，未来のイタセンパラを守ることにつながるからだよ」と返事をもらった。

　十二町で育ち社会で活躍する人の言葉は力強く，子どもたちが自分の生き方・考え方を見つめ，希望をもって頑張っていこうとする原動力となった。

●地域への見方・考え方が深まる・広がる。

　多くの人に「駒つなぎ桜」を見に訪れてほしいとの区長さんや地域の人の思いにふれ，自分たちにできることはないかと考えた。また，伝統の獅子舞をしなくなった地区に思いを馳せ，寂しさを感じるとともに，「未来に残していくためには何ができる？」と，地区が抱える課題についても目を向けるようになった。

5　全体の考察，反省点と今後の課題

　子どもの疑問や知りたいこと，気付きを大切に，それらをどのようにしたら解決できるかを子ども自身に考えさせ，粘り強く取り組ませることで，自ら課

題への向かい方を学び，主体的に取り組む姿につながった。

　友達と対話しながら新たな視点を探る，専門家や先輩，その道に従事する人等から話を聞いて知見を広めるなどが，活動に行き詰まった時の打開策になったり，次の活動への指針になったりした。

　子どもが自分たちの手でやり遂げたという実感をもてるようにするには，陰で支える教師の支援が必要である。学習材の可能性を探る，学習展開に応じて弾力的に計画案を見直す，関係施設や関係者へ連絡・調整する，子どもの学習状況を見取り，必要な声かけや支援を行う，子どもが立ち止まった時には，選択肢を与え，活動への見通しをもたせるなどである。状況に応じて最大限の見取りと，最小限の支援ができるように，教師の指導力を磨いていくことが重要である。

　総合的な学習とは，自己と他者と事象，感性と理性，知識と技能と人間としての基礎力などを課題に応じて，統合・総合させ，新たな知の世界を共創することを希求する学びなのである。

学習課題
① 「人生における幸福とは何か」をテーマとして，人間関係，経済面，社会的地位，生活環境，生きがいなど多様な視点からグループに分かれて調査・分析し，本章で学んだ対話のポイントを意識しながら全体で論議してみよう。
② もし「日本は動物にとって棲みよい国か」をテーマとして総合的な学習の時間の授業を行うなら，どのような単元計画を立てることができるだろうか。本章で学んだ，主体的・対話的で深い学びを実現するポイントをふまえながら，実際に単元計画を作成してみよう。

引用・参考文献

多田孝志・増渕幸男・岡秀夫『見聞のまねび，耳見の学び——いま・未来を創る教育者へおくる伝薪録』三恵社，2022年。

第6章

総合的な学習の時間の指導と評価

　本章では，小学校5年生の実践をもとに，総合的な学習の時間の学習指導と
評価の実際を述べる。他教科等のように教科書や教科書会社が出版している指
導書がなく，学習内容が各学校に委ねられた総合的な学習の時間を進めるうえ
で大切な指導と評価について，『学習指導要領解説』に基づいて捉えていこう。
　また，実践については，いかに解決の必要感がある課題を設定するか，いか
に課題解決に向けた見通しをもたせていくか等，「探究的な学習の過程」にお
ける「課題の設定」に着目して述べる。実践における具体的な児童の姿と教師
の手立てから，児童の課題意識が高まっていく様子について考察しよう。

1　総合的な学習の時間における学習指導の考え方

（1）児童の主体性と教師の指導性

　平野は，「子どもを能動的な学習者とみれば，教師は，待つことを基本として
子どもがもともと持っている意欲や力を大事にして，それを生かし発展させて
いけるように支援し，助言することになる。そのことによって子どもはいっそ
う能動的になる」（平野，1994：25）と，**児童に対する能動的学習者観と教師に
よる適切な支援の在り方**について述べている。

　児童は本来，知的好奇心に富み，自ら課題を見つけ，自ら学ぶ意欲をもった
能動的学習者であると考える。そのような児童観のもと，児童の興味・関心，
思いや願いを大切にしながら学習を進めていくことは，児童が主体的に学習活
動に取り組んでいくことには欠かせない。『学習指導要領解説』（以下，『解説』）
でも，「学び手としての児童の有能さを引き出し，児童の発想を大切にし，育
てる主体的，創造的な学習活動を展開すること」（文部科学省，2018：108）とさ

れており，「児童の主体性」を重視することが示されている。しかし，児童の主体性を重視するあまり，教師が児童の学習に対して適切に関わらなかったり，学習活動のねらいや育むべき資質・能力をないがしろにしたりしては，学習自体の広がりや深まりが期待できない。児童が本来もつ力を発揮できるような学習環境を，教師が整備していくことが必要である。『解説』では，「探究課題に対する考えを深め，資質・能力の育成につながる探究的な学習となるように，教師が適切な指導をすること」（文部科学省，2018：109）を求めており，教師による児童の学習活動に対する支援，つまり「**教師の指導性**」も重要な点である。

　以上のことから，総合的な学習の時間（以下，総合）の学習指導においては，「児童の主体性」と「教師の指導性」の双方が必要であるといえる。学習を展開していく中で，教師は児童の学習状況を適切に把握し，双方のバランスの取り方を見きわめ，判断し，指導に生かしていくことが肝要である。

（2）適切な学習材の吟味

　総合の教材となるのは，児童の身の回りに存在する「人」「もの」「こと」である。それは，前項で述べたような児童の主体性が発揮され，探究課題の解決を通して育成を目指す資質・能力を身に付けていくことができるような適切な教材（以下，学習材）である必要がある。その要件として，『解説』では，表6-1の3点を特徴として示している。

　つまり，直接的な体験活動を柱としながらも，身近な生活や現代社会における問題や事象とのつながりを感じ取ることができるような学習材ということになる。これは，「教師の指導性」に関わる部分が大きい。田村は，このような学習材をもとにした単元づくりについて，「学習の展開における子どもの意識や活動に向かう方向を的確に予測すること」および「十分な教材研究」に留意すべきだと述べている（田村，2015：79〜80）。学習材を考えていく際には，教師は児童の学びの姿を具体的に思い描きながら，学習材に関わる情報を幅広く収集するなど，入念な教材研究を行い，吟味していかなければならない。

表6-1　総合における学習材の特徴

①児童の身近にあり，観察したり調査したりするなど，直接体験をしたり繰り返し働きかけたりすることのできる具体的な教材。 ②児童の学習活動が豊かに広がり，発展していく教材。 ③実社会や実生活について多面的・多角的に考えることができる教材。

注：丸囲み数字は筆者による。
出所：文部科学省（2018：110）。

（3）探究的な学習の展開

　2017（平成29）年告示「小学校学習指導要領」「第5章　総合的な学習の時間」「第1　目標」では，「探究的な学習に主体的・協働的に取り組む」ことが示された。探究的な学習とは，問題解決的な活動が発展的に繰り返されていく一連の学習活動のことである。2008（平成20）年の『解説』において，「探究的な学習における児童の学習の姿」として，図6-1のような一連の学習過程（以下，**探究的な学習の過程**）が示された（文部科学省，2008：13）。探究的な学習の過程を質的に高め，展開していくことは，2017（平成29）年の『解説』においても，総合における「主体的・対話的で深い学び」の視点による授業改善を重視することと同義であるとしており（文部科学省，2018：111），今後よりいっそうの充実が必要であるといえる。以下，各過程における指導のポイントを『解説』に基づいて述べる（文部科学省，2018：114〜123）。

① 　課題の設定（体験活動などを通して，課題を設定し課題意識をもつ）

　課題とは，解決の**必要感**を伴った問題であると考える。必要感について，鹿毛は，「自分の社会的な立場や役割を認識することによって，学ばなければならない必要性を感じ，『納得』して学習に取り組むというような気持ち」（鹿毛，2007：17）と述べており，そのような思いを児童がもてるような教師の手立てが必要となる。問題に対して解決の必要感をもつことで，児童は「どうにかして解決しなければならない」と**課題意識**を高める場合が多い。特に，児童に自らの考え（理想）と現実の間に「ずれ」や「隔たり」を感じさせたり，対象への「憧れ」や「可能性」を感じさせたりすることで，その高まりを期待できる。

　しかし，そのような課題意識の高まりには，対象に直接ふれたり関わったり

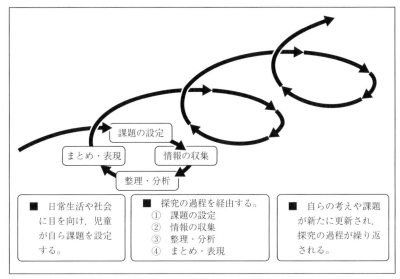

課題の設定

まとめ・表現　　　　情報の収集

整理・分析

■　日常生活や社会
　　に目を向け，児童
　　が自ら課題を設定
　　する。

■　探究の過程を経由する。
　①　課題の設定
　②　情報の収集
　③　整理・分析
　④　まとめ・表現

■　自らの考えや課題
　　が新たに更新され，
　　探究の過程が繰り返
　　される。

図6-1　探究的な学習における児童の学習の姿

出所：文部科学省（2008：13）。

する体験活動が欠かせない。これこそが，その後の息長い探究活動の原動力と
なることはもちろん，児童自らの対象に対する思いや願い，理想といったもの
を生み出し，現実との「ずれ」を感じさせやすくすることができる。

②　情報の収集（必要な情報を取り出したり収集したりする）

　設定した課題の解決に向けて，児童は必要な情報を収集する。情報には，体
験活動を通して感覚的に収集したものもあれば，水質検査の結果といった数値
化されたもの，文献やインタビュー結果といった言語化されたものもあり，多
様である。何を（必要とする情報），何のために（目的），どのように（方法）収
集するか，児童が自覚したうえで情報収集を行うことが望ましい。また，いず
れの情報も，作文やレポート，デジタルデータ等で適切に蓄積し，いつでも児
童が課題解決に向けて活用できる状態にしておくことが必要である。

③　整理・分析（収集した情報を，整理したり分析したりして思考する）

　収集した情報は，それ自体はつながりのない個別のものである。それらを整
理・分析していくことは，課題解決に向けて児童が思考していく場面である。

表6-2　協働的に学ぶことの意義

---

①多様な情報の収集に触れること。
②異なる視点から検討ができること。
③地域の人と交流したり友達と一緒に学習したりすることが，相手意識を生み出したり，学習活
　動のパートナーとしての仲間意識を生み出したりすること。

　注：丸囲み数字は筆者による。
　出所：文部科学省（2018：120）。

　その際，情報を比較・分類・序列化して考える，などの「考えるための技法」を意識することが必要である。さらに，思考を可視化する思考ツールを活用することで，整理・分析場面の学習活動の質を高めていきたい。これを経て，児童が新たに情報収集の必要性を感じた場合は，再び情報の収集の過程へ，そしてまた整理・分析の過程へと，各過程を往還しながら学習活動が展開されていく。それによって，対象に対する見方や考え方が深まり，さらなる学習の深まりが期待できる。

④　まとめ・表現（気付きや発見，自分の考えなどをまとめ，判断し，表現する）

　情報の整理・分析を行った後，それを他者に伝えたり，自分自身の考えとしてまとめたりする。たとえば，調査結果をレポートや新聞，ポスターにまとめたり，写真やグラフ，図などを使ってプレゼンテーションとして表現したりすることなどがある。いずれの方法においても，児童が相手意識や目的意識を明確にしてまとめようとしたり，表現しようとしたりすることで，獲得してきた情報が再構成され，自らの考えの明確化や新たな課題の設定が期待できる。

　ここまで述べてきた①～④の学習活動を展開し，繰り返していくことが必要である。さらに，他者と**協働**して課題を解決しようとする学習活動を展開していくことも重要である。協働的に学ぶことの意義について，『解説』では，表6-2の3点で示している。

　探究的な学習の主語は「児童」である。児童がいかに課題を設定し，情報を収集，整理・分析し，それを通してわかったこと等をまとめ，表現するかが肝要である。問題を自分事として受けとめ，主体的かつ協働的に解決するために学習活動を展開していくことが求められる。しかし，その裏には，教師による学習環境の整備や様々な手立てが必要であることを忘れてはならない。

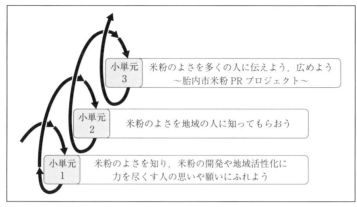

図 6 - 2　単元の構成

出所：筆者作成。

2　探究的な学習の過程における児童の姿「胎内市を知ろう！ふれよう！伝えよう！」——小学校 5 年生の実践事例

（1）単元の概要

　本単元で児童は，「ふるさと体験学習」（新潟県胎内市内の 5 年生を対象とした農家泊を含む体験活動）を通して，胎内市の特産品である米粉のよさや地域活性化に尽力する人の思いや願いに加え，米粉発祥の地である胎内市の現状に出あう。児童は，体験活動から生まれた米粉に対する思いや願いと現実とのずれから，課題を設定し，追究活動に取り組んでいく。この学習活動を通して，ふるさとへの思いを高めていくことをねらいとする単元である。次項から，抽出児（R子）の学びを中心とした探究的な学習の過程における児童の姿を，図 6 - 2 の小単元 2 および 3 の実践をもとに考察していく。

　なお，本単元における評価規準や指導計画等は図 6 - 3 の通りである。

（2）課題意識を高めていくまで

●小単元 2 ——課題の設定①

　児童は，ふるさと体験学習での米粉に関わる体験活動（調理実習，講話等）を

探究課題	地域の特産品やそれに関わる人たちの魅力と課題，その地域で生きる自分とのつながり

目標

胎内市の特産品である米粉やその開発・普及に尽力する人々の思いや願いにふれることを通して，米粉のよさや地域活性化に向けた取り組みや工夫，努力に気付き，米粉普及に向けた活動を考え実行するとともに，これからの胎内市への思いや願いをもち生活していくことができるようにする。

観点・評価規準

知識・技能	思考・判断・表現	主体的に学習に取り組む態度
①自分たちが暮らす胎内市には，魅力的な特産品があることを理解している。	①体験活動から得た気付きやアンケート結果等を比較したり，分析したりして，胎内市の特産品の魅力や課題を見出している。	①課題解決に向けて，自らの考えだけでなく，他者（ゲストティーチャーや友達等）の考えや思い・願いを生かしながら，協働して取り組もうとしている。
②魅力的な特産品がある一方で，様々な課題や普及に尽力する方々の存在があることを理解している。	②課題の解決に向けて，特産品について伝えたいことを，収集した情報から取捨選択・精選して考えている。	②課題解決に向けた取り組みを振り返り，地域活性化やふるさとへの思い・願いをもち，今後も地域に進んで関わっていこうとしている。
③特産品に対する自らの見方や考え方の深まりは，特産品の普及に向けた活動について探究的に学んだ成果であると気付いている。	③特産品について伝えたい内容をまとめ，劇や台本，ポスター等に表している。	

小単元名（時数）	ねらい・学習活動	知	思	態	評価方法
1 米粉のよさを知り，米粉の開発や地域活性化に力を尽くす人の思いや願いにふれよう（20）	•ふるさと体験学習を通して，胎内市には魅力ある特産品である米粉があることを知る。	①			•作文シート •行動観察
	•ふるさと体験学習を通して，米粉を使って地域活性化に取り組む方々と出会い，その思いや願いを知ることで，自らの地域に対する思いや願いをもつ。		②		•作文シート •行動観察
2 米粉のよさを地域の人に知ってもらおう（30）	•体験活動や地域活性化に取り組む方々の話を想起し，米粉のよさを確認する。	①			•発言内容 •作文シート
	•米粉のよさが自分たちが暮らす地域にさえ広がっていないという現実と出合うことで，課題を設定する。		①		•発言内容 •作文シート
	•米粉の普及に向けた取り組みや，その具体的な内容について考える。		②		•発言内容 •作文シート
	•米粉の普及に向けた取り組みを実行する。		③	①	•行動観察
3 米粉のよさを多くの人に伝えよう，広めよう 〜胎内市米粉PRプロジェクト〜 （20）	•これまでの活動を振り返り，地域だけでなく市内や他地域に向けた米粉を普及させる取り組みを考える。		②	①	•発言内容 •作文シート
	•専門家からの助言や収集した情報を整理し，より多くの人に米粉の魅力を伝える方法を考える。		②		•発言内容 •作文シート
	•米粉PRイベントを，地域の方と協働で開催する。		③	②	•行動観察 •作文シート
	•これまでの活動を振り返り，作文にまとめる。		③		•作文シート

図6-3　単元における探究課題，目標，評価規準，指導および評価の計画

出所：筆者作成。

通して，米粉の味のよさ，もちもちとした食感等の実感を得た。また，小麦粉の代替品としての用途の多様性，国内生産による安全性の高さ等の特徴も捉えた。さらに，米粉の開発や普及に携わる方々の講話から，米粉には地域活性化に向けた思いや願いが内包されていることにも気付いた。

　R子も，体験活動を通して，米粉の味のよさだけでなく，米粉に込められた

今日は，新潟製粉や米粉クッキングで，たくさん学んだことや驚いたことがありました。新潟製粉で特に印象に残ったことは，米粉を作ろうと思ったきっかけのストーリーです。最初に米粉を開発した人の思いやそのわけが伝わってきて，米粉を開発した人についての深さ（米粉ができるまでの深さ）がとてもよく分かりました。

米粉クッキングでは，米粉の新たな料理法を学べました。みんなで楽しく米粉料理を作り，一緒に食べられて，とてもおいしかったです。

図6-4　1日目の体験活動後のR子の感想

出所：筆者抜粋。

アンケートから，……ショコラ胎内（米粉を使ったスイーツ）を知っている人はそこそこいても，肝心の米粉で町おこしをしようとがんばっているショコラ胎内を開発したAさんのことは，あまり知られていないことが分かった。

さらに，Aさん，Fさん（微細米粉開発者）が取り組もうとしていることについて知っている人はほとんどいなく，知っている人の中にもAさんたちがどのようなことをしているか知っていても，そこから本当にAさんたちが実現させようとしている「町おこし」のために取り組んでいることを知らぬ人もいたのだ。

図6-5　アンケート集計後のR子の感想

出所：筆者抜粋。

地域活性化に取り組む方々の思いや願いといったものを感じ取っている（図6-4）。しかし，児童には普段あまり家庭で米粉が使われていないという実感があった。そこで，米粉について保護者がどの程度知っているか疑問をもち，アンケート調査を行うことにした。その結果，米粉自体の認知度はあるものの，実際に使用している家庭は非常に少ないことがわかった。また，米粉料理を使って地域活性化に取り組む方々に対する認知度も低いことがわかった。

　この結果に，R子は驚きを隠せない様子であった（図6-5）。そこから，「米粉のよさを地域にもっと知ってもらうためにPRする」という課題の設定に至った。児童は，体験活動を通して得た米粉のよさの実感と，米粉に対する胎内市の現実との間に「ずれ」を感じ，課題意識を高めたといえる。

　このような姿があらわれたのは，児童が地域の特産品である米粉や地域活性化に取り組む方々に出あい，それらに強い**魅力や憧れ**を感じるという「児童の主体性」が発揮されたことが要因である。さらに，米粉の魅力だけでなく，米粉が抱える**現実的な問題**（アンケートの調査結果）に出あわせたことで，米粉を多面的に捉えることにつながり，その問題を解決する必要感をもったからであ

> 　私は，町おこしに取り組む人の存在・思いに賛成で，理由として，新商品の開発や新しいレシ
> ピ（米粉の）などを苦労して考え，よりよいまちをつくろうとがんばっている人たちを伝えたい
> からと考えた。
> 　さらに，今日の授業のＳさんの……発言を聞いて，より胎内市民の方々に，町おこしに取り組
> む人の存在・思いを伝えたいという思いが強くなった。

図6-6　話し合い後のＲ子の感想

出所：筆者抜粋。

る。これが，「教師の指導性」にあたる部分である。

●小単元２──課題の設定②

　米粉のよさをPRするという課題の解決に向けて，具体的なPR方法が挙げ
られる中，ポスターを制作して，保護者に呼びかける活動を行うことが決定し
た。掲載する内容は，「ポスターで伝えられる」という観点から，「国産だから
安心・安全」「自給率が向上する」「町おこしに取り組む人の存在や思い」とい
う３つに絞られた。グループによる話し合いの後，全体で意見交流を行ったと
ころ，発祥地域でさえ米粉が普及していないという現状を受け，Ｓ児の「地域
にPRしていくのだから，胎内市の町おこしに取り組んでいることを盛り込む
べきだ」という意見に，学級の大半が賛同した。Ｒ子は，地域活性化に向けて
取り組む方々のがんばりを伝えたいという思いから，「町おこしに取り組む人
の存在や思い」を掲載内容にしたいと考えていた。Ｓ児の発言により，その思
いは「胎内市民の方々に」という，さらに焦点付けられたものへと変容し，活
動への意欲を高めた（図6-6）。

（3）追究活動に取り組む中で

●小単元２──情報の収集，整理・分析，まとめ・表現

　これまでの体験活動等を振り返り，「町おこしに取り組む人の存在や思い」
が伝わるようなレイアウトとなるよう，ポスターを制作した（図6-7）。制作
したポスターは，学習参観で保護者・地域の方に向け，グループごとに発表し
た。また，ポスターは，市内で行われる米粉イベントの際の協賛店舗に掲示し
てもらえるよう商工会に依頼し，快諾された。

図 6-7　グループで制作されたポスター
出所：筆者撮影。

図 6-8　ガイドとして店舗や商品の紹介をするＲ子
出所：筆者撮影。

●小単元 3

　米粉イベント期間中に行われる「米粉グルメツアー」に，「子どもまちあるきガイド」として参加依頼を受けた。そこで，各店舗が米粉を使う意味や思い・願い等を実際に聞くなど，ツアーに向け，参加店舗への取材活動を行った。当日，児童は参加者を先導し，取材したことをもとに参加店舗の商品等を紹介した（図6-8）。

　このように，設定された課題の解決に向けて，児童は体験活動を振り返ったり，新たな情報を得たりした。そして，知り得た情報について，話し合い等を通じて課題解決に必要か否か取捨選択しながら整理・分析を行った。それによって，児童はこれまで獲得してきた情報を再構成し，相手意識や目的意識をもって，自らの考えをまとめたり，表現したりしていったのである。

3　総合的な学習の時間における評価の考え方

（1）児童の学びを評価するために

① 評価規準の設定

　児童の学びを評価するためには，期待する資質・能力がいかに発揮されてい

表6-3　総合における評価規準作成の基本的な手順

①各学校において定めた目標（第2の1）と「評価の観点及びその趣旨」を確認する。
②各学校において定めた内容の記述（「内容のまとまり」として探究課題ごとに作成した「探究課題の解決を通して育成を目指す具体的な資質・能力」）が，観点ごとにどのように整理されているかを確認する。
③【観点ごとのポイント】を踏まえ，「内容のまとまりごとの評価規準」を作成する。

出所：国立教育政策研究所教育課程研究センター（2020：20）。

　　私は，まちあるきガイドをしてみて，このガイドで紹介したお店の方々，そして，胎内市で米粉を使ったメニューを出されているお店の方々の思いを，授業よりももっと，より深く知ることができました。
　　米粉を使うことでのマイナス点も兼ねて，米粉を広めたい，町おこしをしたいという思いが，すごくよく伝わってきました。
　　それを受け，私はさらにもっと米粉を伝えたいという気持ちがわいてきました。

図6-9　まちあるきガイド後のR子の感想

出所：筆者抜粋。

るかを把握するための**評価規準**が必要である。各学校によってその内容が異なる総合の評価規準の作成は，各学校において定めた目標をふまえたものでなければならない。国立教育政策研究所教育課程研究センターが，評価規準作成の手順（表6-3）や評価の具体的事例について示しているので参照されたい。

② 教師の見取り

　前掲した評価規準および評価の計画（図6-3）をもとに，前節で示した小単元3の終末におけるR子の学びの姿を評価場面として，その実際について述べる。

　R子はこれまでの作文（図6-4〜6-6）に，米粉のよさについて，「おいしさ」や「地域活性化に力を尽くす方々の思いが込められていること」といったものを挙げていた。しかし，R子が「まちあるきガイド」を終えてから記述した作文（図6-9）には，ガイドに向けて行った各商店への取材活動から，米粉を実際に使用して商品を開発する苦労や難しさを実感し，米粉を使うことでのマイナス点（デメリット）があることを知った。しかし，それがありながらも米粉を使用し，商品開発に取り組もうとする方々の熱意や思いにふれ，地域の特産品である米粉に対して，これまでとは異なる見方を獲得したと評価できる。

　総合における児童の学びの評価には，このような**教師の見取り**を欠くことはできない。児童の学んできたストーリーを適切に捉え，彼らの資質・能力の発

揮や成長の様子を評価していくことが重要である。

（2）カリキュラムの評価

　児童の学びに沿った単元とするために，田村は，「子供の興味・関心と教師の願いとを丁寧にすり合わせ，そこに生まれる教材や学習対象，学習活動を用意することが欠かせない」（田村，2017：35）と述べている。つまり，学習を進めていく中で，児童の学びを教師が適切に見取り，カリキュラムを評価・改善していくことが必要である。本章第 2 節における実践も，学習を進めていく中で，常に修正が加えられてきた。本章第 1 節で述べた「児童の主体性」と「教師の指導性」に立ち返り，カリキュラムをデザインしていくことが，児童のよりよい学びをつくり出していく。

学習課題　①　自分の出身地や現在暮らしているまちや地域には，どのような学習材があるか調べてみよう。
　　　　　　②　①で考えた学習材をもとにして，探究的な学習の過程をイメージし，どのような学習活動が考えられるか話し合ってみよう。

引用・参考文献

鹿毛雅治『子どもの姿に学ぶ教師――「学ぶ意欲」と「教育的瞬間」』教育出版，2007 年。
国立教育政策研究所教育課程研究センター『「指導と評価の一体化」のための学習評価に関する参考資料【小学校　総合的な学習の時間】』東洋館出版社，2020 年。
胎内市「米粉のまち・胎内市」2017 年。
胎内市教育委員会「胎内市ふるさと体験学習」2019 年。
田村学『授業を磨く』東洋館出版社，2015 年。
田村学編著『カリキュラム・マネジメント入門』東洋館出版社，2017 年。
平野朝久『はじめに子どもありき――教育実践の基本』学芸図書，1994 年。
文部科学省『小学校学習指導要領解説　総合的な学習の時間編』東洋館出版社，2008 年。
文部科学省『小学校学習指導要領（平成 29 年告示）解説　総合的な学習の時間編』東洋館出版社，2018 年。

第7章

総合的な学習の時間を
充実させるための体制づくり

　総合的な学習の時間の実践は，決して学級担任一人でできるものではない。学年内の役割や校内組織，家庭や地域との連携・協力体制が欠かせない。
　本章では，総合的な学習の時間を充実させるための体制づくりについて，「校内組織」「学習環境」「外部連携」の3つの視点から学んでいく。学校の規模や施設設備，地域の特色や教育資源によっても，その体制づくりは千差万別である。「実際にその学校に勤務したら，自分に何ができるか」を想像しながら読み進めてみよう。

1　校内組織

（1）児童生徒に対する指導体制

　総合的な学習の時間は，児童生徒の実態や興味関心をよく理解し，カリキュラム・マネジメントができる学級担任を中心的な指導者として進められることが多い。しかし，探究の過程において，児童生徒の課題や学習活動が多様となることは当然想定できる。そこで，児童生徒に対する指導体制も，学級の枠を取りはらって学習集団を組織したり，学級担任だけでなく，級外職員，養護教諭や栄養教諭，司書教諭等による専門性を生かしたりするなど，工夫次第で児童生徒のニーズに応じた創意あふれる実践を行うことが可能となる。以下では，学級枠を取りはらった指導の方法として，小学校4年生の実践事例を紹介する。

　小学校4年生「Y川からのメッセージ」は，地域に流れるY川と関わる体験活動から，身近な環境についての課題をメッセージとして受け取り，人と自然との共生について考えることをねらいとした実践である。

表7-1　教師の専門性を生かす指導体制

指導スタッフと専門性	児童の学習活動と指導体制
【担任】 1組担任：学年主任，国語主任 • 本単元のカリキュラム開発・推進 • 発表方法の例示や原稿の書き方・話し型の指導を担当 2組担任：算数主任 • 調査結果のまとめ方，表やグラフによる効果的な示し方の指導 • ボランティアとの連絡調整を担当 3組担任：情報主任 • ICT機器の使い方や効果的な情報収集，整理・分析，表現の仕方を指導 【級外（理科専科，司書教諭）】 • 生物の生態，水質検査，図書館の活用等について指導し，探究活動を支援 【外部講師】 • 地域，行政，NPO職員など，専門的な立場からアドバイス 【保護者ボランティア】 • 体験活動に同行してもらい，主に安全面を見守る	①Y川で遊ぶ計画を立てる【各担任】 ②Y川で遊ぶ【学年担任3人＋保護者ボランティア】 • 川辺の生物観察，魚釣り，ゴムボート遊びなど，目的別の活動を分担して担当する。ボランティアは安全面を見守る。 ③Y川の昔【各担任＋外部講師】 • 昔のY川の様子を知る地域の方を招く。 ④Y川調査【各担任＋級外＋保護者ボランティア】 • 理科専科は，上流と下流の違いを調査，比較するための指導を行う。 • 司書教諭は，図書館の活用について指導する。 ⑤調査結果をまとめる【学年担任3人】 • 調査結果の整理・分析，まとめ・表現方法について，国語，算数，情報（ICT機器含む）の視点から指導する。 ⑥Y川環境調査報告会【学年担任3人＋外部講師】 • 外部講師を招き，児童の発表に対して，専門的な立場から意見や感想を述べてもらう。

出所：筆者作成。

　活動のはじめは，川を歩いたり，川辺の生物を観察したり，魚を釣ったり，川に入って遊ぶ体験など，川にどっぷりと浸るダイナミックな体験を行う。自分なりのアプローチにより川が大好きになり，川を自分事として捉えるようになった児童に，川の下流と上流の違い，今の川と昔の川の違い，河川改修，堰やダムの存在などに出会わせる。そして，人間の視点だけでなく，川や生き物の視点から，川を見つめ課題解決していく。

　このような川（自然）を対象とした探究の過程において，児童の**多様な課題や学習活動**に対応できるよう，表7-1のように，**教師の専門性**を生かす指導体制を工夫するようにした。

表7-2　校務分掌による役割分担

校務分掌	主な役割
校長，副校長，教頭	運営体制の整備，外部との日常的な連携・協力体制の構築
教務主任	各種計画の作成と評価，日程や時間割の調整
研究主任	研修計画の立案，校内研究の実施
学年主任	学年内の連絡調整，研修，相談
総合的な学習の時間主任（コーディネーター）	総合的な学習の時間の充実に向けた方策の企画・運営，研修計画の立案，教師への指導・支援
図書館担当（司書教諭）	図書の整備，児童および教師の図書館活用支援
地域連携担当	校外の支援者，支援団体との交渉
情報教育担当	ICT活用やデジタルや情報モラル教育の推進
安全担当	学習活動時の安全確保
養護教諭	学習活動時の健康管理，健康教育に関わること
栄養教諭	食育に関わること
事務担当	予算の管理及び執行

出所：筆者作成。

（2）実践を支える運営体制

　総合的な学習の時間を支える校内運営体制は，学校の規模や地域の支援体制によって異なる。それぞれの学校を取り巻く環境に応じて，知恵を出し合いながら児童生徒の学習活動を**学校全体で支える体制**を整える必要がある。例として，表7-2に校務分掌による教職員の役割分担を示した。

① 校内推進委員会

　全体計画や年間指導計画，評価規準等の作成や評価，学年間の情報交換・連絡・調整，実践上の課題解決や改善を図るために，総合的な学習の時間主任（コーディネーター）が中心となって校内推進委員会を開催する。

② 学年部会

　学級や学年単位で年間指導計画を作成している学校が多いことから，学年部会は，総合的な学習の時間を運営するうえで重要な役割を担っている。特に，中学校では教科専門で指導するため，教科等横断的な学習を進めていくために

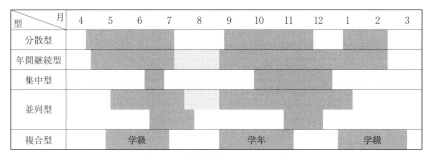

図 7-1　単元配列のパターン例

出所：文部科学省（2011：77）。

は，学年部会がより重要となる。

　学年部会は，学級間の連絡・調整のみならず，児童生徒の姿をもとにして実践上の諸課題の解決や効果的な指導方法等について学び合うなど，研修の場としても大切な役割が期待される。そのため，学年部会は，たとえば週に 1 回以上は**定期的**に位置付けるなどして，実践上の悩みや疑問などが率直に出され，互いに**自由な雰囲気**で話し合える場になるよう配慮することが大切である。

（3）授業時数の確保と弾力的な運用

　各学年の総合的な学習の時間は，探究を保障するための時数として，年間70時間（中学 1 年生のみ50時間）で計画するよう，2017（平成29）年告示学習指導要領により定められている。この時数を確保したうえで，各学年や学級で実施する学習活動の特質，季節や地域の行事，各教科や道徳との関連等に応じて，図 7-1 に示す 5 つの型のように，単元を配列する。また，児童生徒の意識が持続し，探究を保障するような**弾力的な運用**も求められる。

　①分散型…テーマが異なる単元をいくつかの期間に分けて配分する。

　②年間継続型… 1 年間を貫くテーマで継続的に取り組む。

　③集中型…季節や地域行事などに応じてある期間に集中的に取り組む。

　④並列型…同じ時期に複数の単元に並行して取り組む。

　⑤複合型…異なる学習形態や学習集団などを組み合わせて取り組む。

　また，年間だけでなく，週単位や 1 日単位での弾力的な運用も効果的である。

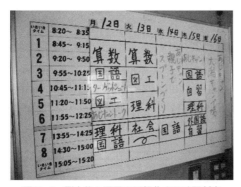

図7-2　弾力的な運用を可視化する時間割表

出所：筆者撮影。

図7-2のように，モジュール制を取り入れ，30分や60分，90分など，学習の内容に合わせた弾力的な運用も考えられる。その際に，児童生徒が見通しをもつことができるよう，教室掲示物や学級だよりの学習予定，時間割表などによって，可視化して示す必要がある。

2　学習環境

（1）教室環境の工夫

　総合的な学習の時間に対応した教室環境として，児童生徒の疑問や知りたいことがすぐに調べられるように，テーマに合わせた本や図鑑を用意しておく，個人用タブレットがすぐに使用できるようにしておくことなどが必要である。あわせて，タブレット画面を映し出す大型提示装置やデータ等を印刷できるプリンター等があると便利である。

　教室間にオープンスペースがある場合は，課題別小グループや学年全体でのミーティングに活用する，活動に必要なアイテム（たとえば，川の水生生物を飼育・観察する水槽）を置くなど，活動の広がりに対応できる。

　また，活動のレポートや新聞，ポスターなど，児童生徒が表現したものを掲示できると互いの情報共有が図られ，多様な見方・考え方につながる。

　各学校の施設設備の実態によっても異なるが，活動のねらいや学習活動に応じ，児童生徒の**探究が展開しやすいような工夫が必要といえる。

（2）ポートフォリオの工夫

　総合的な学習の時間では，様々な体験をもとに学んでいくことが多いが，体

図7-3　教室背面掲示

出所：筆者撮影。

験したことや学んだことは，記録しておかないと忘れていってしまう。関わる対象の出来事や変化，児童の考えの変化などを可視化し，**学びの履歴**を蓄積していくことが重要である。このことにより，児童生徒の意識が連続し，根拠に基づいた新しい見方・考え方が生まれ，探究が連続・発展していくことにつながる。

　ここでは，学びの履歴を蓄積していくポートフォリオとして，教室背面掲示と作文シートファイルを紹介する。

　教室背面掲示は，学級や学年全体の学びの履歴である。図7-3のように，単元名やテーマの他に，児童生徒の活動写真やキャプションなどにより，どんな体験や活動をしてきたか，何を学んできたのかを**可視化**するようにする。

　掲示の方法は，時系列の他に，活動のエリア別やカテゴリー別，学びの広がりを表す方法など様々である。また，意図的に掲示することで，児童生徒の学びの自覚を促し，ねらいに迫るための視点をもたせたりすることもできる。

　作文シートは，個人の学びの履歴である。体験したことを言語化し「書くこと」は，体験で得た感性や知性を学びにつなげていくために非常に重要なことである。体験と書くことはセットで継続的に取り組み，児童にとって「体験したら必ず書く」「書かずにはいられない」習慣が当たり前になることが望ましい。

　その際，題名を与えて書かせることは，テーマに対する自分の**見方・考え方**

図7-4　他県小学校とのWeb会議

出所：筆者撮影。

の自覚を促す。たとえば，題名を書く欄を2つ設けておき，1つ目の欄には教師が指定した共通の題名を，2つ目の欄には自分なりの題名をつけさせることで，自分の考えや主張が焦点化され，自覚化されやすいのでおすすめしたい。

　学年の発達段階に応じた定型の作文シートをあらかじめ全校で用意しておくと，児童生徒だけでなく教師も取り組みやすく，持続的な取り組みとなる。また，作文シートは，個人のリングファイルに蓄積していくことで，日付順やカテゴリー別に整理する，キーワードを分析するなど，情報を整理・分析する際に役立つ。そして，1年間蓄積した個人の作文シートは，年度末に製本し，世界に1冊しかない自分だけの本にすることもできる。

（3）ICTの活用

　GIGAスクール構想により，1人1台のタブレット端末が配備された。インターネットによる調べ学習，画像・動画記録による情報収集，思考ツールを使った課題設定や情報の整理・分析，友達との情報共有，外部とのWeb会議（図7-4），考えや提案を人に伝えるプレゼンテーションづくりなど，児童生徒のICT活用環境が劇的に進化したといえる。

　探究の過程における課題設定，情報の収集，整理・分析，まとめ・表現など，**個別最適な学び**を保障するとともに，仲間との**協働的な学び**の実現にも大きな

可能性を秘めている。また，ICTの記録性や蓄積性により，新たなポートフォリオとしての活用も期待される。

3　外部連携

（1）教育資源のリスト

実社会における事象や現代社会の課題を取り上げる総合的な学習の時間において，外部との連携は欠かせない。地域の**教育資源（人・もの・こと）**を開拓しながら積極的に活用していくことで，児童生徒の興味・関心に応じた多様で幅広い活動が展開されることが期待できる。

地域の教育資源を開拓するには，まずは教師のフィールドワークが不可欠である。現地に足を運び，自分の目と耳，体の諸感覚で教育資源のよさを感じ取ることが大切である。地域の人との出会いやコミュニケーションにより，さらにネットワークが広がることも期待できる。

また，全校体制で組織的・計画的に取り組むとさらに効果を上げることができる。地域の歴史，文化，芸術，福祉，個人の得意分野や趣味・特技など，カテゴリーごとに人材を蓄積，整理していく「地域人材バンク」を作成したり（図7-5），地域の行事を一覧表に整理したりしておくと便利である。また，地域の人・もの・ことをマップとして表す「教育リソースマップ」を作成することで，学校全体で情報共有し，日常的に活用することも可能となる。

（2）地域と学校の協働

総合的な学習の時間において，地域との連携・協働は不可欠である。地域と学校との連携を組織的，継続的に行うためには，地域学校協働活動を支える地域学校協働本部を活用することが考えられる。

地域学校協働活動とは，図7-6で示すように，地域の高齢者，成人，学生，保護者，PTA，NPO，民間企業，団体・機関等の幅広い地域住民等の参画を得て，地域全体で子どもたちの学びや成長を支えるとともに，「学校を核とした地域づくり」を目指して，地域と学校が相互に**パートナー**として連携・協働

図7-5 昔のお祭りについて紹介する地域講師（地域人材バンクを生かした授業）
出所：筆者撮影。

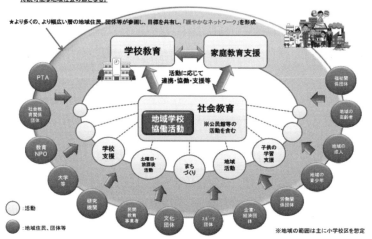

図7-6 地域学校協働活動のイメージ
出所：文部科学省「地域学校協働活動」。

して行う様々な活動である。

　そして，この活動の中核となり，「コーディネート機能，多様な活動，継続的な活動」を支えるのが，地域学校協働本部である。

　K中学校区では，地域学校協働本部として「K市の未来を担う子どもを育てる会」が立ち上がっており，「さわやかボランティア」で学校教育を応援する活動と，学校・地域・家庭で「一緒に取り組む」活動の2つの柱の活動を行なっている。

　たとえば，「さわやかボランティア」の活動では，総合的な学習の時間や各教科において地域の人材を必要とする時，教員がすべて直接アクセスするのではなく，地域学校協働本部のコーディネーターと呼ばれる推進員が，学校が期待したい活動を理解し，必要な人材を選定し交渉・調整役として支援するシステムが構築されている。

　また，「一緒に取り組む活動」では，一人暮らしのお年寄りとの交流，お祭り後の清掃や海岸清掃，花いっぱい運動などが行われ，それが後に地域の行事として広がり，地域の美化や活性化につながった例もある。このような連携・協働を生み出すために大切なことは，学校にとっても，地域にとってもよさがある互恵関係をつくることであるといえる。

学習課題　　あなたは今年度，自分の母校に赴任し，小学校3年生（学年3学級）の担任となったとしよう。そして，地域にあるお宝（貴重な人や物，文化など）を見つけて皆に紹介していく「地域のお宝たんけん隊」という総合的な学習を展開することになった。
　　活動を構想するにあたり，①「校内組織」，②「学習環境」，③「外部連携」の3つの視点から，どんな準備が必要で，誰がどのように進めていくか，それぞれ具体的に書き出してみよう。

引用・参考文献

文部科学省『小学校学習指導要領（平成29年告示）解説　総合的な学習の時間編』東洋館出版社，2018年。

文部科学省『今，求められる力を高める総合的な学習の時間の展開（小学校編）』教育出版，2011年。

文部科学省「地域学校協働活動」。https://manabi-mirai.mext.go.jp/torikumi/chiiki-gakko/kyodo.html（2023年1月30日最終閲覧）

第Ⅱ部

総合的な学習の時間の実際

第8章

総合的な学習の時間と国際理解教育

　国際理解教育は，国際化・グローバル化した現代社会や世界の中で生きてい
くために必要な資質や能力を育成する教育である。一方，「総合的な学習の時
間」は，持続可能な社会の創り手の育成と，「自己の生き方」を考えていくた
めの資質・能力の育成を目指している。両者に共通するのは，21世紀の社会
をよりよく生きるための資質や能力を育成するための教育であることである。
国際理解教育と「総合的な学習の時間」とは親和性はあるが，国際理解教育は
これまでの教育実践で培われてきた歴史や固有の目標・内容をもつ。

　以上のことをふまえ，最初に，国際理解教育のこれまでのあゆみと新しい時
代における在り方について探究する。次に，総合的な学習の時間と国際理解教
育の関係を理解する。そして最後には，総合的な学習の時間における特色ある
国際理解教育の単元計画を検討してみよう。

1　国際理解教育のあゆみ

（1）戦後日本の国際理解教育

> 　戦争は人の心の中で生れるものであるから，人の心の中に平和のとりでを築かな
> ければならない。
> 　相互の風習と生活を知らないことは，人類の歴史を通じて世界の諸人民の間に疑
> 惑と不信をおこした共通の原因であり，この疑惑と不信のために，諸人民の不一致
> があまりにもしばしば戦争となった。

　これは，1946年に発効されたユネスコ憲章（The Constitution of UNESCO）前
文の冒頭の一文である。

　人の心の中から，誤解や偏見，固定観念，時には敵意に満ちた憎悪も生まれ

る。そして，それが戦争につながってきた。人類はこれまでの世界大戦を真摯に反省し，人の心の中に平和のとりでを築くべきだとする力強い決意がうかがえる。

このような反省をふまえ，1945年，ユネスコ（国際連合教育科学文化機関；United Nations Educational, Scientific and Cultural Organization）はユネスコ憲章を基盤に据えた国際理解教育を全世界に向けて提唱した。

日本においては，1948年4月，内閣総理大臣の諮問機関（教育刷新委員会）は，「ユネスコの精神は新しい日本の進むべき方向とまったく一致するものであり，その精神を国民に徹底させることは，平和日本建設事業を推進すること」（嶺井，2015：53）であるとして，ユネスコへの参加を内閣総理大臣に提言した。この提言を受け，文部省の大臣官房と外務省が，小学校から大学に至る全段階の学校教育ならびに社会教育において，国際教育が必要であると指摘し，環境整備に着手した。

1947年7月，世界初の民間ユネスコ団体が仙台に設立され，同年11月には，第1回全国ユネスコ運動大会が開催された。このような活動を経て，1951年7月，日本は60番目のユネスコ加盟国となった。また，日本ユネスコ国内委員会が特別の委員会として文部省に設置され，その活動を支えるための事務局が設置された。1952年の第7回ユネスコ総会においては，「ユネスコ協同学校計画」が決議され，「国際理解のための教育」が世界に広がるきっかけとなった。同年，日本も計画への参加を表明し，国内の体制づくりを急いだ。ユネスコ協同学校事業は，1953年からスタートしたが，全世界33カ校参加のうち，日本からは6カ校参加した。

日本のユネスコ国内委員会は，国際理解教育の普及に向け，1960年に「国際理解教育の一般目標」を設定した。これは，①基本的人権の尊重，②日本と諸外国の相互理解と協力，③国際的協力機関についての理解と協力，④世界への和の実現を柱とするものであった。また，一般の学校が通常の教育課程で実施しやすいように，学習指導要領の改訂に合わせて，1960年「学校における国際理解教育の手引き」[1]を刊行した。

---

(1)　1963年増補版，1971年に改訂版が刊行された。

（2）1974年ユネスコ勧告と1974年中央教育審議会答申

1974年，ユネスコおよび日本の国際理解教育は 1 つの節目を迎える。

ユネスコでは，1974年，当時の国際社会の動向を背景に，「国際理解，国際協力及び国際平和のための教育並びに人権及び基本的自由についての教育に関する勧告」が採択された。ユネスコが提示するグローバルな発想と，日本の過去の経験と日本という立場から見た国際理解教育という考え方に相違点があったため，その相違点について日本国内で議論された。

さらに，1974年 5 月に，中央教育審議会により「教育・学術・文化における国際交流について」が答申された。この答申では，ユネスコ憲章前文を引用するなどして，ユネスコの理念を尊重しつつ，「国際社会に生きる日本人の育成」など重点施策を 6 項目挙げている。

一方で，日本国内委員会の事務局が廃止され，事務総長を学術国際事務局長が兼務するなどして，日本のユネスコ国内委員会は転換期を迎える。

この時期の日本は急激な経済発展を遂げ，国際社会で活躍する日本人の育成が急務であった。結果的にユネスコ協同学校の取り組みは衰退し，国際化対応の国際理解教育に質的に転換することになった。

（3）学習指導要領の変遷と国際理解教育

1998（平成10）年12月に告示された小・中学校の学習指導要領では，1 つの節目を迎えた。「総合的な学習の時間」の創設と共に，その事例の一つとして，国際理解教育が次のように示された（「第 1 章　総則」「第 3　総合的な学習の時間の取扱い〔中学校は第 4〕の 3）（下線部は筆者による）（括弧内は中学校）。

> 3　各学校においては，2 に示すねらいを踏まえ，例えば国際理解，情報，環境，福祉・健康などの横断的・総合的な課題，児童（生徒）の興味・関心に基づく課題，地域や学校の特色に応じた課題などについて，学校の実態に応じた学習活動を行うものとする。

ここにおいて，国際理解教育を教育課程の中に位置付け，各教科等との関わりの中で，推進するための環境が整ったといえる。

その後，2003年12月に「小学校，中学校，高等学校等の学習指導要領の一部改正等について（通知)」が公表された。

この通知の２の「（２）総合的な学習の時間の一層の充実」では，国際理解（教育）については特に言及されていないが，総合的な学習の時間そのものを教育課程の中に確実に位置付けることが強調された。結果的に，国際理解教育の実施にあたっては，教育課程全体の中で，各教科，道徳および特別活動との相互の関連付けや，教育課程全体の中での目標や内容の設定が求められることになったといえる。

2　総合的な学習の時間と国際理解教育の関係

（1）国際理解教育の目標

ここでは，国際理解教育の目標を，授業実践およびカリキュラム・マネジメントの視点から，①体験目標，②知識・理解目標，③技能目標，④態度目標の４つの側面で示す。[2]

① 体験目標

一般的に，体験活動は特定の学習目標を達成するための方法論として使われる。しかし，ここでは次の２つの理由から体験活動そのものに目標を設定する。

１つ目の理由は，「総合的な学習の時間」において体験活動を重視していることである。2017（平成29）年告示小・中学校学習指導要領では，体験活動について，「体験活動については，（中略）探究的な学習の過程に適切に位置付けること」と規定し（「第５章　総合的な学習の時間」〔中学校は第４章〕「第３　指導計画の作成と内容の取扱い」)，指導計画の際に体験活動を適切に位置付けることを求めていることである。

２つ目の理由は，国際理解教育では，異文化体験や接触，交流，参加・参画などから生じる現象や諸課題を射程に入れていることである。

両者とも，体験活動そのものに意味があり，その体験活動から児童生徒が素

---

(2) 国際理解教育の目標と学習領域については，大津（2015）の枠組みを引用・参照した。

直な驚きや感動，様々な気付きや発見があるという考えを含んでいる。そうした体験活動そのものを重視する観点から，次の 3 つの体験目標を設定する。

- （人と）出会う・交流する
- （何かを）やってみる・挑戦する
- （社会に）参加する・行動する

　この体験目標は，活動にいずれか 1 つを組み込む場合も複数の場合もある。こうした体験目標を含む体験活動は，児童生徒に「気付く・意見する」ことや「わかる・納得する」こと，「実感する・共感する」ことを促すことになる。さらに，この体験目標は，他の 3 つの目標とも有機的に関連している。

② 知識・理解目標

　知識・理解目標としては，次の 3 つの目標を設定できる。

- 文化的多様性
- 相互依存
- 安全・平和・共生

　文化的多様性については，世界には様々な文化が存在するが，共通する側面もあることや，文化は異文化との交流で絶えず変化し，創り出されることを認識する。異なる文化に出会った時，時には摩擦や対立が生じることがあることや，文化を創り出すのは私たち自身であること，摩擦や葛藤を乗り越える努力が必要であることを理解する。

　相互依存については，私たちの生活が様々な形で世界の人々とつながっていること，世界の出来事と私たちの生活とが相互に影響を与え合っていることを認識し，交通網や通信機器の発達が，私たちの生活に大きな影響を与えていることを理解する。

　安全・平和・共生に関しては，地域や世界に直接的暴力や構造的暴力により，安全や人権が脅かされている人々がいることを認識し，誰もが人間としての尊厳を尊重され，安全で幸せな生活ができる社会をつくるために，様々な取り組みがされていることを理解する。

③ 技能目標

　技能目標としては，次の 3 つを設定する。

- コミュニケーション能力
- メディアリテラシー
- 問題解決能力

コミュニケーション能力は，異なる価値観や生活習慣をもつ人々と円滑に意思疎通を図ることができる能力である。メディアリテラシーは，情報を適切に収集・選択・判断し，発信することができる能力である。問題解決能力は，現代社会の諸課題を的確に把握し，よりよい解決方法を探究し最善の選択をするため，物事を論理的に考える能力である。

④　態度目標

態度目標として，次の3つを設定する。

- 人間としての尊厳
- 寛容・共感
- 参加・協力

人間としての尊厳は，地域・社会の中で，個人としての自己および他者の人格・人権を尊重しようとすることを目標とする。寛容・共感は，地域や世界で，異なる文化をもつ人々や異なる状況にある人々の存在を認め，理解し，学ぼうとすることを目標とする。参加・協力は，地域や社会をより望ましい方向に変化させるために，社会の一員として行動し，人々と協力しようとすることを目標とする。

（2）国際理解教育の学習領域

国際理解教育は学際的な教育であり，主な基盤学問は文化人類学，異文化コミュニケーション学，国際経済学，国際政治学などと広い。したがって，国際理解教育が射程に入れる学習内容も広領域にわたる。そうした理由で，教師は国際理解教育の実践の方途がよくわからなくなったり，指導計画の立案の際，とまどったりすることがある。そこで，ここでは，国際理解教育の学習領域を次の4つに分け，教育の方向性を明確にしたい。

①多文化社会（文化理解，文化交流，多文化共生）

②グローバル社会（相互依存，情報化）

③**地球的課題**（人権，環境，平和，開発）

④**未来への選択**（歴史認識，市民意識，社会参加）

　多文化社会とグローバル社会は，文化的多様性と相互依存性に関する学習領域である。多文化社会の学習内容としては，文化理解，文化交流，多文化共生がある。ここでは，「自国の文化」というように文化を国や国境で分断したり，文化が国や民族固有のものであることを強調したりせずに，文化はその形成過程で多様な文化との接点・交流があり，絶えず変化していることを学ぶ場を設定したい。

　グローバル社会は，現在の世界は国家の集合体ではなく，地球規模で密接な相互依存関係を有する社会集団であるという世界観を表す概念である。私たちは，地域の一員であり，国家の一員でもあるが，地球社会の一員でもある。この学習領域では，世界の様々なつながり（相互依存）と情報化の側面から認識を深めることを重視する。

　地球的課題は，人類が直面している諸問題を，地域・国家・地球的レベルで捉え，解決の糸口を見出そうとする学習領域である。主な学習内容には，人権，環境，平和，開発が設定できる。具体的な実践では，たとえば小学校低学年における人権学習では，自尊感情と他者を価値ある存在として受け入れようとする姿勢を重視する。その後，児童生徒の発達段階に応じて，世界の子どもたちや民族，ジェンダーの問題について学習する場を設定する。

　未来への選択については，他の 3 領域の学習に基づき，学習過程と関わらせながら学習する場を設定する。たとえば，アジアや世界の歴史をふまえて，自らが地域や社会の一員であること，様々な人々や世界の諸事象を他人事ではなく，自分事として捉える学習を重視することが求められる。

　学習内容には，歴史認識，市民意識，社会参加の要素を取り入れる。この 3 つの学習内容は相互に関連を図り，児童生徒の発達段階に応じて，児童の住む地域から，日本，東アジア，世界との関係の中で学習する場を設定する。

3　特色ある総合的な学習の時間の単元計画の実際

（1）国際理解教育と関係諸領域との関係

　これまで，総合的な学習の時間において，国際理解教育は一定の役割を果たしてきた。しかし，近年，国際理解教育と親和性のある ESD（Education for Sustainable Development；持続可能な開発のための教育）や SDGs（Sustainable Development Goals；持続可能な開発目標）が総合的な学習の時間において，関連諸領域の教育を取り込んだり，包括的な教育の役割を担ったりしている。

　このような動向をふまえ，今後の総合的な学習の時間と国際理解教育の在り方を展望すると，総合的な学習の時間を，関連諸領域や各教科等と有機的に結び付き，豊かな教育実践が生成される場として捉えることが重要である。そのためには，国際理解教育の目標・内容等を，あらためて ESD や SDGs の視点から捉え直して，単元計画を構想すべきである。

（2）新しい課題と単元構成

① 　SDGs と総合的な学習の時間——SDGs を自分事に

　総合的な学習の時間において，SDGs を目標にした実践が増えている。その実践の多くは，17 のゴールのうちの一つ，あるいは複数を取り上げ，単元を構想するものである。その際，大切なことは，対象とするゴールと児童生徒の関係性である。児童生徒にとって，そのゴールがどのような意味をもち，自分や仲間にどのような影響をもたらしているか，つまり，児童生徒との「つながり」に気付かせることが大事になる。また，17 のゴールそのものにも相互に有機的なつながりがあることに気付かせる必要もある。本書の第 9 章で述べるように，生徒は SDGs を通じて，グローバルに考え，地域で行動する大切さを学ぶ。さらに，2030 年を展望する活動の中で，自分の未来について考える。地域の探究を通じて，自分と地域のつながりを見出し，地域の課題を自分事として考える。このように，生徒自らが地域を探究する中で自分と地域の関係を捉え直し，自分が生活する地域と社会，地球について考える活動を重視した実

践といえる。

② 多文化共生と総合的な学習の時間

　地域の多文化化に伴い，多文化共生をテーマにした総合的な学習の時間の実践が注目されている。このような学習活動においては，多文化化がもたらす事象に対して，児童生徒が自分事として関わり，自分たちの手で問題解決にあたったり，解決したりしようとすることを促す単元を構想する必要がある（本書第10章参照）。そのためには，国際理解教育の体験目標，知識・理解目標，技能目標，態度目標を参考にしながら，地域の多文化化の実態をふまえた，単元計画を構想することが大切である。

学習課題　① 国際理解教育のあゆみと現状を探究し，国際理解教育の特色を理解しよう。
　　　　　　② 総合的な学習の時間を基軸にして，国際理解教育をどのように各教科等と関連付けたり，全体計画の中に位置付けたりするか話し合ってみよう。
　　　　　　③ 総合的な学習の時間を基軸にした特色ある国際理解教育の単元計画について学び，実際に単元計画を作成してみよう。

引用・参考文献

大津和子「国際理解教育の目標と内容構成」日本国際理解教育学会編著『国際理解教育ハンドブック——グローバル・シティズンシップを育む』明石書店，2015年，96〜103頁。
釜田聡・原瑞穂・岩舩尚貴「『異己』理解・共生授業プロジェクトにおける生徒の認識」日本国際理解教育学会『国際理解教育』27，明石書店，2021年。
鳥飼玖美子『異文化コミュニケーション学』岩波書店，2021年。
日本国際理解教育学会編著『グローバル時代の国際理解教育——実践と理論をつなぐ』明石書店，2010年。
日本国際理解教育学会編著『国際理解教育を問い直す——現代的課題への15のアプローチ』明石書店，2021年。
日本国際理解教育学会編著『現代国際理解教育事典　改訂新版』明石書店，2022年。
嶺井明子「戦後日本の文教政策と国際理解教育」日本国際理解教育学会編著『国際理解教育ハンドブック——グローバル・シティズンシップを育む』明石書店，2015年，52〜59頁。

第9章

総合的な学習の時間とSDGs

先行き不透明で予測困難な時代といわれている今，学校教育では，「持続可能な社会の創り手」の育成が求められている。それでは「持続可能な社会づくり」に向かう教育とはどうあるべきだろうか。また，そのための総合的な学習の時間の役割は何だろうか。本章では，SDGs（Sustainable Development Goals；持続可能な開発目標）の考え方を生かした教育の在り方を理論的に理解するとともに，SDGs教育の実践例から，SDGsの視点を入れた授業デザインについて考える。急激に変化する時代といわれている今だからこそ，生徒が課題意識をもち主体的に探究していく総合的な学習の時間について考えていこう。

1　教育とSDGs

（1）現在，世界が直面していること

2020年に世界的な大流行となった新型コロナウイルス感染症（COVID-19）をはじめとし，現在，世界には，気候変動，貧困，紛争，エネルギー問題など，課題同士が複合的につながり合い，解決が困難な地球的課題が数多くある。これからの世界を持続可能にするためには，COVID-19により全世界の人々が感染症の当事者となったように，私たち一人ひとりがこれらの複雑な問題を「自分と関わりのあること」として捉え，向き合う必要がある。

現在，学校教育では，「持続可能な社会づくりの担い手の育成」が求められているが，そのためには，これから起こりうる社会を想定しながら複雑な問題に向き合い，多様な他者と協働しながら，予測困難な時代を強くしなやかに生きていくための教育が必要である。そのための，世界や身近な地域にある様々

な課題を多面的・多角的に捉えたり，課題と自分とのつながりを考えたりする際に有用な視点となるのが "**SDGs**（Sustainable Development Goals；**持続可能な開発目標**）" である。

（2）新学習指導要領とESD

　中学校学習指導要領（2017年）の前文や令和の日本型学校教育（答申）（2021年）に，「**持続可能な社会の創り手**」が明記され，SDGsの達成に向けた教育（ESD）がいっそう重要となっている。

　ESD（Education for Sustainable Development；**持続可能な開発のための教育**）について，文部科学省のホームページでは，「現代社会の問題を自らの問題として主体的に捉え，人類が将来の世代にわたり恵み豊かな生活を確保できるよう，身近なところから取り組む（think globally, act locally）ことで，問題の解決につながる新たな価値観や行動等の変容をもたらし，持続可能な社会を実現していくことを目指して行う学習・教育活動」と示されている。

　ESDは，2015年9月の国連総会で採択されたSDGsのうち，目標4（質の高い教育をみんなに）のターゲット4.7に位置付けられており，2019年12月の国連総会で採択された「ESD for 2030（Education for Sustainable Development: Towards achieving the SDGs）」において，SDGsの実現に向けた教育として強調されている。教育内容にSDGsを位置付け，ESDとして教育実践していく10年の中に，今まさにある。

（3）SDGsの特徴とSDGsを生かした**教育実践に向けて**

　SDGsには，貧困や飢餓，健康，教育，気候変動，エネルギー，平和的社会など多岐にわたるテーマが包括的に含まれている。これらを「誰一人取り残さない」という理念のもと，途上国も先進国も当事者意識をもち，達成に取り組むことが要請されている。SDGsを，政府や国連のトップだけでなく企業や学校，市民社会，若者など，様々な世代・立場の人々が連携しながら取り組むべきものと考えると，SDGsを視点に行う教育は，生徒の「行動変容」を目指すべきだろう。ただ単にSDGsの17の目標の中身を知るだけでなく，SDGsを通

して世界や身近な地域にある様々な課題を多面的・多角的に見ることでその複雑性に気付き，自分事として解決に向かう意識の醸成が求められる。

　SDGsを視点に学習すると，学習者はSDGsを通して課題を捉え直し，学習内容につながり・広がりを見出すため，既習事項や他教科の学習，あるいは実生活と縦断的・横断的に関連付けやすくなる。そして，学習を重ねるにつれ世界や身近な地域を見る視座を高め，複雑な課題に向き合い続けるようになる。その結果，教師が用意した問いではなく，日常の関心事や問題意識から課題を設定し探究する，自律した学習者になる。総合的な学習の時間（以下，総合）では，そのような探究的な学習が求められている。次節では，SDGsを視点とした探究的な学習の事例を紹介する。

2　中学1年生「総合的な学習の時間×SDGs」の実践

（1）SDGsを視点に，総合で "Think Globally, Act Locally"

　筆者の勤務校である新潟県村上市立荒川中学校（以下，荒川中）では，3年間の総合的な学習の時間を「持続可能な社会づくりに向けて，身近な地域の課題に気づき，課題解決に向けて必要な方策を考え，実行することができる生徒」の育成を目標に，SDGsの視点から行っている。本節で紹介する実践は，2020年度に1年生の総合的な学習の時間に実施したもので，SDGsに取り組む外部組織と出会う導入段階，および探究学習の土台づくりとして行った地域学習である。生徒は「新潟から発信！　SDGsの視点で，グローカルな生き方を学ぼう——持続可能でレジリエントな社会を目指すには？」をテーマに，1年間の学習を通し，地域の特性や資源を生かした様々な取り組みを知り，地域への理解を深めるとともに，自らの生き方・在り方を探った。

　生徒には最初の総合の授業で，3年間の目標を示し，「一人ひとりが行動者になることにより，世界を変えることができる」と意識付けた。生徒は3年次に，班ごとに探究テーマをもち，地域住民と協働して地域貢献プロジェクトを行う。それに向けて，自ら問いをもち，自ら進んで行動していくための探究の土台づくりの1年とした（表9-1）。

表9-1　総合的な学習の時間の学習活動（1年生）

1学期	(1)	SDGsを視点に，2030年の世界と地域を考える。
	(2)	中学生にできる地域貢献×SDGsを考える。
	(3)	SDGsを視点に，地域の課題を見直す。
	(4)	地域貢献活動に参加する（ラベンダー園の整備作業）。
2学期	(1)	レジリエントな社会を考える。
	(2)	レジリエンスの視点から地域の魅力や強みを捉え直す。
	(3)	オンライン新潟巡検×SDGs。
	(4)	まとめ学習・レポート作成。
3学期	(1)	プレゼン大会。
	(2)	県内中学校とのオンライン交流授業。

出所：筆者作成。

（2）SDGsを通して2030年の世界を考える

　SDGsの導入は，2030年の世界を予測するところから始めた。「2030年まで後10年。その頃，世界は今より良くなっているか，それとも悪くなっているか」。この問いに生徒たちは，「日本は人口減少が進むが世界はどうだろう？」「自然災害が増えそう」「技術の発展により生活が楽になる」「医療が発展し健康寿命が伸びる」「AIに人間の仕事を奪われる」「人間は機械に頼りすぎて不健康になりそう」など，様々な角度から自由に考えを出した。地球温暖化，気候変動，生物減少，人種差別等，生徒が日頃，テレビやニュース，新聞，様々なメディア等からどのような情報を得て，関心や問題意識をもっているかがうかがわれた。それらを生徒同士で共有した後，生徒はSDGsを学び，課題に挙げたものが，17のうち，どのゴールに関連するか考え，それぞれが考える番号を書き込んだ。その後，教師は「なぜSDGsができたか」「持続可能とはどういうことか」「誰一人取り残さないとは」などについて，世界の現状を写真やデータで示し，解説した。ここでは，SDGsを詳細に理解させるのではなく，作られた背景やプロセス，理念を教えつつ「SDGsの観点で世界を見ること」に留意した。そのうえで，世界で起きている諸問題は遠い国の話でなく，自分たちの生活にもつながりがあること，近年，日本でも自然災害が頻発し多くの被害が出ていること，コロナ禍での危機的状況等を新聞記事と共に紹介すると，生徒たちは「今起きていることは他人事ではない」との意識を高めていった。

この後，授業では世界から身近な地域に視点を移し，地域の現状や未来も考えた。

（3）SDGsを通して地域とつながる

　SDGsの観点で世界や地域を見てみると，生徒たちの中から地域の実情や課題に疑問が出てきた。そこで，地域でまちづくり活動に取り組む方を講師にお招きし，ワークショップ形式の授業を行った。講師から，現在の地域の課題や，地域活性化の活動，中学生への想いを話していただき，その後，「地域活性化の活動はSDGsのどの目標に近づくか？」「地域活性化の活動が地域に広まったり，中学生が貢献活動として一緒に参加したりすることで，どのようなプラスの連鎖が起こるだろうか？」という問いについて，中学生と講師で意見交換を行った。荒川地区ではラベンダーを地域の特産品にしようと，ラベンダー畑を活用してイベントを開催したり，加工製品を販売したりしている。講師の想いを聞きながら，生徒は，経済的効果や環境保全，人とのつながりによる取り組みの広がりや活性化など，様々な角度から考えることができた。実際に活動に携わる当事者の声を聞くことは，地域の実情をよりリアルに学ぶとともに，現在の学びと地域との関連等を，新たな視点で捉え直すことができる。また，地域の方々に中学生の学びや想いを共有することで，学習の意義を理解していただくことができ，それが社会に開かれた学びの構築のきっかけとなる。

　持続可能な社会をつくるには，様々な世代や立場の人々との協働が必須である。学校教育においても学校の枠を超えて，地域や外部組織との連携により，これまでにない授業がデザインできるようになる。

（4）レジリエントな社会を考える

　2学期の授業では「レジリエンス（強くしなやかであること）」を考えた。レジリエンスの例として，宮城県の丸森町がザンビアと協働で実施したJICA（独立行政法人国際協力機構）草の根技術協力事業「丸森町の在来技術を活用した小規模農家の食糧の安定利用強化プロジェクト」を紹介した。これは，少子高齢化，原発事故の風評被害など様々な課題を抱える丸森町が，在来の農法や生

活様式の価値を再発見し，ザンビアの小規模農家の持続可能な成長および飢餓と貧困の軽減に貢献したものである。この事例から，強靱な農業体制の構築，国を超えたパートナーシップ，複数の選択肢があることの強み等を生徒は学んだ。

　その後，「竹のように強く，しなやかな社会づくり」について，班でアイディアを出し合った。生徒からは「地球温暖化や海洋汚染の問題の具体的な解決策を考える」「一人ひとりの人や国に対する思いやりを大切にする。差別や偏見をしない」「災害対策を強化する」「課題や方策，地域の強みに対する見方を変える」「自分たちの地域のデメリットをメリットに変える」など様々な意見が出た。その中で最も多く上がったのが「協力」という見方であった。

　そこで，翌週の授業では，村上市の魅力や地域資源を，レジリエンスの観点から深めていくこととした。レジリエントな社会づくりに大切な「協力」を生かし，「私たちや私たちの地域はどのように貢献できるだろう」と問いかけた。生徒はグループごとに，村上市の強み（資源）が，レジリエントな地域づくり，地域住民，国づくり（日本や発展途上国の課題解決）にどのようにつながるかを考え，その理由と関連するSDGsを書き込んだ。ダムや松林が災害を抑える役割となる，伝統行事である獅子踊りが地域の活性化になる，と小学校の総合と関連づけた生徒もいた。また，地域の行事を挙げ，地域コミュニティーの結束になると，公正・公平性，パートナーシップの視点から捉え直した生徒もいた。国に関するレジリエンスは難しいようであったが，植林することで環境保全になる，村上市の特産品である鮭の養殖技術や加工技術は途上国の漁業に役立つのではないか，岩船産コシヒカリの稲作技術も教えたい，など地域資源の強みを生かした国際協力を幅広く考えることができた。

3　オンライン新潟巡検×SDGs

（1）新潟巡検の概要

　1学期はSDGsを通して持続可能な世界を考え，9月はレジリエンスを自分たちが暮らす地域に照らし合わせて考えてきた。ここから1年生の探究学習が

本格化する。新潟県内でSDGsに関わる取り組みやレジリエントな社会づくりにつながる活動をしている各分野のエキスパートから，中学生がインタビューを通して学ぶ「オンライン新潟巡検×SDGs」を企画した。

　県内には，国連によりSDGsの目標9（産業と技術革新の基盤をつくろう）のハブ大学に指定されている大学，SDGs未来都市，循環型農業に力を入れている企業など，SDGsに関連する様々な取り組みがある。実際のインタビューを通して，取り組みの実際や現在の課題，当事者の思い，持続可能でレジリエントな社会づくりのヒントを学ぶとともに，生き方や考え方を知り，自らの行動に生かしたり，自分ができる社会貢献について考えたりする機会にしたいと考えた。

（2）オンライン新潟巡検×SDGs

　1年生の生徒72名で18班を編成した。各班の探究テーマは，テクノロジー，環境，エシカル等，多岐に渡るように設定し（表9-2），それらをもとに大学，銀行，企業，市役所，農業従事者，自然公園管理者等へのインタビューを計画した。インタビューは，オンライン会議アプリZoomを使用した。教師が1人ずつファシリテーターとして入り，活動の趣旨やこれまでの生徒の学び，本活動の流れを説明した後，生徒から質問を行い，その後，担当者とのやり取りにより学びを深めた。最後に，生徒が心に残ったことや感想を付箋に記入し，カメラに写しながら1人ずつ発表していくことでまとめとした。

　インタビューを通し，中学生は「社会，経済，資源，環境の循環」「多様なコラボレーションによる新しい価値づくり」「地域資源を生かした課題解決」「農園を守るためのフェアトレード」など環境，社会，経済と関わる多様な取り組みを学ぶことができた。また，「思いをつなぎ発信することはとても重要。意識をもって行動する一人ひとりが増えていくことが結果として30年先の未来を変えていく」「一人ひとりの地域を思う気持ちが合わされば，それが世界をつくることにもつながる」など事業に携わる当事者の想いや中学生へのメッセージをもらい，それが生徒たちの刺激となり，学習のモチベーションとなっていた。

表9-2　各班の探究テーマ

1	電気自動車を活用した，地域でのSDGsの取組とは？
2	地域の再生可能エネルギーで地球温暖化 STOP！
3	持続可能な社会づくりのための銀行の役割とは？
4	SDGs×スーパーの取組とは？
5	島の大自然や人の温かさをたっぷり詰め込んだゲストハウスの魅力とは？
6	世界農業遺産に指定された地域が目指すものとは？
7	新聞社×SDGs～『地方創生プラットフォーム SDGs にいがた』が目指すこと～
8	SDGs×循環×地域の特産物『バナナ』とは？
9	日本初！米を原料としたバイオマスプラスチックとは？
10	SDGs 未来都市の取組とは？
11	外国からの持続可能な原料調達と製紙業
12	村上市で南国フルーツがとれる理由は？～地域資源を活かした循環型農業～
13	地球や人に優しい消費のあり方とは？
14	水・食・エネルギー×SDGs
15	人と街と地球にやさしい家づくりとは？
16	SDGsに本気で取り組むコーヒー店の魅力とは？
17	テクノロジー×大学×SDGsで世界の課題解決へ！
18	水辺からはじまる生態系ネットワーク

出所：筆者作成。

（3）他者に働きかけるための発信力を身につける

　オンラインインタビュー後のまとめ学習では，生徒の発信力を高めることを目指した。学びを自分の言葉でまとめ，他者に働きかける発信をすることで，自分や他者，担当者（企業）にとっても刺激となり，それが変革につながることを願い，発信を，まとめシートの作成，礼状作成，レポート作成，プレゼン大会の4段階とした。レポートの大まかな内容は，問題意識・関心事，インタビュー先の概要（SDGsとの関連等），質問に対する回答，心に響いた言葉，新潟巡検を終えた感想，持続可能でレジリエントな社会づくりに大切なこと，SDGsの達成を目指して取り組みたいことの7点である。

　新潟巡検での学びを整理するとともに，自分の言葉で「持続可能でレジリエントな社会づくり」をまとめ，発信し合うことで，１年生全員の相互の学びになる。さらに，友人や家族，知り合いに学びや行動が波及していけば社会変容になる。生徒は「他者貢献するような発信」を意識しながら，レポートを完成させた。その後，「発信」のまとめとして，レポートをポスター代わりにし，プレゼン大会を実施した。テーマの異なるメンバーでグループを編成し，４分間のプレゼンを２ラウンド行った。聞き手に問題意識や気づきを与える「つかみ」や，行動の変容を促すために最後の「コアメッセージ」はどうするかなど，それぞれが真剣に考え，発表した。

　以下は，プレゼン大会で生徒が語った「持続可能でレジリエントな社会づくりに大切なこと」の一部である。９月に行ったレジリエンスの授業よりも具体性が増し，自分自身と近づけて考えることができている。

- モノの価値は決まっておらず，工夫次第で多くの価値あるものに変えることができる。レジリエントな社会をつくるために大切なことは，多くの価値をもつものを増やし，工夫して利用すること，未来に残していくこと。
- 皆が人まかせにせず，自分のこととして考えること。そうすれば，ボランティアや募金をする人が増え，貧困問題の解決にもつながる。
- 仲間だけでなく色々な人と協力すること。多くの人との話し合いから，アイディアを共有でき，新たな発見がある。
- 技術から社会を変えること。自分がもっている知識を世の中にどんどん出して，世界に貢献していきたい。
- 食べ物を無駄にしないこと。食品残渣も循環型農業により肥料やエネルギーになりうる大切な資源になる。
- SDGs達成に向けて，街歩きをして地域の課題を見つけ，継続して解決に取り組むこと。
- 粟島の魅力がレジリエントな社会につながると思う。自然のものをうまく活用し，新しく何かをつくることで，無駄に思えるものが大切な資源になる。

4　総合的な学習の時間 × SDGs を振り返って

（1）学習後の生徒の変容

　1 年間の学習を振り返り，生徒の意識や行動に次のような変容があった。「SDGs を意識して新聞を毎日読むようになった」「無駄遣いが気になり，家族にも注意している」と日常の行動が変化した生徒や，「誰かが何かしてくれるだろうという意識から，今は自分で努力し仲間と協力しながら乗り越えていこうと思うようになった」と自分事や協働の意識を高めた生徒もいた。また，「SDGs について調べていくと普段意識していなかった課題や問題にも気付き，その対策を考えるきっかけにもなった」と SDGs を視点に物事を多角的に見るようになった生徒もいた。プラスチックのマイナスの側面を学んだ生徒は「物事に対する見方が変わった。一見便利なものでも，実際は環境に悪い部分もあるかもしれない。多方面から考え，疑問をもつことができるようになった」と批判的な見方ができるようになったことを自覚していた。

　さらに，自分の将来について，「将来，ものづくりをしたいと考えているが，地球に優しい材料や地域の特産物などを使って作りたい」と SDGs に貢献する生き方を具体的に考えた生徒が多くいた。他にも，「おしゃれの視点から見る SDGs」をテーマに，様々なエシカルな取り組みを自主学習ノート 9 ページにまとめるなど，自分の興味・関心から学びを発展させた生徒もいた。

（2）総合的な学習の時間 × SDGs の成果

　新潟巡検での学びや多分野にわたるテーマで探究した結果を他者と共有することは，生徒に新たな視点を与え，世界や身近な地域を見る視座を高めるものとなった。また，1 年間を通して見ると，SDGs を視点に行った総合は，生徒の学習意欲を高め，授業の枠を超えて実社会とつなげる自律的な学習の動機付けにもなった。自ら問いを立て学習する姿もあり，「探究的な学習の基盤」を築くことができたといえる。さらに，「自分は将来どうなりたいか」「何を大切に生きていきたいか」と考える機会にもなり，生徒が将来の生き方や自分自身

の在り方について深く考えることにつながった。これらのことは，持続可能な
社会を目指すうえで大きな成果である。

（3）授業づくりの留意点

　SDGsを活用した授業づくりには多様なやり方や内容があってもよいと筆者
は考える。本章で紹介した実践には，中学生にとって難しい学習内容もあり，
その都度，授業の修正に努めてきた。感染症の世界的な大流行や，ウクライナ
情勢と，今，地球的課題がよりいっそう深刻化している。「ありたい未来（持
続可能な社会）」を目指し学べば学ぶほど，現実にある課題の切実さや複雑性を
実感し，学習者は様々な葛藤を抱くだろう。しかし，SDGsを自分事とし，学
び行動し続けなければ，世界の変革や持続可能な社会づくりは不可能である。
先行きが不透明な今だからこそ，生徒が課題意識をもち主体的に探究していく
学びの場を教師はデザインしていかなくてはならない。

> **学習課題**　① 　あなたの暮らす地域の資源（人・もの・こと）を調べ，SDGsを視点として
> 　　　　　　　　　どのような学びの場を提供できるか考えよう。
> 　　　　　　　② 　世界の問題や地域の問題を「自分事」にするためにはどのような働きかけが
> 　　　　　　　　　必要か，話し合おう。

引用・参考文献

国際連合広報センター「2030アジェンダ」。https://www.unic.or.jp/activities/economic_
　　social_development/sustainable_development/2030agenda/（2022年12月6日最終閲覧）

日本国際理解教育学会『現代国際理解教育事典　改訂新版』明石書店，2022年。

文部科学省「持続可能な開発のための教育（ESD：Education for Sustainable Development）」。
　　https://www.mext.go.jp/unesco/004/1339970.htm（2022年12月6日最終閲覧）

JICA「草の根技術協力（地域活性化特別枠）事業概要」2014年。https://www.jica.go.jp/
　　partner/kusanone/country/ku57pq00001nf3dv-att/zam_02_c.pdf（2022年12月6日最終
　　閲覧）

UNESCO "Education for Sustainable Development: A roadmap," 2020. https://unesdoc.
　　unesco.org/ark:/48223/pf0000374802（2022年12月6日最終閲覧）

第10章

総合的な学習の時間と多文化共生

　本章では，多文化共生とは何かを概観し，多文化共生をテーマに学ぶ総合的
な学習の時間の可能性について，大分県中津市立沖代小学校で行われた学習の
事例から検討する。事例では，児童が多様な人と人との関わりの中で多文化共
生への当事者性を高めながら学びを深める過程に注目して読み進めていこう。

1　多文化共生

　地域における**多文化共生**について，総務省は「国籍や民族などの異なる人々
が，互いの文化的違いを認め合い，対等な関係を築こうとしながら，地域社会
の構成員として共に生きること」（総務省，2006：6）としている。政府の見解で
は，多文化共生とは，言語的文化的背景の異なる人々が共に地域社会で生きて
いくために，どちらか一方が他方に合わせるのではなく，相互に関わり合うこ
とを前提としているといえよう。また，山田は「『多文化共生』は，文化的に
相違のある集団間の社会的力関係をどうしたら対等・平等なものにし，『共に
生き』やすい社会が築けるかを問うもの」（山田，2018：7）とする。さらに，
志水ら（2020）は，望ましい共生のモデルとして，双方に影響を与え合いなが
らそれぞれに変容し，新たなものを生み出していくことを提唱している。Aを
社会のマジョリティ，Bを社会のマイノリティとし，「A＋B＝A′＋B′＋a」
という公式を用いて「Aも変わり（＝A′），Bも変わり（＝B′），そのプロセス
において新しい価値なり，制度なりが生まれる（＝a）」（志水，2020：10）こと
とする。
　文化的言語的背景の異なる人々が出会う機会としては，自治体等による国際

交流の催しがある。たとえば，日本人住民向けには，外国人住民等による講話
や料理や言語，衣装，音楽，踊り等の体験教室，そして，外国人住民向けには，
日本に関する同様の活動，双方を対象とする交流会等がある。しかし，催しに
参加すれば，すぐに互いの変容や新しい価値や制度を創造できるわけではない。
人は相手に違いを見つけ，それが自分の予想や期待とは異なった時，受け入れ
がたい違和感や嫌悪感をもち，摩擦や対立，排除が生じる。相容れない価値観
を含む「異文化」との出会いは，共生どころか関係の分断や争いを生み出す。
はたして，どのようにすれば互いの**文化的差異**を認め合って**対等な関係**を築き，
共に生きていくことができるのだろうか。

　総合的な学習の時間は，問題解決のための唯一絶対の解はないことを前提と
し，探究を重ねる時間が保障されている。だからこそ，多文化共生のように，
現代社会にとっての必要性を頭では理解していても実行が難しいことを題材に
することができる。

2　外国人移住者をめぐる日本の現状

（1）日本における在留外国人数

　法務省の在留外国人数に関する発表によると，2021年末時点で約276万人で
あった。国籍は，多い順に中国，ベトナム，韓国，フィリピン，ブラジル，ネ
パールである。在留資格は，多い順に「永住者」「特別永住者」「技能実習」
「技術・人文知識・国際業務」「留学」である。2020年末および2021年末は新
型コロナウイルス感染症拡大による入国制限の措置等のため，前年末に比べ減
少した。在留資格では，2020年末は「永住者」と「技術・人文知識・国際業
務」，2021年末は「永住者」のみ増加した。これらの在留資格は，いずれも就
労を条件とするものである。

（2）外国人移住者増加の背景

　日本は1997年以来少子高齢化社会を迎え，労働供給の不足が社会や経済に
影響を与えており，政府は海外に労働力を求める施策を打ち出してきた。

　1990 年以前は就労目的で新渡日の場合には，在留資格「技術・人文知識・国際業務」が必要であり，特別な技能等を有する者に発給されていた。しかし 1980 年代に国内で単純労働を担う人の不足が深刻となった。そこで「出入国管理及び難民認定法」が改正され，1990 年から施行された。日系人に限り就労制限のない在留資格が発給され，外国籍者の単純労働が可能になった。1993 年からは「外国人技能実習制度」が開始した。「実習」とあるが，中小企業の製造業や農業漁業等での労働力不足を補う制度でもある。2000 年代に入ると，2008 年に「留学生 30 万人計画」が打ち出された。留学生政策は，従来，帰国を前提としていたが，「高度人材」の確保のため高等教育機関への進学，卒業後は就職し定住を促す施策へと舵を切った。また，高齢化社会で需要の高い看護師および介護福祉士の確保のため，2008 年以降インドネシア・フィリピン・ベトナムと経済協力協定を締結した。それらの国の人々は，日本の国家資格の取得を目指す候補者として来日し，滞在期間に就労・研修を行う。候補者は帰国して本国に寄与することが唱われているが，国家資格取得後は日本で就労できる。2019 年からは外国人労働者の拡大のため新たな在留資格が創設された。特に人材が必要な特定産業分野（14 分野）を設定し，そのうち，建設，造船・船用工業については在留期間の更新回数に制限がない。冒頭に挙げた「技術・人文・国際関係」取得者は，製造業等では 1 社で数百人が雇用されていることもある。

　以上が外国人移住者をめぐる主な施策である。外国人労働者は，技能実習生等を除き，在留期間の更新回数に制限がなく，家族帯同が可能である。つまり，外国人労働者が日本で家族を築き，働き続けるための施策がとられている。また，地方の過疎地等では後継者の配偶者（妻）不足の問題を抱えている。1980 年代には山形県で行政主導の国際結婚が進められ，全国へと広がった。当時は「農村花嫁」と呼ばれた。このように，労働者や学生，配偶者（妻）等，日本社会の不足部分を補填するために，外国に人材を求める施策がとられている。

（3）文化的言語的な多様な人々で構成される社会
　今後も外国人労働力確保のための施策は継続され，その家族を含めた外国人

移住者の増加が予想される。その家族には将来を担う子どもも含まれる。公立
学校に在籍する外国籍の児童生徒数は年々増加しており，2021年度は11万
4853人である（文部科学省，2022）。外国籍の子どもは，日本生まれや幼少期に
渡日していることもあれば，学齢期に渡日し日本の学校へ編入していることも
ある。また，日本国籍であっても，海外からの帰国家庭や国際結婚家庭，外国
籍だった親が帰化して日本国籍を取得した家庭など，その内実は多様である。
さらに，父はX国出身，母はY国出身というように両親ともに出身が異なる
こともある。家族が各々に異なる文化に根ざした価値観や生活習慣，言語を有
し，子どもが複数の文化や言語にふれて育つことも少なくない。このように，
現在学齢期にある子どもたちが大人になる頃には，日本社会はさらに文化的言
語的に多様な人々で構成されていることが推測される。

3　総合的な学習の時間における多文化共生の学習

『小学校学習指導要領（平成29年公示）解説　総合的な学習の時間』（以下，
『解説』）では，総合的な学習の時間で取り組む探究的課題に国際理解教育が例
示され，以下のように記されている（文部科学省，2018：61〜62）。

> 　広く様々な国や地域を視野に入れ，外国の生活や文化を体験し慣れ親しむことや，
> 衣食住といった日常生活の視点から，日本との文化の違いやその背景について調査
> したり追究したりすることが重要である。
> 　例えば，地域に暮らす外国人や外国生活経験者に協力を得て，諸外国の料理を
> 作って食べる体験を通して，食材の違いや気候・風土との関係について考えたり，
> 食べ方の習慣とその歴史や文化について調べたり，我が国の習慣や文化と比べたり，
> 体験したことを議論したり発表したりするなど，幅広く学習を展開することが重要
> である。
> 　また，日本と諸外国との関係について学ぶ際に，例えば地球温暖化や食料の輸出
> 入の問題のように，価値が対立する問題に出会うことがある。そのような問題を積
> 極的に生かして，世界中には多様な考え方や価値が存在することを実感できるよう
> な場面を設定することも考えられる。また，それを解決する方法を考えたり，討論
> したりする学習を通して，国際的に協調して取り組むことの重要さや難しさについ

て，考える機会を設けることも想定できる。

　つまり，衣食住に関わる体験的な学習は，多様な視点から文化や社会を捉え思考をめぐらせて探究するための入り口であり，単発的な交流イベントにとどめないことが肝要である。さらに，国家間で価値観が対立する問題を解決する方法を考え，協調の重要さや難しさについて考える機会とすることにも言及されている。文化つまり価値観の違いを無条件によしとし，楽しむ対象としてのみではなく，多様な価値観によって引き起こされる対立や摩擦に向き合い，乗り越えようとすることも重視する点は，多文化共生の理念と通じるものである。

4　多文化共生をテーマにした総合的な学習の時間の事例

（1）大分県中津市および中津市立沖代小学校の概要

　本節では，総合的な学習の時間に多文化共生について探究した事例として，2019 年度大分県中津市立沖代小学校（以下，沖代小学校）5 年生の「外国から来た人々と一緒に安心して暮らせる町づくりについて考えよう——中津市しあわせプロジェクト」を紹介する。

　中津市は，大分県北部にあり瀬戸内海に面し，江戸時代に黒田氏が城下町を築いた。主な産業は農業や水産業，製造業である。2019 年 4 月当時の人口は約 8 万 4000 人であった。沖代小学校は，1982 年に開校し，中津市の中心部に立地する。2019 年度は，教員数 32 名，児童数 629 名（5 年生は 96 人），学級数22 学級（5 学年は 3 学級）であった。学校の重点目標は「仲間と共にやり抜く児童の育成」，児童像は「多様性を尊重し，お互いの良さを活かして共同する児童」であった。

（2）教育目標からの着想

　本単元を構想した H 教諭は，外国にルーツのある多文化児童（8 名）が，日本語以外の言語ができることを周囲に黙っていることが気がかりだった。小学校で英語教育に注目が集まる中，「英語が上で他の言語は下。その言語を使う

国は下」「英語以外の言語は使わない方が良い」と児童が無意識に感じているのではないか。それまで毎日繰り返されていた英語での校内放送も，実は言語間や国家間の優劣関係を無意識的に児童に植え付けていたのではないか。学校における英語教育はこうした危険性をはらんでいるのではないか。そう感じたH教諭は，全児童に「学校には多様な友だちがいて，どの国のどの言葉にも等しく価値がある」と伝えたいと考えた。そして多文化児童には「家族の言葉」に誇りをもち，安心して学校生活を送ってほしいと考えた。

　そこで，H教諭は放送委員会の活動として「沖代小・多言語放送アクション」を起こし，毎日の全校放送で多言語の挨拶を紹介し，互いの違いを大事にする人になろうと呼びかけた。さらに学年部では，総合的な学習の時間に多文化共生を探究課題とすることを構想した。以下に学習の展開と様子を述べる。

（3）「中津市しあわせプロジェクト」の誕生から提言までの学習の展開

①　テーマ設定

　多文化共生という教師の構想を大枠とし，具体的なテーマの決定は児童が行った。児童は4年生の時に，総合的な学習の時間において，視聴覚障害者が安心して暮らせる市にするための工夫を考え，市に助言している。5年生でも中津市をさらによくするためにできることや，困り感を抱えている人について意見を出し合った。そして，妊婦，乳児や幼児，高齢者，病気の人，外国からの移住者などに視野を広げ，外国からの移住者は，他の人と比べて手助けが足りていないという気付きに至った。そこで，中津市に住む誰もが安心して幸せに暮らせるようにという願いを込めて，テーマを決定した（図10-1）。

②　学習計画と学習活動

　テーマ決定後，中津市に住む外国人の人数や出身国，困り感はどうすればわかるのかといった点から話し合い，よりよい提言に向けて，次の学習計画を立てた。(1)市役所のホームページから外国人人口の変化や出身国を調べよう，(2)外国人の出身国について知ろう，(3)保護者の方々に"地域住民の声"としてアンケートをしよう，(4)外国人住民の気持ちを知ろう，(5)外国人住民・地域住民の困り感や願いについて整理しよう，(6)「みんなが一緒に安心して暮らせる」

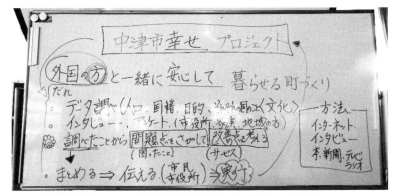

図 10-1　テーマと学習計画のための話し合いの板書

出所：H教諭提供。

ためのアイディアを出し合い，中津市に提言しよう，である。

　以下に，これらの学習計画に沿って児童がどのように学習を進めたかを記す。

〔(1)市役所のホームページから外国人人口の変化や出身国を調べよう。
〔(2)外国人の出身国について知ろう（その国のこと・文化習慣の違い）。

　児童は，中津市の外国人数，そして出身国と場所や衣食住などについて調べ学習を行った。中津市の外国人数は1445人，出身国は多い順にベトナム，インドネシア，韓国，中国，フィリピンと，アジアが中心であり，中でもベトナムとインドネシアは5年間で2倍と急増しており，全国的にも増加傾向にあることを知った。そして，政府は少子高齢化による労働者不足を補うために2018年に入国管理法を改正しており，今後さらに増加が予想されることを理解した。

〔(3)保護者の方々に“地域住民の声”としてアンケートをしよう。〕

　次に，中津市の外国人数の増加に対する地域住民の思いを調べるため，保護者を対象にアンケート調査を行った。その結果は，「期待・楽しみ」が50人，「不安・不満」が61人であった。保護者アンケートの結果を見て，児童間でも本音を出し合うと「不安」な人の方が多かった。「期待・楽しみ」の理由は，会社や農家が助かる，外国に行かなくても様々な国の人と友達になれる，外国の文化を知ることができるなど，外国人住民との生活を楽しもうとするもので

あった。「不安・不満」の理由としては，外国人に仕事を奪われそう，地域や職場でコミュニケーションがとれず困りそう，ゴミ出しなどのマナーを守らないので困る，犯罪や事件が増えそうで怖い，どう関わればよいかわからないという恐怖心や心配の声があった。

　児童は当初，外国人住民へのサービスの充実を想定していた。しかし，このような調査結果から，それでは中津市の住民は幸せにはなれないことに気付き，外国人住民と地域住民の双方が幸せだと思える方法を見つけることにした。

〔(4)外国人住民の気持ちを知ろう（交流して仲良くなろう）。〕

　児童は調査結果をふまえて当初の学習計画を再考し，まず，外国で暮らす人の気持ちを知るため，海外で「外国人」として生活した経験のある日本人住民に話を聞くことにした。学級通信で呼びかけて保護者2名の協力を得た。保護者は，「外国人」の立場で嬉しかった経験は，現地の人と友達になった時，異国で自分の国の言葉を話す人と出会った時，困った時に現地の人に優しくしてもらった時と語った。辛かった経験は，病気や怪我をして不安だった時，様々な手続きで言葉が難しくてわからなかった時，現地の人と親しくなれない時などを語った。児童は，経験者からの「人は知らないと不安になる。だからその国のことをよく調べて学ぶといい。そうしたらきっと相手の見え方が変わると思う」という助言を大事に受けとめた。

　この助言を胸に，児童は，班ごとに市内に住む外国人住民の国や地域について深く調べ，交流することにした。交流は，保護者が企画する「親子ふれあい活動」に国際交流・異文化体験を位置付け，2回行った。1回目はインド出身で日本語が堪能な移住者との交流である。児童と保護者は，インド文化や中津市での生活体験談を聞き，本場の香辛料を使ったカレー調理を体験し，食べ方の作法とその意味を学び，カレーを味わった。児童と保護者が学習を共にしたことで，家庭でも多文化共生についての対話が活発になっていった。

　2回目は，「日本語が上手に話せない外国人」の思いにふれるため，市役所で働く台湾出身の職員，企業で働くベトナムからの技能実習生と交流した。児童は，台湾と日本でのゴミの出し方の違いを知ったり，技能実習生の会社に対する思いと日本人社員の彼らへの思いを知ったりした。また自動翻訳機を利用

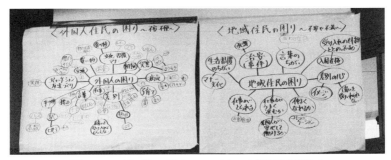

図 10 - 2　それぞれの困りの一つひとつの解決策を探ろう

出所：H教諭提供。

して会話したり，一緒に遊んだりしたことにより，言葉が通じなくても，実際にふれ合うことで恐怖心や不安がなくなることを実感した。

　児童は，この経験から，外国人と一緒に活動することは楽しく，一緒に過ごすことで不安は軽減できること，周囲が優しく親切に接することで困り感が減ること，国は違っても人に上下はないという気付きを得た。

> (5)外国人住民・地域住民の困り感や願いについて整理しよう。
> (6)「みんなが一緒に安心して暮らせる」ためのアイディアを出し合い，中津市に提言しよう。

　外国人としての経験や思いを聞き，交流をした後，児童は，外国人住民・地域住民のどちらの不安も解消するために，それぞれの困り感を整理し，対応策を一つずつ考えていった（図10 - 2）。

　最終的に，市民の誰もが参加できる国際交流会の実施と国際交流ヘルプセンターを設置の 2 点に集約され，市への提言書を作成した。国際交流会の提案は，自分たちが外国人住民と日本語での意思疎通が難しくても，料理やスポーツなど活動を共にすることで心が通じ合った経験から，互いを知ることによって恐怖心や不安がなくなると考えたためである。国際交流ヘルプセンターの提案は，外国人住民と地域住民の懸け橋となる中心的な場所として，双方への多言語サポートサービス（語学教室や通訳派遣，通訳機器の無料貸出），国際交流会の企画実施，地域住民の要望の受付，地域住民への理解や協力を求める活動，外国人住民への生活ルールの説明，災害や病気の時の子育て等への不安軽減を行うこ

となどを想定したものである。

　これらを記した提言書は，市へ提出した。また，児童の学習は市報の特集「なかつで暮らす外国人」でも紹介された。

5　多文化共生をテーマに学ぶ総合的な学習の時間の可能性

（1）児童の生活世界に存在する人と人の関わり合いの中での探究学習

　児童は，外国人住民の考えを知り，料理やスポーツ等の活動をしながらその人となりにふれ，言葉を交わし，さらに共に働く人の思いを聞くことができた。そして，大人の姿から，双方の努力で温かな信頼関係を築いていけるのだということを感じとることができた。多文化共生の探究過程において，様々な人々に出会い，課題に向き合い，話し合いを重ね，提言をまとめていった。

　本単元の実現には，主に2点のポイントがあったと考える。1点目は，周囲の理解と協力である。H教諭によると，管理職や同僚の同意，保護者や行政の協力，外国人住民や技能実習生との出会い，報道各社からの応援が不可欠であったという。2点目は，児童が出会った人々が自らの生活圏内で暮らす人々であったことである。外国人労働者，外国人住民ではなく，名前をもち，自らの意思をもって語り，同じ市に暮らす「〇〇さん」との出会いである。この出会いによって，児童には，自らの生活世界に存在する人として実感をもって位置づいたのではないだろうか。

（2）当事者性を育む学習活動

　国際理解教育で扱う課題は，児童生徒の生活世界と直接的な結びつきを実感しづらく，**当事者性**を育むことは難しいとされる（原，2021：129〜130）。本単元では，児童は，当初は外国人住民の困り感の解決に主眼があったが，最終的に双方を含む市民の困り感の解決が市民の幸せにつながるという考えへと変化し，提言書をまとめるという，多文化共生に向かって探究する姿があった。この変化に影響を与えたのは，上述したように他者との出会いであろう。その過程を見ると，児童は，地域住民の恐怖感や不安という本音に接して，自らも本

心に目を向け，本音を語り出した。次に，海外居住経験者の話を聞いて困難や喜び，不安への向き合い方を知り，その後，外国人住民と出会い，考えを聞き，意思疎通を図り，人柄にふれた。実際に課題や困難に立ち向かう大人と出会い，提言書作成で双方の困り感を解決する方法を考える際には，自らの実体験もふまえながら本気で考えていった。児童は，自らも地域住民と外国人住民が暮らす中津市の市民であり，多文化共生を自らの課題として捉えていることがうかがえる。このような学習活動の展開によって，当事者性の育成ができることを示唆しているといえよう。

（3）今後の可能性

　総合的な学習の時間で児童生徒が地域の課題解決のために行政への提言や世界への発信を行い，それを学習成果として位置付けること，そしてニュース番組や新聞で報道されたり，市の広報で取り上げられたりすることは，多々ある。しかし，児童生徒が自らの行動の結果，対象にどのような作用があったかを確認し，その意義を問い直す学習活動を含めることは難しい。変容には時間を要するためである。沖代小学校を例とするならば，保護者，外国人住民や雇用者，雇用企業，市，市報を目にした住民に何をもたらしたかはわからない。何らかの形で知る機会を意図的に設け，活動を振り返り，新たな課題へ気付くことができれば，自らにも社会を創る力があり，行動できることを実感し，単元を終えた後も当事者性をもって考え，取り組み続ける姿勢を育むことができると考える。

学習課題　①　複数の自治体または学校における「多文化共生」の取り組みについて調べ，比較し，特徴を明らかにしよう。
　　　　　　　②　①で調べたそれぞれの取り組みは，多文化共生の理念と照らし合わせてどのような特徴や課題があるかを話し合ってみよう。

引用・参考文献

志水宏吉「私たちが考える共生学」志水宏吉・河森正人・栗本英世・檜垣立哉・モハーチ，

ゲルゲイ編『共生学宣言』大阪大学出版会，2020年，1〜27頁。

総務省「多文化共生の推進に関する研究会報告書——地域における多文化共生の推進に向けて」2006年。https://www.soumu.go.jp/kokusai/pdf/sonota_b5.pdf（2022年12月6日最終閲覧）

日本国際理解教育学会編著『国際理解教育ハンドブック——グローバル・シティズンシップを育む』明石書店，2015年。

原瑞穂「地域，博物館，NPOなどと連携した国際理解教育の授業をどうデザインするか」日本国際理解教育学会編著『国際理解教育を問い直す——現代的課題への15のアプローチ』明石書店，2021年，129〜141頁。

文部科学省『小学校学習指導要領（平成29年告示）解説　総合的な学習の時間編』東洋館出版社，2018年。

文部科学省「日本語指導が必要な児童生徒の受入状況等に関する調査結果について（令和4年10月）」2022年。https://www.mext.go.jp/content/20221017-mxt_kyokoku-000025305_02.pdf（2022年12月6日最終閲覧）

山田泉「『多文化共生社会』再考」松尾慎編著『多文化共生——人が変わる，社会を変える』凡人社，2018年，6〜17頁。

　［付記］　本章の実践事例の紹介にあたっては，中津市立沖代小学校の外園孝子教諭（研究主任），新開直広教諭，貞池優美教諭の協力を得た。

第11章

総合的な学習の時間とまちづくり学習

　本章の第一のポイントは，まちづくり学習の扉を開くことにある。そこで，まず，まちづくり学習の背景と源流を，学校と地域の関わりの変遷と，大正自由教育の実践から捉えてみよう。次に，復興・防災まちづくりの変遷をたどり，東日本大震災以降のまちづくりにおける「子どもの参画」と大人の支援の在り方を紐解いてみよう。第二のポイントは，子どもと共に探究者となっていく教師の姿をつかむことである。実践事例のカリキュラム・デザインのプロセス——どのように構想し，どのように学習支援者と関わりながら授業を創造していくのか——をたどり，現代的課題である「誰もが住み続けられるまちづくり」の未来の担い手を育む授業づくりをイメージしてみよう。

1　まちづくり学習の背景と源流

（1）学校と地域をつなぐ「まちづくり」

　地域やまちづくりに関わる学習は，総合的な学習の時間をはじめ，様々な教科や学校行事，職業体験，学校家庭クラブ活動などで行われている。学校が地域に開かれるようになった背景には，20世紀後半の社会の急激な変化に伴う教育への要請が関わっている。昭和の高度経済成長期の自然環境破壊・公害や都市化，産業構造の変化による地域の教育力の低下に対応し，子どもの育ちを学校教育に求めたことに始まる。臨時教育審議会の「教育改革に関する第三次答申」（1987年）で「**地域に開かれた学校づくり**」が提言され，1998年の教育課程審議会答申では，学校と家庭や地域社会が相互に協力して子育て・教育することの重要性が示されたのである。それまで，地域の共同体に参加することで受け継がれてきた地域の歴史や生活文化や社会の仕組みなどの学習は，学校

の教育内容へと移り，地域やまちづくりの学習が広がったのである。

　そして，現在，学校は**まちづくりの拠点**としての役割を担っている。2015年「新しい時代の教育や**地方創生**の実現に向けた学校と地域の連携・協働の在り方と今後の推進方策について（答申）」では，「子供たちの豊かな学びと確かな成長の保障と，子供を軸に据えて人々が参画・協働していく社会の実現」を目指して，地域と学校による子どもの育ちを支える仕組みが提起されたのである。その仕組みの中に，まちづくりが位置付けられているのである。

　一方，**まちづくり**とは，「地域社会に存在する資源を基礎として，多様な主体が連携・協力して，身近な居住環境を漸進的に改善し，まちの活力と魅力を高め『生活の質の向上』を実現するための持続的な活動」（佐藤，2017：10）である。この活動の端緒は，1960年代後半に全国各地で起こった住民による公害や環境破壊への反対運動にある。やがて，町並みや歴史的文化財を守る教育的活動や生涯学習へと広がり，まちづくりは，人々の住意識を住宅から環境権や居住権に根ざした居住環境へと開き，地域住民の人間性の発達を支える活動となったのである（広原，1977：130）。そして，1980年代になると，まちづくり条例や協議会を整えた先進地域（たとえば，神戸市，東京都世田谷区など）から，住民と専門家，行政が協働し参画するまちづくりが広まった。さらに，阪神・淡路大震災以降，学校区や商店街の「多主体協働の地域運営のまちづくり」が目指されるようになったのである（佐藤，2017：32）。

（2）大正自由教育の生活課題に迫る探究学習

　昭和期に生まれたまちづくり学習の源流は，**大正自由教育**に始まる教育改革運動にさかのぼることができる。運動は，生活から切り離され，高度化する教育内容と，それを詰め込む教育方法に疑問をもった教師たちによって始められている。20世紀初頭の国際的な**新教育運動**の波の中で，成城小学校などの私立小学校や師範学校附属小学校では，**デューイ・スクール**などの理論や実践をもとに，実験的な教育を展開したのである。教師たちは，学習内容と学習の場を，教室から実生活や地域へと広げ，生活に根ざした探究をグループ学習や少人数学習で試みたのである。都市で展開した大正自由教育は，地方では「生

活」をめぐる多様な教育運動へと広がっていく。たとえば，生活や社会のリアルな問題を探究する**生活教育**を展開した**生活綴方教育運動**や，教科の郷土化にとどまらず「郷土科」を提案した**郷土教育連盟**などがある（海老原，1977：37〜39）。

　戦前の教育方法改革を総合学習の視点から論じた海老原（1977）は，東京の私立**池袋児童の村小学校**の**野村芳兵衛**の「観察科」の実践を，改革の努力を継承した到達点として捉えている。それは，自然の次に社会を観察し，観察・生活記録を制作し，「自然と社会の切実な生活の課題を統一的に把握」させていくものである（海老原，1977：41）。さらに，野村は，工場地帯の子どもと多摩川でキャンプや生産活動に参加して，自然や社会を観察し話し合う共同キャンププログラムを提案している（海老原，1977：42〜43）。

　このように，大正自由教育には，地域に出て，自然観察や実験，社会観察・生活調査を行い，観察から見出した現実生活の問題を文に綴り，それをもとに話し合い，地域の生活の課題を統一的に把握するという実践がある。それは，総合的な学習の時間のまちづくり学習の源流と捉えることができる。

2　住み続けられるまちづくりと「子どもの参画」

（1）防災まちづくりの広がりと子どもの社会参画

　近年のまちづくりは，「**男女共同参画社会の視点に立ったまちづくり**」「**低炭素・循環型まちづくり**」「**多文化共生のまちづくり**」（本書第10章参照）など，グローバルな現代的課題を含むまちづくりへと広がり，政策課題となっている。その課題の一つに，「**防災まちづくり**」がある。日本では，「SDGs（持続可能な開発目標）」（本書第9章参照）の目標11「住み続けられるまちづくりを」の実現にあたり，災害に強いまちづくりが重点課題の一つとなっている。

　防災まちづくりを紐解くと，20世紀以降の大地震の復興のたびに，まちづくりの**概念**と**アクター**（主人公，参加者）が広がってきていることが見えてくる。たとえば，関東大震災（1923年）の復興は，国が主導してインフラを整備する防災都市づくりであった。阪神・淡路大震災（1995年）の復興では，先述のま

ちづくり先進モデルの神戸市が先鞭となって，自治体による住民参加のまちづくりが中心となった。また，高齢化社会という問題に直面したことで，高齢者や障害者など多様な人々が参画・つながるコミュニティの形成の重要性が共有された。東日本大震災（2011年）では，ジェンダーやマイノリティの課題が浮き彫りになり，現在，DEI（Diversity；多様性，Equity；公平性，Inclusion；包摂性）を重視するまちづくりへと拡張している。

　また，東日本大震災の復興では，多様なアクターが業種や国境を越えて連携している。その多様なアクターと共に主役となっている子どもたちに，現在でもメディアやWebサイトなどで出会うことがある。たとえば，震災直後に公益社団法人セーブ・ザ・チルドレン・ジャパンの支援のもとに誕生した，石巻市の「子どもまちづくりクラブ」がある。小学生から高校生の異学年の子どもたちは，自分たちの提案によって誕生した児童館を活動拠点に，地域の一員としてまちづくりに取り組んでいる。この10年の間に，歴史マップづくりや水産イベントの実施，祭りのゴミ問題取り組み，子どもの意見が復興・防災に反映されることを目指した国連事務総長特別代表（防災担当）との対談など，多彩な活動を展開し続けている（石巻市子どもセンターらいつ，2021）。

　震災の1年後に誕生した「OECD東北スクール」は，国際マルチステークホルダー（福島大学ほか，OECD〔経済協力開発機構〕，文部科学省ほか，福島・宮城・岩手の中高生と教員・教育委員会・NGO，企業等）による，グローバルな復興教育プロジェクトである。100人の中高生たちは，プロジェクト学習を通して，大人と共に地域の復興に向けて活動し，その成果と東北の魅力を発信する国際イベントをパリで開催したのである。

　関東大震災から100年を経た現在，まちづくりは，子どもの社会参画が当たり前となり，地域レベルとグローバルな視点で実践されているのである。

（2）ハートの子どもの参画論と子どもの権利条約

　子どもたちがまちづくりのアクターとなることについて，**ロジャー・ハート**（Roger Hart）の**子ども参画論**を手がかりに考えてみよう。

　『子どもの参画』（ハート，2000）は，21世紀の持続可能な開発を目指したコ

ミュニティづくりに子どもが参画するための理論と方法を提案している。ハート（2000：xi）は，コミュニティづくりの２つのグローバルな問題「環境問題」と「子どもの権利問題」を関連させて解決しようと試みている。「環境問題」とは，自然環境にとどまらず，人間の生存・発達の問題（雇用，教育，保健，栄養など），居住環境や生活環境問題までを含む，コミュニティの「トータルな環境」の問題である（ハート，2000：3〜4）。そのような問題解決への参画の権利は，コミュニティで最も傷つきやすい人々である「子ども，女性，極貧の人々」に与えられるべきである（ハート，2000：8）。中でも，子どもの「参画の権利」は，国連の**子どもの権利条約**[(1)]が基盤となる（ハート，2000：8）。

　子どもを権利の主体者として捉えるハートは，世界各地のまちづくりに参画する多様な子どもたちの姿を描いて，持続可能なまちづくりと民主主義発展の重要性を提起しているのである。子どもの権利条約を基盤としたシティズンシップ教育につながる理論と方法は，子ども主体のまちづくり学習の構想や実践において，重要な手がかりとなり，大事にしたい枠組みである。

（3）まちづくりのアクション・リサーチと大人の支援

　子どもたちがコミュニティの環境問題に取り組む時，ハートは，大人と一緒に行う**アクション・リサーチ**が活動の基礎になると提案している（ハート，2000：10，88）。そのプロセスで，「大人と一緒にプロジェクトで活動する子どもの自発性と協同性の度合い」が多様であることを，比喩的に「子どもたちの**参画のはしご**」（図11-1）を使って説明している（ハート，2000：41）。「はしご」は，上段に登っていくことや，なるべく「はしご」上段で活動することをよしとしているわけではない。子どもが参加レベルを選べるような機会と活動できる状況をつくり出すためのものである。つまり，「大人がどう支援するかという議論の基盤」なのである（ハート，2000：42）。

　ハートの理論は，この「子どもたちの参画のはしご」とともに，まちづくりへ大きな影響を与えている。たとえば，先述のまちづくりクラブの活動拠点で

(1)　ハートは第12〜14，15，17，23，29，31条に着目した。

図11－1　子どもたちの参画のはしご

出所：ハート（2000：42）。

ある石巻市子どもセンターらいつのホームページや活動報告（2021）には，まちづくりクラブに関与している大人たちが，子どもの権利条約のもと，子どもの自律的な参画を重視し，多様の支援を行っていることが述べられている。まちづくりの実践事例は，まちづくり学習に取り組む教師の参考となり，さらに学校と地域と協働による子どもの育ちを支える可能性を拓くものである。

（4）子どもの「遊びの世界」とまちづくり学習

東日本大震災時，国内外のメディアが注目した子ども主体の活動の一つに，「ファイト新聞」がある。ファイト新聞は，東日本大震災から1週間後の3月18日に，宮城県の気仙沼小学校体育館の避難所で，小・中学生4人によって創刊された壁新聞である。当時小学1年生の初代編集長は，元気がない見知らぬ人たちに元気になってほしいという願いから，手紙の代わりに新聞を発行することに決めたと語っている（ファイト新聞社，2011：10）。紙面には，避難所暮らしの日々の出来事（炊き出し，くつの抽選，入浴，季節の変化など）と他者への想いがあふれている。

「ファイト新聞」の発行は，「子どもたちの参画のはしご」（図11－1）の7段目「子どもが主体的に取りかかり，子どもが指導する参画」と捉えることができる。小学1年生の発案で始め，小・中・高校生12人が編集ルールや役割を決め発行し，避難所のコミュニティづくりに参画しているのである。大人たちは「遊び」と見守っていたのか，甚大な被害状況の隙間に生じた「自由」な時空間であったのかもしれない。いずれにしろ，大人には頼らず始めた「遊び」

は，異年齢の仲間と協力し，異世代の見知らぬ人々を 慮 り交流し，多様な
人々の考え方を理解し行動するなど，社会参画する能力を育む活動となっている。

　ハートは，7 段目は「遊びの世界」以外で見出すことは難しいものの，「遊
び」は「子どもの参画」を通して伸ばしたい基本的能力を育てる大切な場であ
り，そこには，子どもを支配しないような注意深い大人を必要とすると述べて
いる（ハート，2000：45）。まちづくり学習において，子どもが希望するレベル
で参加できるような授業を構想し，その中で「子どもの遊びの世界」が生じる
ような学習環境をデザインしていく実践を期待したい。

3　人と地域のウェルビーイングを探究するまちづくり学習

（1）里の自然・文化・人をつなぐ授業デザイン──大岩学級「人里実録伝」

　本節で紹介する実践は，上越教育大学附属小学校（以下，附属小）5 年生大
岩恭子教諭の学級での創造活動（総合的な学習の時間）である。学習の対象とな
る地域は，附属小から16km離れた中山間地域の清里区梨平集落（新潟県上越
市内）──人口減少と高齢者世帯の雪下ろし，棚田の維持などの問題に直面し
ているが，豊かな自然環境に恵まれ，伝統芸能や生活文化を守り地域の人々が
支え合う集落──である。

　まちづくり学習のカリキュラムは，地域の特色や歳時記，教師・子どもの思
い，学校の全体計画など多様な要素が関わりデザインされる。その要素をふま
えて，1 年間の活動を見通せる指導計画は，白い紙に，どの季節にどこで誰と
どのような学習活動を展開するのかを，子どもの様子や教科横断などを想定し
ながら，1 年の時間軸の中に位置付けて描くスケッチのようなものである。

　また，まちづくり学習では，子どもたちが地域の日常に参入することを認識
し，地域の暮らしを尊重し寄り添う配慮が必要であろう。構想の段階から，地
域との連携が欠かせない。そのためには，地域の特色や生業・行事などを理解
し，事前の綿密な対応（趣旨説明，活動の相談など）が必要となる。教諭は，地
域の夏祭りに参加し，大学の研究室による地域活性化案の発表（小高研究室，
2019）を聴き，集落を訪れ，季節ごとの活動の可能性を探索し，梨平の探究者

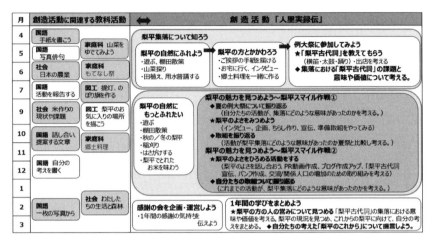

図11-2　創造活動と教科活動との連関を示す年間活動構想図

出所：大岩（2019）をもとに筆者作成。

となっていた。一方で，自治体の地域振興班，町内会のみなさんの協力を得て，町内会総会にて挨拶し，活動を具体化したのである。大岩教諭と筆者の2人による授業研究では，地域の歴史，生活文化，生業，集落の暮らしなどフィールドワークで収集した内容を整理し，年間計画とねらいを練り上げていった。

　「人里実録伝」の年間活動構想図（図11-2）は，前述のプロセスを経て，新学期直前に大岩教諭の「活動の思い描き」を可視化したものである。附属小の研究主題「自分をつくり未来を拓く子どもが育つ学校」をふまえた活動のねらいは，「里の自然・人・文化とかかわることを通して，里の現況をみつめたり，里における人の営みの意味や価値を見出したりしながら，よりよい社会生活を営むことについての生き方をつくる」ことである。集落の自然，社会，暮らしを体験し，人と地域のウェルビーイング（well-being）を探究する学習である。

（2）まちづくりの担い手の素地を育てる子どもの参画

　大岩学級の子どもたちは，梨平集落で過ごした約1年間，自然の中で遊び，集落の暮らしを体験した。集落への参入は，まず自然との遊びから始まり，散

- 5年生の最初は，遊ぶのが楽しみでした。最近になって感じるのは，梨平の方への感謝の気持ちです。交流会で梨平の方とかかわって，梨平の方がやさしくてやさしくて，「こんなすてきな所があるんだ！」と思ったし，自分が人にやさしく接していく時の見本が梨平の人たちです。
- 「人里実録伝」という活動では，例大祭を通して「受け継がれてきた伝統」について考えました。そして，「梨平古代詞」を通して，梨平の人同士の仲のよさも知りました。また，「人とどうかかわるか」ということについて一年間考えてきたと思います。

図 11 − 3　創造活動の 1 年間を振り返った作文シート例

出所：大岩学級学級通信「人里実録伝」より筆者作成。

策から茶話会へ交流を深めるなど，段階を踏んでいる。たとえば，子どもにとって知らない大人と話すことは簡単なことではない。5月の田植え体験後，国語で書いた手紙と図工で作った手づくりプレゼントをもって挨拶して回った。ある子どもは，お礼の一言で「すごく気持ちが落ち着いた」と作文シートに綴っていた。

　子どもたちが自発的に交流をしたいと思うようになった転換点は，5月末の山菜採り体験で，町内会のサプライズでたけのこ汁のおもてなしを受けたことであった。その後，「梨平の方に喜んでもらいたい」と「きよさトーク交流会」を催した。家庭科で学んだお茶を淹れてもてなし，インタビューでは一生懸命答えてくれる姿に「やさしい人だなと心が温かくなりました」と綴っていた。交流会の後，「梨平古代詞」を教わり，「ざわざわしていた空気もおさまり，梨平の人の世界に入りこんだように感じ，終わるまで不思議な感じでした」と綴っている。子どもたちは，8月の祭りに参加するだけでなく，祭りの賑わいにできることはないかと考え，町内の夜道を照らす灯籠を作って飾り，櫓が建てられた境内に，遊びや景品を手づくりして夜店を出したりした。

　2学期になると，小学校に梨平の人々を招きたいという思いから，グループに分かれてプレゼントづくりや遊ぶ企画，校内案内などの準備に時間をかけ，当日は「梨平女性の会」の方から郷土料理を教わり，その後お楽しみ会でもてなした。この頃から，子どもも大人もお互いに名前で呼ぶように変わっていった。そして3学期には，子どもの発案で新年のあいさつ訪問を行い，各家に招かれ，おしゃべりを楽しんで過ごした。梨平の方たちとつながりを深めた子どもたちは，自分たちの思いや考えをまとめた感謝の会を企画したのである。

　子どもたちの作文シートのポートフォリオ（図11-3）から，継続して訪問した地域コミュニティの一員としての実感や，人々との関わりや地方の暮らし，自分の生き方など見方・考え方が育まれたことが伝わってくる。まちづくり学習は，高度経済成長期を契機に地域から教育へ移された「子どもの育ち」を，学校と地域が共に支える場へと広げているのである。そして，人間性を育み，生活の質をよりよくする場となる可能性が見えてくる。

（3）「住み続けられれるまちづくり」の未来の担い手を育む

　近年，人口減少時代に突入した日本では，21世紀の未曾有の2つの災害——東日本大震災と新型コロナウイルス（COVID-19）のパンデミック——によって，ライフスタイルに大きな変化が起きている。たとえば，被災地に移住し伝統の生業を継承，起業する，地方へ移住して第一次産業に転職する，リモートワークによって好きな地域へ移り住むなどである。各地で，地縁・血縁や職場とは無縁の地域で暮らし始める人々と，受け入れる住民による，新たなまちづくりの模索が始まっているのである。

　多様性（ダイバーシティ）がより重視される現代のまちづくりの担い手を育む学習では，このように新しい地域の一員と，新参者を受け入れる住民が協働して新たなまちを創造する社会参画が必要となる。これまでの「現在暮らしている地域の一員」となる学習と共に，本節で取り上げた実践のように，学校や児童生徒の生活の場ではない地域に関わることも意味ある学習となるのである。すでに，オンライン学習で地域の交流学習は始まっている。お互いの地域の自然，社会，歴史や生活文化の価値を捉え直し，共に自分や家族・コミュニティの暮らしや学校教育のよりよい在り方（ウェルビーイング）を探究する学習を，まちづくり学習において展開していきたい。かつてハートが呼びかけた「市民たちよ，地域レベルでも，そして地球規模でも，考え，行動せよ」（ハート，2000：198）は，現代のシティズンシップ（citizenship）教育でも十分に意味のある呼びかけである。

学習課題　① 今，あなたが暮らしているまちについて，以下の方法で調べてみよう。
Step 1：まちの地図を思い描いてから，まちを散策してみよう。気になった
ことや発見したことなどを地図に書き込み，考えたことをまとめてみよう。
Step 2：今暮らしている地域の自治体やまちづくり協議会などの Web サイト
で，まちづくりを検索し，課題や取り組みについて調べてまとめてみよう。
② 一般財団法人住総研の Web サイトの「住教育授業づくり助成　授業実践例」
（http://www.jusoken.or.jp/diffuse/report.html）の中で，関心をもった実践例
を読み，中核となる教材のウェビングを描いてみよう。

引用・参考文献

石巻市子どもセンターらいつ『アニュアルレポート 2020』2021 年。https://ishinomaki-cc.
jp/wp/wp-content/uploads/2021/08/annu2020.pdf（2021 年 2 月 19 日最終閲覧）

海老原治善「現代学校の教育内容改革と総合学習の意義」梅根悟・海老原治善・丸木政臣編
『総合学習の探究』勁草書房，1977 年，30〜58 頁。

OECD 東北スクール「OECD 東北スクールの概要」。http://oecdtohokuschool.sub.jp/outline.
html（2022 年 7 月 1 日最終閲覧）

大岩恭子「5 年 1 組創造活動・実践・道徳・集団活動　年間活動構想図」『上越教育大学附
属小学校　第 11 期教育課程開発研究・第 1 回研究協力者会配布資料』2019 年。

小高研究室「平成 30 年度新潟県『大学生の力を活かした集落活性化事業』──梨平集落
（上越市）成果報告書」2019 年。

佐藤滋「まちづくりのこれまでと，これから」佐藤滋・饗庭伸・内田奈芳美編『まちづくり
教書』鹿島出版会，2017 年，9〜37 頁。

ハート，ロジャー，木下勇・田中治彦・南博文監修『子どもの参画──コミュニティづくり
と身近な環境ケアへの参画のための理論と実際』IPA 日本支部訳，萌文社，2000 年。

広原盛明「住居学の理念と体系」西山夘三編著『住居学ノート』勁草書房，1977 年，89〜
146 頁。

ファイト新聞社『宮城県気仙沼発！ファイト新聞』河出書房，2011 年。

第12章

総合的な学習の時間と生活科

　一人ひとりの児童が，身近な生活の中で自らの思いや願いをもち，その実現に向けて嬉々としながら活動を通して学んでいくのが，小学校低学年で行われる生活科である。生活科を通し，児童らは主体的に学びをつくる楽しさを味わいながら，その方法を身に付ける。身に付けた主体的に学びをつくる方法は，中学年以降のすべての学びに生かされる。特に体験を伴った追究活動を重視する総合的な学習の時間での学びは，生活科の体験を通した学びの延長として捉えられる。それでは，中学年以降における主体的に学ぶ態度の礎をつくる生活科は，どのようなことを大切に展開すべきか考察してみよう。

1　生活科の特性と総合的な学習の時間への接続

（1）生活科の教科特性
　生活科は2017（平成29）年告示「小学校学習指導要領」において，「具体的な活動や体験を通して，身近な生活に関わる見方・考え方を生かし，自立し生活を豊かにしていく」ことを目標にしている（「第2章　各教科」「第5節　生活」「第1　目標」）。身近な学校，家庭，地域などの児童の生活圏を学びの対象や場とし，その中で見つけた，**自らの思いや願いを追求して実現していくことを繰り返し，満足感や成就感を得ながら，自らを肯定的に捉え直して成長していく**ものである。
　児童が，生活の中で，見る，聞く，ふれる，作る，探す，育てる，遊ぶなどして身体全体で身近な環境に本気になって直接働きかけ，そうしたことの楽しさやそこで気付いたことを言葉，絵，動作，劇化などの多様な方法によって表現するという創造的な行為が行われるようにすることを重視しているのである。

　生活科を通して育成する資質・能力は，他の教科と同様に 3 点で示されている。「知識及び技能の基礎」「思考力，判断力，表現力等の基礎」「学びに向かう力，人間性等」（文部科学省，2018：8）であるが，資質・能力の末尾に「の基礎」とあるものもある。幼児期の学びは包括的であり 3 つのそれぞれを截然と分けることができないからである。それが，幼児期の教育と小学校の教育を円滑に接続させる機能を生活科にもたせることを明示している。

（2）生活科と総合的な学習の時間の接続

　2017（平成29）年告示小学校学習指導要領における生活科と総合的な学習の時間の，学びに向かう姿，人間性等に紐付く目標は以下のようである。

> 生活科（「第 2 章　各教科」「第 5 節　生活」「第 1　目標」の(3)）
> 　身近な人々，社会及び自然に自ら働きかけ，意欲や自信をもって学んだり生活を豊かにしたりしようとする態度を養う。

> 総合的な学習（「第 5 章　総合的な学習の時間」「第 1　目標」の(3)）
> 　探究的な学習に主体的・協働的に取り組むとともに，互いのよさを生かしながら，積極的に社会に参画しようとする態度を養う。

　どちらも身近な生活や社会に自ら関わり，自己肯定感や自己成就感を味わいながら，自らの生活や社会の幸せづくりに踏み出すことのできる児童の姿を描いている。また両者ともに，具体的な体験を伴いながら，他の教科との関連を重視し教科横断的，総合的に学んでいく中で展開されるとしている点，地域の実態を生かした教材の工夫が求められる点，外部との連携の必要性が欠かせない点も共通する。

　生活科が1989年に誕生した頃は，社会科と理科を統合したもののように思われがちであったが，総合的な学習の時間の誕生の経緯を紐解くと，生活科の系統は，中学年以降の総合的な学習の時間に大きく受け継がれることがわかる。

　生活科では，試行活動を繰り返しながら，活動自体を工夫したり，活動に使う物を工夫して作ったりして，考えを色々にめぐらせることを重視している。

その時に大切にしているのが「見つける」「比べる」「たとえる」などの分析的に考えることや，「試す」「見通す」「工夫する」などの創造的に考えることなどを取り入れた多様な学習活動である。これは，気付いたことをもとに考え，新たな気付きを生み出したり，気付きと気付きをつなげたりする，生活科特有の**気付きの質を高めていく過程**であるが，中学年以降の総合的な学習の時間の探究的な見方・考え方，社会や理科の見方・考え方に発展していくものであると考えられる。

（3）自分自身と関係付けるということ

　生活科は教科であり，教科目標に基づく教科内容が定められている。しかし総合的な学習の時間は「時間」であって，目標のみが示され，「内容」は各学校に任されている。また，低学年の生活科では身近な存在あるいは自分自身が学習材であるのに対して，中学年以降の総合的な学習の時間では，自分の外にある社会や自然等の世界の中から問いを見出し，自分で課題を立てて探究していくことになる。この時自分の外にある世界を，いかに自分自身と関係付けて考えることができるかが重要になる。その礎になるものが，生活科の自分自身を学習の中心に据えて，身近な人々や社会，自然の事物や現象とを繰り返し結び付けて考えてきたという学習経験である。自分軸をしっかりともつという学習経験が，自分自身と自分の外の世界とを関係付けて，様々な諸問題を自分事として真剣に考え追究していく際の要になる。

2　幼児期の教育と小学校教育の円滑な接続

（1）主体的に学ぶ態度の育ち

　小学校入学間近の幼児が街頭インタビューを受け，入学への意気込みを問われているニュース映像を目にすることがある。それらからは「さんすうで100てんをとりたい」「かんじをがんばる」「ともだちをいっぱいつくる」等，小学校へ入学することへの大きな期待でわくわくしている様子が伝わってくる。幼児教育では，幼児の生活リズムに合わせた1日の流れの中で，遊びを中心に楽

しいことや好きなことに集中する幼児の主体性から繰り広げられる総合的な学びが展開されている。ゆえに，小学校入学時にはすでに主体的に活動に取り組んだり，学んだりする態度をもち得ているのである。

　このようにして育った主体的に学ぶ態度を，他教科における学習に円滑に移行するためには，生活科を中心とした合科的・関連的な指導や，弾力的な時間割の設定を行うなどの工夫が求められる。心と体を一体的に働かせて学ぶ低学年の特性を生かした，総合的な学びとなるような指導が求められているのである。

　そのような総合的な学びが，小学校入学当初において特に重要視され，現在注目されているのが「**スタートカリキュラム**」である。スタートカリキュラムは，2008（平成20）年の『小学校学習指導要領解説　生活編』で，幼児期から育っている主体的に学ぶ態度を失わせることなく，円滑に小学校生活に慣れ，主体的な学習者となっていってほしいという願いから登場した。2017（平成29）年の改訂ではさらにその重要性が高まっていることが指摘されている。小学校は児童一人ひとりが思いや願いをもって，それを皆で実現していくことができる場所であるということを入学当初から児童に実感させる。そうすることで，児童は幼児期の育ちを遺憾なく発揮しながら，小学校生活においても安心して主体的に学ぶ学習者として成長し続けていくのである。

（2）感性の育ち

　2017（平成29）年告示幼稚園教育要領には，「第1章　総則」の第2において「幼児期の終わりまでに育ってほしい姿」の一つに「豊かな感性と表現」を挙げ，「心を動かす出来事などに触れ感性を働かせる中で，様々な素材の特徴や表現の仕方などに気付き，感じたことや考えたことを自分で表現したり，友達同士で表現する過程を楽しんだりし，表現する喜びを味わい，意欲をもつようになる」と記されている。幼児期からの豊かな感性を，生活科でもより豊かに働かせて学ぶことで，生活科の目標である「自立し生活を豊かにしていくこと」により近づくと考えられる。

　アメリカの作家・海洋学者であるレイチェル・カーソンは，幼児期からの自

然との関わりで大きく育まれる感性の大切さと，そこに寄り添う大人の在り方を，自著『センス・オブ・ワンダー』にて，以下のように綴っている（カーソン，1996）。生活科の指導をするにあたっての教師の心構えを示してくれている。

○もしもわたしが，すべての子どもたちの成長を見守る善良な妖精に話しかける力をもっているとしたら，世界中の子どもに，生涯消えることのない「センス・オブ・ワンダー＝神秘さや不思議さに目を見張る感性」を授けてほしいとたのむでしょう。
○妖精の力にたよらないで，生まれつきそなわっている子どもの「センス・オブ・ワンダー」をいつも新鮮にたもちつづけるには，わたしたちが住んでいる世界のよろこび，感激，神秘などを子どもといっしょに再発見し，感動を分かち合ってくれる大人が，すくなくともひとり，そばにいる必要があります。
○「知る」ことは「感じる」ことの半分も重要ではないと固く信じています。
○消化する能力がまだそなわっていない子どもに，事実をうのみにさせるよりも，むしろ子どもが知りたがるような道を切りひらいてやることのほうがどんなにたいせつであるかわかりません。

　このレイチェル・カーソンに先立つこと約20年，1941年に文部省から発行された『自然の観察』が日本にはある。それまでの知識伝授型の尋常小学校理科の発想を大胆に転換した，国民学校用に作られた低学年理科の指導書である。自然の観察に児童用教科書は必要ない，強いて作れば教師は教科書のうえで指導して，児童を野外に連れ出すことがなくなるという趣旨から，教師用書のみが作成された。その総説にある内容を引用して紹介する（「自然の観察」復刻刊行会，1975）。

○理科指導の目的を達成するには，自然に親しみ，自然を愛好し，自然に驚異の眼をみはる心が養われなくてはならない。また，自然のありのままのすがたを素直につかまなくてはならない。
○花を見て美しいと感じ，魚の泳いでいるのを見ておもしろいと感ずるのは，対象を観察した児童の第一印象であろう。このような第一印象を重視してこそ，児童の活動が盛んとなり，理科の中心目的も有効に達成される。ことに，この期の児童は，説明を聞いて理解したり，自分のわかっていることを言葉で発表したりす

> るには困難を感ずる。その児童に説明を押し付け，発表を強いるのは，児童の活
> 動を鈍らすばかりでなく，かえって学習をいとうに至らしめることにさえなる。
> それよりも行動を通じて理解させ，それが行動に現れるように努めるとよい。こ
> のようにしてはじめて，心身を一体とした修練ができるのである。なお，心身全
> 体の活動を盛んにするためには，児童が必要と興味とを感じて，自発的に働きか
> けていくように導くべきであることはいうまでもない。

　生活科が誕生したのが1989年であるから，『自然の観察』は，その約50年前
に発行されたことになる。終戦と共に消滅した書が，1975年に復刻版として
再び登場した。その理由は，当時のある校長会で「低学年受け持ちの教師は，
理科の栽培・飼育なんかめんどうなことはやれない」という報告があり，それ
を悲観した当時の文部省が解説付きで復刻させ，教育的愛情について問うたこ
とにある。低学年の指導には児童の豊かな感性の育ちも期待されるが，それ以
上に児童にどのように向き合っていくかという**教師の感性**も問われてくる。

（3）学びの In・About・For

　生活科も総合的な学習の時間も体験を通した学びを重視しているが，それに
取り組む子どもの発達の段階の違いから，そのねらいや内容は変わってくる。
木村吉彦（2012）の示す「**学びの In・About・For**」の考え方は，生活科や総合
的な学習の時間の学びを構想していく際に大きな示唆を与えてくれる。

　「In」とは，学習対象にどっぷりつかって夢中になって取り組む体験を通し
た学びである。幼児期から低学年の子どもは，自分の好きな遊びや自分が選ん
だ活動には夢中になって取り組み没頭する。ここでは，感性的な課題発見力の
育ちを期待する。「About」とは，In で発見した感性的な課題を，知的な課題
へと引き上げ，課題解決のための情報を収集する力の育ちを期待する。「For」
とは，体験を通して実感を伴った問題を，調べ学習等を通して深く考えること
により，学習対象のための自分の貢献について考える力や行動力，表現力の育
ちを期待する。「In・About・For」はすべての発達の段階に位置付けられ，そ
れぞれの占める割合が違っている（図12-1）。注目すべき点は，どんなに年齢
が上がっても，必ず体験を通した学びから生まれる実感を伴った課題発見を土

〈子どもをトータルに（全人的に）捉える保育・教育〉

保育（遊び）　⇒　生　活　科　⇒　　　総　合　的　な　学　習

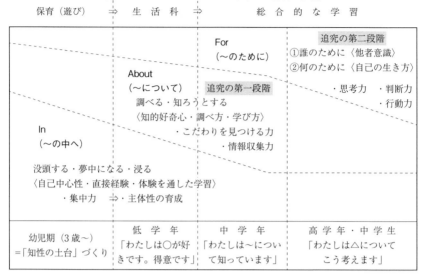

		For （〜のために）	追究の第二段階 ①誰のために〈他者意識〉 ②何のために〈自己の生き方〉
	About （〜について）　追究の第一段階 調べる・知ろうとする 〈知的好奇心・調べ方・学び方〉 ・こだわりを見つける力 ・情報収集力		・思考力　・判断力 ・行動力
In （〜の中へ） 没頭する・夢中になる・浸る 〈自己中心性・直接経験・体験を通した学習〉 ・集中力　⇒・主体性の育成			
幼児期（3歳〜） ＝「知性の土台」づくり	低　学　年 「わたしは〇が好 きです。得意です」	中　学　年 「わたしは〜につい て知っています」	高 学 年・中 学 生 「わたしは△について こう考えます」

図 12 - 1　幼児期から中学校期までを視野に入れた「学びの In・About・For」

出所：木村（2012：131）をもとに筆者作成。

台としていることである。

（4）羅生門的アプローチ

　生活科や総合的な学習の時間の学びを構想していく際の教師の構えには「羅生門的アプローチ」の考え方を念頭に置きたい。これは，1975 年に日本で行われたカリキュラム開発に関する国際セミナーで取り上げられたものである。その当時，授業づくりには 2 つのアプローチの仕方があり，それは一般的な授業で使われる「工学的アプローチ」と，教師の力量に基づいて学習過程に即興性を求める「**羅生門的アプローチ**」である。

　「工学的アプローチ」は，教育工学に基づく接近方法で，一般的な目標に対応したテストなどで測定可能な「行動的目標」が立てられ，これらの目標を実現させるための教材が作製される。そしてこの教材を用いた教授学習活動が試みられる。そして，評価はあくまでも行動的目標に照らしてなされる。「目標なくして評価無し」というもので，ある教材を用いれば，ある学習経験がなさ

れると考えるものである。教授・学習過程があらかじめ計画された決められたコースをたどるものであるとしている。

　それに対して「羅生門的アプローチ」は，まず一般的な目標を立て，その目標を十分に理解した「専門家としての教師」が「創造的な教授活動」を行う。そしてこの教授活動によって学習者である子どもに何が引き起こされたのか，そのすべての結果をできる限り多様な視点から，できる限り詳細に洗い出す。この洗い出しは，先の一般的な目標に関わる側面に限定されない。対象と教師と子どもの出会いや，それによって引き起こされる状況下での教師の即興性が重視される。そして教材の価値や内容は，教授・学習過程の中で発見・開発・評価されていくと考える。同じ教材でも，学習者の活動や経験は様々でありうる。そこで，教材の質は，教授・学習過程の中で問われるべきであると考えるのである。子どもの活動を引き起こすものとしての教材を求めて，教師は，一人の人間として，教材の意味を実践の中で発見し，その過程を通して，教師自身も豊かになっていくものであるとする。

　生活科の学びも総合的な学習の時間の学びも，児童と教師と活動に関わる人たちとの旬の感性を基盤に据え，新しいものを創造していく拡張的な学びでありたい。そのヒントが「羅生門的アプローチ」にはある。

　身近な生活の中での驚きや喜びを伴った体験は，季節という時間軸が加わることによって，必然的に起こることとともに，思わぬ偶然の出来事として舞い込むことがある。そんな偶然を逃さずにいかに即興的に教育の舞台にのせて児童の夢中を引き出すかという醍醐味も「羅生門的アプローチ」にはあるように思う。生活科で教師の力が最も期待されるところである。

3　小学校1年生の実践紹介

（1）「はるさがし」の実践から

　筆者が小学校1年生を担任した時のエピソードである。入学して約1週間後の朝の会で児童に「よもぎだんご」という絵本を読み聞かせた。春の食草とそれを使った団子づくりについて楽しく描かれた作品である。「もしもヨモギが

あったら，わたしたちもおだんごつくってみたいね」という気持ちを児童と共有したところで，「今，校庭にはどんな春があるだろう」と校庭に春探しに出た。花壇に咲くチューリップ，パンジー，校庭の隅に咲くヒメオドリコソウ，タンポポ，そしてツクシ。そこで筆者が「花壇の花は摘んでいいかな？」と児童に問うと「ダメダメ」「それは育てているのだからダメ」と答えが返ってきた。「そうか育てている花はダメなのか。じゃあ，ツクシはいいかな？」と繰り返し問うと「ツクシはいいよ」と児童はいう。そこで花壇の花は摘まないという確認をして，みんなのルールにした。教師があらかじめ禁止事項を提示しなくても，入学までの育ちの中で獲得している倫理観によって，児童自らで十分に判断ができるのである。そのことを確認しながら，スギナで遊んで，校庭の一角に茂っている雑草に注目させた。筆者が「この草いいにおいがするよ」と摘んだ茎の先の匂いを嗅ぐと，「えっ，どんな匂い？」と児童らも集まってきて，「ほんとだ。なんかにおいする」「これがいいにおいなんだあ」と児童らがいう。そこでやっと「先生，これ何？」と児童が問うので，「ヨモギだよ」と答えると，「『よもぎだんご』のヨモギ？」「じゃあヨモギだんご，これでつくれるの？」と目をキラキラさせて問いかけてき，「つくりたい？」という筆者からの言葉に児童らは「つくりたい！」と大きくうなずいた。

　児童らは作ったヨモギだんごを2年生にもおすそ分けし，「すごいね1年生！」の声をもらって大満足した。

（2）「クワのみたんけん」の実践から

　初夏のある朝，通学中に見つけたものを筆者に見せたくて手を差し出す児童がいた。握っていた手を開くと中には紫色のクワの実があり，「これたべられるんだって，先生にあげる」「なになに」と他の児童も集まり，「いいなあ」「わたしもたべてみたい」「どこにあったの？」と話がはずんだ。そこで，みんなで相談してクワの実を探しにいくことにした。地域をくまなく歩いたこのクワの実探検を通して，児童の目が地域に開かれていった。校区を歩きながら，人やものにふれ，自然を楽しんだ。校区のほとんどが工場用地で，自然など見つからないと思われていた中でも活動することができていた。見つけたクワの

実はゼリーにして楽しんだが，それ以上に児童らが夢中になったのが，草藪の中の探検である。体操着の長袖，長ズボン，長靴を身に着け，水筒をもっていくよう，児童同士が声かけあって，いつでも探検に出かけることができるように準備されていたことには筆者も驚かされた。

（3）2つの実践から

　身近な生活の中での驚きや喜びを伴う体験は，季節という時間軸が加わることによって，必然的に起こるものと共に，思わぬ偶然の出来事として生じるものとがある。必然的なのはヨモギのエピソードであり，偶然的なのはクワの実のエピソードである。見過ごされてしまいがちな旬の偶然を，いかに即興的に学びの舞台に上げ，**児童の夢中を引き出す**ことができるかに，生活科における教師の力が最も期待される。

学習課題　① 低学年の児童が最も身近に安心してふれることができるのは，校庭の自然である。しかし日頃，何気なく見過ごされている校庭の自然の中から「発見」を導き，「もっとよく見てみたい」と児童に思わせるには，どのような教師の手立てがあるのか考えてみよう。
　　② 生活科の栽培活動ではアサガオが多く採用されている。なぜアサガオが選ばれるのかその理由を考えてみよう。
　　③ 生活科や総合的な学習の時間では，校外学習を多く実施することがある。その際にはグループに分かれて行う活動も想定され，学級担任一人では対応が困難な場合が生じる。これについてどのような対応があるのか考えてみよう。

引用・参考文献

カーソン，レイチェル『センス・オブ・ワンダー』上遠恵子訳，新潮社，1996年。
木村吉彦『生活科の理論と実践――「生きる力」をはぐくむ教育のあり方』日本文教出版，2012年。
木村吉彦『実践　接続期カリキュラム』ぎょうせい，2016年。
さとうわきこ『よもぎだんご』福音館書店，1987年。
「自然の観察」復刻刊行会『自然の観察――教師用』広島大学出版研究会，1975年。
日本ネイチャーゲーム協会監修『すごい！ふしぎ！おもしろい！子どもと楽しむ自然体験活

動——保育力をみがくネイチャーゲーム』光生館，2013年。

日置光久監修『環境教育指導プラン——小学校で活かせる環境教育の指導実践例　低学年』文溪堂，2008年。

平野朝久『はじめに子どもありき——教育実践の基本』東洋館出版社，2017年。

文部科学省『小学校学習指導要領解説　生活編』東洋館出版社，2018年。

文部省『カリキュラム開発の課題——カリキュラム開発に関する国際セミナー報告書』大蔵省印刷局，1975年。

山住勝広『拡張する学校——協働学習の活動理論』東京大学出版会，2017年。

第13章

総合的な学習の時間とICT

GIGAスクール構想により，1人1台端末の時代がすべての学校に到来し，伝統的な学校や学びの姿を変えている。総合的な学習の時間の目標や内容とICTは親和性が高く，今後ICTの活用が，児童生徒を主体的・対話的で深い学びへ誘うことが期待される。2016年度から個人所有で1人1台の端末を実現し，コロナ休校の初日からオンライン授業を行った上越教育大学附属中学校の実践から，今後の総合的な学習の可能性について学んでいこう。

1 これからの時代に求められるICT活用と 総合的な学習の時間

（1） 1人1台端末の時代の到来——学校・学びの姿が変わる

　かつて，1990年代に全国の小・中学校にコンピュータが導入されたが，特定の教科や限定された場所での使用であり，普通教室や校外まで広がらなかった。その後の技術革新により，多くの児童生徒がスマホなど自分専用の端末をもつようになった一方，学校での使用はコンピュータ教室等に閉じ込められていた。

　しかし，2019年に文部科学省から発表されたGIGAスクール構想により，全国すべての学校に1人1台端末の環境が整備され，タブレット端末は鉛筆やノート等の文房具と同様に，マストアイテムとなった。そのため，総合的な学習の時間において，これまで当たり前であったカメラ，鉛筆とノートをもって調査に出かけ，その後調査結果を模造紙にまとめ，発表する児童生徒の姿が徐々に消えてきた。代わりに児童生徒が，タブレット端末を片手に調査に出かけ，クラウドを駆使して写真や動画，調査結果を瞬時に共有し合いながら，テ

レビ会議システムを活用して意見交換をする姿が日常となってきた。

　中央教育審議会が，「『令和の日本型学校教育』を構築し，全ての子供たちの可能性を引き出す，個別最適な学びと，協働的な学びを実現するためには，学校教育の基盤的なツールとして，ICTは必要不可欠なものである」（中央教育審議会，2021）と指摘している。この指摘の通りICTは，児童生徒の学びの質の向上に大きな役割を果たすことが期待されている。さらに，1人1台端末の環境は，学習に加えてすべての教育活動を進化させ，着実にこれまでの学校の姿を大きく変化させている。たとえば，Apple Distinguished School（Apple Inc.が優れた教育実践校として認定した学校）である上越教育大学附属中学校（以下，上教大附中）の生徒の1日は健康観察アプリへの入力から始まる。授業や家庭学習で使用することに加え，学級活動，生徒会活動，部活動などの特別活動においても，ファイルの共有，動画，Webアンケート集約アプリの活用など，タブレット端末は1日の生活に欠かせないアイテムとなっている。[(1)]

（2）総合的な学習の時間と親和性が高いICT活用

　2017（平成29）年告示「中学校学習指導要領」「第4章　総合的な学習の時間」「第1　目標」では，「探究的な見方・考え方を働かせ，横断的・総合的な学習を行うことを通して，よりよく課題を解決し，自己の生き方を考えていくための資質・能力を次のとおり育成することを目指す。(1)探究的な学習の過程において，課題の解決に必要な知識及び技能を身に付け，課題に関わる概念を形成し，探究的な学習のよさを理解するようにする。(2)実社会や実生活の中から問いを見いだし，自分で課題を立て，情報を集め，整理・分析して，まとめ・表現することができるようにする」とある。また，「第3　指導計画の作成と内容の取扱い」の2(3)では，「探究的な学習の過程においては，コンピュータや情報通信ネットワークなどを適切かつ効果的に活用して，情報を収集・整理・発信するなどの学習活動が行われるよう工夫すること」とある。こ

---

(1)　同校の学校生活についての詳細は，堀田龍也監修，上越教育大学附属中学校編著『GIGAスクール時代の学校——真・学び方　情報活用能力が学びに生きる　自己調整を促し創造性を発揮するICTの活用』（東京書籍，2021年）を参照されたい。

のことをふまえて，総合的な学習の時間における ICT の活用について，探究的な学習過程と探究課題の 2 点から考察していく。

　ICT の活用は，「課題の設定」「情報の収集」「整理・分析」「まとめ・表現」という探究のプロセスにおいて，効果的に児童生徒の探究を広げ深めることができる。文部科学省が「各教科等の指導における ICT の効果的な活用に関する参考資料」を公表しており，その中の「生活科・総合的な学習（探究）の時間の指導における ICT の活用について」では，4 つの探究のプロセスにおける ICT の活用について，以下のように説明している（文部科学省，2020）。

　①課題の設定：グローバルな課題，ローカルな課題，情報の蓄積による個に
　　応じた課題設定が可能。

　②情報の収集：多様な情報，多量な情報，最新の情報，加工しやすい情報を，
　　いつでも，どこでも，素早く，手軽に調査し収集することが可能。

　③整理・分析：デジタルデータを検索，分析などして情報を再構成したり，
　　プログラミング的思考を育成したりすることが可能。

　④まとめ・表現：校内のみならず，国内外への多様な発信，手軽な制作と加
　　工の繰り返し，成果物の継続的な蓄積が可能。

　次に総合的な学習の時間における探究課題として，学習指導要領の「第 4 章総合的な学習の時間」「第 2　各学校において定める目標及び内容」の 3(5)では，「国際理解，情報，環境，福祉・健康などの現代的な諸課題に対応する横断的・総合的な課題」「地域や学校の特色に応じた課題」「生徒の興味・関心に基づく課題」「職業や自己の将来に関する課題」などの 4 例が示されている。例示された「国際理解」をテーマにした学習の場合，社会科では「自然環境や歴史，政治経済などの学習」，理科では「植生や気候，動物」，音楽科では「伝統的な音楽」，家庭科では「伝統料理や服装」，外国語では「生活習慣や文化の学習」などの教科横断的な学習内容を取り扱うことが考えられる。そこで，各教科の時間と総合的な学習の時間との十分な関連を図ることができるよう，各校ではカリキュラムを視覚化して関連が可視化できる工夫をしている。一方，児童生徒たちは，各教科で学習した知識や事象に対する感想や意見等は，その教科専用のファイルやノートに蓄積していく場合が多い。そのため，各教科で

学んできた知識や感想は，複数のファイルの中に蓄積されることになり，教科の壁を越え学習内容を再構成することは容易ではない。しかし，ICTを活用してデジタルポートフォリオを作成することにより，教科の壁を越え，学びの履歴が容易に一覧できることになる。

　以上のことから，総合的な学習の時間とICT活用は親和性が高く，ICTを活用することにより，総合的な学習の時間が進化していくことが期待できる。

2　ICTを活用した総合的な学習の時間の実践

（1）AI時代を生き抜くための資質・能力

　上教大附中では，将来，多くの仕事がAIに代替されていく中で，代替不可能な人間としての強みである「創造性」や「人間性」に着目した研究を進めている。また，人生100年時代といわれる現代において，学生時代のみならず，学び続ける意欲や学び方を身に付けて「自己調整」できることが，よりいっそう求められている。そこで，これらの学習の基盤となる資質・能力を整理し，各教科および特別活動と総合的な学習の時間を有機的に結び付け，教育課程全体で取り組んでいる上教大附中の実践例を紹介する。

（2）実践単元「あなたが考える"平和"とは何ですか？──沖縄ウィーク」

　中学校2年生で実施する本単元は，20年以上続く上教大附中の伝統的な学習である。「沖縄」を取り上げ続けている理由としては，雪国（上越）と南国（沖縄）との比較等の自然環境的な要因に加え，上教大附中は江戸期には高田城本丸，明治期には帝国陸軍第13師団司令部の跡地に建設されており，上越の地からも沖縄戦に出征し，多数の兵士が戦死する等の歴史的なつながりがあるからである。

　本単元は，「沖縄学習」「国際理解」「平和」「SDGs」などの探究課題に対し，沖縄での現地調査を中核に据え，各教科と総合的な学習の時間が一体となった教科横断的・総合的な学習である。

　体験活動として，太平洋戦争時の直江津捕虜収容所跡（上越市）や松代大本

営跡（長野市）などの戦争遺構の見学，時には教科部や学年部の意向から，平和記念資料館（広島市），知覧特攻平和会館（南九州市）への見学を加える場合もある。現地沖縄においては，ガマやひめゆりの塔などの戦争遺構，沖縄県平和祈念資料館，在沖縄米軍基地，自然環境等のSDGsに関する見学地を設定している（図13-1）。沖縄訪問最

図13-1　沖縄での現地学習（沖縄普天間飛行場）（2018年度）
出所：筆者撮影。

終日には，平和祈念公園にて，学年全員で「青葉の歌」を合唱し，世界平和を訴えることが伝統となっている。

　新型コロナウイルス感染が拡大した2020年度は，沖縄での現地調査を中止にせざるをえなかった。そこで，現地調査ができない代わりに，ICTを最大限に活用した学びへと変更した。具体的には，テレビ会議システムを活用して沖縄の現地とつなぎ，戦争遺構の見学や現地の方との交流に加え，台湾の高校生とも交流を行った。生徒は，SDGsにおける学びを紹介するだけでなく，英語で意見交換する中で，海に囲まれた台湾の多くの人々は，豊かな海の自然を守ることに特別な想いを抱いているなど，海外の学生がもつSDGsの視点にも出会うことができた。オンラインの活用により，予算と時間を最小限にしながら，多様な価値観をもつ人々と議論する貴重な体験が可能となった。

（3）理科からのアプローチ──ＦＺＫお天気チャンネルの実践より

　上教大附中では，各教科と総合的な学習の時間が一体となった教科横断的・総合的に探究する学習が特徴的である。ここでは，理科からアプローチした実践を紹介する。

① 実践の概要

　理科では，上越市と那覇市の天気を調べ，自分たちが沖縄現地調査に出かける日の天気予報番組を制作する学習課題を設定した。

　本実践では，情報の受信者としてではなく，仲間と協働して番組を制作する

図13-2　ホワイトボードに書いて天気を予想する生徒

出所：筆者撮影。

という発信者としての経験を通して，主体的・対話的で深い学びを目指した。生徒は，天気予報の仕組みを理解することに加え，理科の見方・考え方を働かせながらこれまで習得した知識を活用し，今後天気がどのように変化するのかを仲間と話し合いながら根拠のある予想を立てた（図13-2）。そして，その天気予報を伝える相手を想定しながら番組構成を工夫し，グループでわかりやすい天気予報番組を制作して発信した。

② 実践内容の詳細

　Step 1　データの読み方の基礎を習得：霧や雲の発生や前線と天気の関係などを観察・実験で確かめた。その後，参考となる動画や資料などのネット上からダウンロードできるコンテンツを活用しながら，課題の進捗状況に合わせて必要に応じて適切な動画を閲覧するなど，各自のペースで知識・技能を習得する学習を進めた。

　Step 2　各種データから天気を予想：天気図や気象衛星画像等の各種データをWebから収集・閲覧し，日本各地の天気を予想した。膨大なデータの中から，天気予報番組を制作するための素材となる，科学的な根拠のある情報を取捨選択して収集した。

　Step 3　オリジナル天気予報番組を制作：パフォーマンス課題として，撮影，音楽（効果音），アナウンサーなどFZK放送局のスタッフとしての役割を設定し，訪問予定日の沖縄の天気を伝える2～3分の天気予報番組を制作した。

　　番組制作に先立ち，NHK for School（NHKによる学校放送やデジタル教材をまとめた学校向けコンテンツ）のクリップ「気象情報を放送するまで」を視聴して，気象予報士の仕事内容やコメントを参考にして，役割分担や科学的な根拠に基づいた説明の仕方を学んだ。コンテンツを制作する際に活

図13-3　本時の振り返りを端末に
入力する生徒
出所：筆者撮影。

図13-4　生徒が制作した天気
予報番組の一場面
出所：上越教育大学附属中学校。

用したアプリは，クラウド上で連携されているため，グループの全員がいつでもどこでも共同編集を行うことができる。その効果として，出演する役，撮影する役，原稿をプロンプタで表示する役などの役割分担をして制作を進める時に，各分担の進捗状況を確認し合ったり，互いに修正や補完し合ったりすることが容易となり，作業効率が向上した。

　毎時間の評価として，ルーブリックをもとにした自己・相互評価を行った。それらを互いに閲覧することで，協働的に課題解決に取り組むことができた（図13-3）。

Step 4　コンテンツの価値を再定義：本実践では，制作した天気予報番組に対する評価について，当校の他のグループだけでなく，北海道の高校生と愛媛県の中学生にも助言してもらう場を設定した。具体的には，テレビ会議システムの少人数対話機能を活用し，すべてのグループがオリジナルの天気予報番組を発表し，その後他校生からアンケートシステムに評価と感想を入力してもらった。生徒は他県の中・高校生からアドバイスをもらうことで，「同じ日本でも，地域によって天候の変化や災害に対する考え方が違うことがわかった」との感想の通り，考えを広げ深めることができ，自分たちが考えた天気予報を修正していった（図13-4）。

③　各教科間および各教科と総合的な学習の連続した学び

　理科での本実践において，生徒は社会科で学習した気候や地形の知識，国語科で学習した言葉やフレーズを吟味する方法の技能を活用したり，音楽科の授

業で制作したオリジナルソングを天気予報番組に取り込んだりしていた。

　１人１台端末の環境により，生徒一人ひとりのこれまでの学習記録がクラウド上にデジタルポートフォリオとして収集され，必要な時にいつでも取り出して加工ができる。このことにより，各教科間および各教科と総合的な学習の時間におけるそれぞれの探究学習が連続した学びとなった。

3　ICTを活用した総合的な学習の時間の可能性

　前節の上教大附中の実践から，１人１台端末環境の実現により，大きく学びが進化し，個と集団の学びが深まったことがわかる。以下に，ICTがもつその特長から，総合的な学習の可能性について考察していく。

① **越境性**：時間と空間を超える

　これまでは，情報収集，意見交換や助言などのために，人材へアクセスする際は，対象や時間，場所が限定された。しかし，テレビ会議システム等を活用することで，時間や空間に制約を受けず，取材先の方との交流，他県や海外に住む方との意見交換が可能となった。その結果，ダイナミックな単元展開が期待できる。

② **創造性**：多様な表現が可能

　これまでは，単元のまとめとしてレポートや模造紙等にまとめて発表していた。タブレット端末を活用することで，映像や音楽を駆使して番組を制作するなど，自分が伝えたいことをより効果的に表現できるようになった。多様な方法で表現する活動を通して，豊かな創造性を育むことが期待できる。

③ **協働性**：情報共有や共同編集が可能

　これまでは，情報整理や発表のために，模造紙やポストイット等を活用していた。タブレット端末があれば，個々が収集した情報を，クラウドなどを利用して，瞬時に情報共有や共同編集をすることができる。その結果，情報共有や共同編集を通して，他者と問題解決するよさを実感する経験から，協働性を育むことが期待できる。

④　**個別性**：時間軸や空間軸を視点にした再構成が可能

　これまでは，収集した情報や自分の考えなどの資料を各教科，総合的な学習の時間などに分けて別々に保管していた。デジタルポートフォリオを活用することで，多様で大量な情報を長期に蓄積できることに加え，検索も容易となった。その結果，各教科と総合的な学習の時間で学んだことを再構成し，俯瞰することを通して，児童生徒個々の学びが連続し，より深い学びになることが期待できる。

⑤　**効率性**：活動時間や機材確保に係る制約の減少

　これまでは，情報の整理，アンケートの集約，紙ベースの発表資料の作成には，多くの時間が必要であった。Web アンケート集約アプリを活用することで，瞬時に集計したりデジタルデータを容易に加工したりすることができるようになった。また，これまでには，カメラ，時計，IC レコーダー等の数多くの機器が必要であったが，この作業がタブレット端末 1 つで可能となった。その結果，児童生徒および教師の負担軽減が期待できる。

　以上のように，ICT の活用は有効である。しかし，学習活動が ICT 活用のみに偏ってはいけないことは，上教大附中の取り組みの成果からも明らかである。

　中央教育審議会の「ICT を活用すること自体が目的化してしまわないよう，十分に留意することが必要である。直面する課題を解決し，あるべき学校教育を実現するためのツールとして，いわゆる『二項対立』の陥穽に陥ることのないよう，ICT をこれまでの実践と最適に組み合わせて有効に活用する，という姿勢で臨むべきである」という指摘は，重要である（中央教育審議会，2021）。

　Web 上で調べ，クラウドを活用して共有したり，テレビ会議システムを活用して現地の人と話したりすることは，確かに効率的な学習である。しかし，ホワイトボードを活用し，互いの顔を見ながら熱く自分の意見を主張し合ったり，直筆の手紙で想いを伝えたりする経験，調査場所に直接出向き，その土地特有の空気，風や音，においなど五感で感じることこそが，AI 時代を生きる今の子どもたちにとって必要である。心の琴線を揺さぶられることにより初め

て自分自身との対話ができ，自分の生き方や社会の在り方についても考えられるからである。無念にも多くの方々が命を落としたガマへの見学や戦争体験者からの講話に対して，涙を流しながら過去の悲劇を学ぶとともに，沖縄の基地問題など日本の将来について考え抜く上教大附中の学びのように，ICT活用と体験活動の融合が，主体的・対話的で深い学びへと誘うキーワードになるであろう。

学習課題　① ICTの活用（デジタルポートフォリオの作成やテレビ会議システムを活用した交流，映像や音楽等を駆使した発信方法など）を軸として，総合的な学習の時間と各教科等との合科的なカリキュラムを考えてみよう。
　② ICTを活用して，①の内容を周囲の人々と共有してみよう。

引用・参考文献

中央教育審議会「『令和の日本型学校教育』の構築を目指して——全ての子供たちの可能性を引き出す，個別最適な学びと，協働的な学びの実現（答申）」2021年。

文部科学省「各教科等の指導におけるICTの効果的な活用に関する参考資料」2020年。
https://www.mext.go.jp/a_menu/shotou/zyouhou/mext_00915.html（2022年12月4日最終閲覧）

███
第14章
███

総合的な学習の時間と人権教育

　人権教育は，人権に関する知的理解と人権感覚の醸成を目的として，学校の教育活動全体を通して取り組まれる教育である。このため，総合的な学習の時間では，人権教育の内容や方法を取り入れた授業が数多く見出される。本章では，日本の人権教育が，国際的な動向をふまえ，国内法に基づき，国，自治体の責任で取り組まれていること，教育委員会等において，総合的な学習の時間を活用した，特色ある人権教育が例示されていること等をふまえ，総合的な学習の時間において人権教育が果たす役割と意義について，理解を深めよう。

1　「人権教育のための国連10年」と日本の人権教育

（1）人権教育の現在

　日本の人権教育は，2000年，「人権教育及び人権啓発の推進に関する法律」（推進法）の制定と，それをふまえた，2002年の国による「人権教育・啓発に関する基本計画」（閣議決定）（以下，**基本計画**）の策定が，重要な契機となった。学校教育では，文部科学省に人権教育の指導方法等に関する調査研究会議が設置され，2008年に策定された「**第三次とりまとめ**」が，国の指針として，教育委員会，学校，教師に周知されている。また，2021年には，2008年以降の，人権をめぐる国際情勢，個別的な人権課題に対する国としての対応（法整備や通知等）の進展をふまえ，「人権教育を取り巻く諸情勢について」が，「第三次とりまとめ」の「**補足資料**」として公表された。

　表14-1は，人権教育をめぐる国際および国内の動向，人権教育の現在を概観するための年表である。

　1994年，国連は，人権教育を明記した総会決議「人権教育のための国連10

表14-1　第二次世界大戦後の人権教育関係宣言，条約，法令，通知等

国　　際	国　　内
1945：国際連合憲章 　　　ユネスコ憲章 1948：世界人権宣言 1989：児童の権利に関する条約	1947：日本国憲法，教育基本法
1995：人権教育のための国連10年 2005：人権教育のための世界計画第1フェーズ 2006：障害者の権利に関する条約	2000：人権教育・啓発推進法 2002：人権教育・啓発基本計画（閣議決定） 2004：犯罪被害者基本法
2008：人権教育の指導方法等の在り方について［第三次とりまとめ］ 2011〜2015：人権教育に関する特色ある実践事例	
2010：人権教育のための世界計画第2フェーズ 2012：人権教育・研修国連宣言 2015：人権教育のための世界計画第3フェーズ 　　　持続可能な開発目標／SDGs 2020：人権教育のための世界計画第4フェーズ	2010：生徒指導提要 2011：基本計画の一部変更（閣議決定） 2013：障害者差別解消推進法 　　　子どもの貧困対策推進法 　　　いじめ防止対策推進法 2015：性同一性障害児童生徒への対応 2016：本邦外出身者差別解消推進法 　　　部落差別解消推進法 2017〜2018：学習指導要領改訂 2019：アイヌ新法
2021：人権教育を取り巻く諸情勢について──［第三次とりまとめ］策定以降の補足資料	

注：「人権教育のための国連10年」については，決議は1994年，実施は1995年。表中は一部略
　　称を用いている。
出所：筆者作成。

　年」を採択し，2004年には，後継のプロジェクト「人権教育のための世界計
画」（世界計画）を決議した。
　世界計画は，初等中等教育段階の人権教育に焦点をあてた第1フェーズ
（2005〜2009年），高等教育段階の人権教育と教員，教育者，公務員，法執行官，
軍関係者などの人権研修強化を求めた第2フェーズ（2010〜2014年），メディア，
ジャーナリスト関係者への人権意識の向上を促す第3フェーズ（2015〜2019年）

表 14 - 2　国際連合設立前後の採択文書

「国際連合憲章」前文（1945年）
われらの一生のうち二度まで言語に絶する悲哀を人類に与えた戦争の惨害から将来の世代を救い，基本的人権と人間の尊厳及び価値と男女及び大小各国の同権とに関する信念を改めて確認し……
「国際連合教育科学文化機関憲章（ユネスコ憲章）」第 1 条 1 （1945年）
国際連合憲章が世界の諸人民に対して人種，性，言語又は宗教の差別なく確認している正義，法の支配，人権及び基本的自由に対する普遍的な尊重を助長するために教育，科学及び文化を通じて諸国民の間の協力を促進することによって，平和及び安全に貢献することである。
「世界人権宣言」前文（1948年）
人権の無視及び軽侮が，人類の良心を踏みにじった野蛮行為をもたらし，言論及び信仰の自由が受けられ，恐怖及び欠乏のない世界の到来が，一般の人々の最高の願望として宣言された……

出所：国際連合広報センター「国際連合憲章」，文部科学省「国際連合教育科学文化機関憲章（ユネスコ憲章）」，外務省「世界人権宣言（仮訳文）」をもとに筆者作成。

を終え，2020 年からは，COVID-19 の困難な状況下にあって，青少年に向けた人権教育に焦点をあてた新たな段階，第 4 フェーズ（2020～2024 年）を開始した。そして日本は，「人権教育のための世界計画」の共同提案国でもある。日本の人権教育，人権施策の背景に，国際的な人権教育の推進があること，日本はその中心的な役割を果たしていることを指摘しておきたい。

（2）国連憲章，ユネスコ憲章，世界人権宣言

　国際社会において人権教育推進の起点とされる「人権教育のための国連10年」（1995～2004 年）は，第二次世界大戦の終結を迎えた後の国際社会が，国際連合（以下，国連）を新たに設置した際に確認し，継承してきた共通の悲願を，その根幹においた取り組みである。

　表 14 - 2 は，国連の設立に前後して採択された文書（抜粋）である。

　国連は，人権が蹂躙され，数千万もの尊い生命が失われた，殺戮と惨状への深い後悔と反省をふまえ，設立された。このため，国連で採択された多くの条約や宣言等に世界人権宣言の前文が引用され，今日に至っている。国連自体が，本来，人権の保障を目的として設立された機関なのである。

2　学校教育における人権教育

　推進法第2条は，人権教育を「人権尊重の精神の涵養を目的とする教育活動」，人権啓発を「国民の間に人権尊重の理念を普及させ，及びそれに対する国民の理解を深めることを目的とする広報その他の啓発活動」と定義する。また，文部科学省で作成された「第三次とりまとめ」は，人権教育を，「人権に関する知的理解と人権感覚の涵養を基盤として，意識，態度，実践的な行動力など様々な資質や能力を育成し，発展させることを目指す総合的な教育」（文部科学省，2008b）と説明する。

　表14-3は，「第三次とりまとめ」に掲げられた人権教育の内容構造である。「知的理解」と並び置かれる「**人権感覚**」は，人権に関わる「知識」と別に，主に「価値的・態度的側面」や「技能的側面」の学習を通して意識的に育む，人権尊重の「感覚」として，新たに定義された言葉である。文部科学省（2008b）において，次のように説明されている。

　　人権が擁護され，実現されている状態を感知して，これを望ましいものと感じ，反対に，これが侵害されている状態を感知して，それを許せないとするような，価値志向的な感覚である。（中略）人権感覚が知的認識とも結びついて，問題状況を変えようとする人権意識又は意欲や態度になり，自分の人権とともに他者の人権を守るような実践行動に連なると考えられるのである。

　すなわち，人権が侵害される状態を見て，見て見ぬふりをせず，「許せない」と思う強い気持ちがあって初めて，「問題状況を変えようとする」意識，意欲，態度が醸成されてゆき，実践行動へとつながるということである。「知的理解」と「人権感覚」の両側面を基盤においた学習活動を通してこそ，「自分と他者との人権擁護を実践しようとする意識，意欲や態度」を向上させ，実際の行為と結びつける「実践力や行動力」を育成することができる。こうして，人権教育の内実を深めることができるのである。

表 14 - 3 人権教育の構造

自分の人権を守り，他者の人権を守るための実践行動		
自分の人権を守り，他者の人権を守ろうとする意識，意欲や態度		
知的理解	人権感覚	
知識的側面	価値的・態度的側面	技能的側面
○自由，責任，正義，平等，尊厳，権利，義務等の概念 ○人権の発展・人権侵害等に関する歴史や現状 ○憲法や国内法及び「世界人権宣言」その他の人権関連の主要な条約や法令 ○自尊感情・自己開示・偏見など，人権課題の解決に必要な概念に関する知識 ○人権を支援し，擁護するために活動している国内外の機関等についての知識等	○人間の尊厳，自己や他者の価値を感知する感覚 ○自他の価値を尊重しようとする意欲や態度 ○多様性への開かれた心 ○正義，自由，平等などの実現に向かって活動する意欲や態度 ○人権の観点から自己自身の行為に責任を負う意志や態度	○互いの相違を認め，受容できる諸技能 ○他者の痛みや感情を共感的に受容できる想像力や感受性 ○コミュニケーション技能 ○他の人と対等で豊かな関係を築く社会的技能 ○人間関係のゆがみ，ステレオタイプ，偏見，差別を見きわめる技能 ○対立的問題を非暴力的解決の技能

出所：文部科学省（2008b：7）をもとに筆者作成。

3 総合的な学習の時間と人権教育

（1）総合的な学習の時間と「現代的な諸課題」

「第三次とりまとめ」は，学校教育における人権教育が，「各教科，道徳，特別活動及び総合的な学習の時間や，教科外活動等のそれぞれの特質を踏まえつつ，教育活動全体を通じてこれを推進すること」（文部科学省，2008b）が大切であると指摘している。では，総合的な学習の時間（以下，総合）は，人権教育のどのような側面と接点をもつことができるのだろうか。

総合の学習指導要領において，例示として示されてきた「国際理解，情報，環境，福祉・健康」等の課題は，「社会の変化に伴って切実に意識される」ようになった現代社会の諸課題であると同時に，「正解や答えが一つに定まっているものではな」い課題である（文部科学省，2008a：31／2008c：39）。それだけに，教科の枠組みを超えて学習に取り組み，児童生徒が互いに助け合い，高め

合い，深めていく学習が求められるのだと，説明されている（2017〔平成29〕年改訂も同様の説明を踏襲している）。

（2）人権教育における「個別的な人権課題」

　学習指導要領で示された「現代社会の諸課題」に対応する人権教育の題材として，「基本計画」および「第三次とりまとめ」に掲載された，「個別的な人権課題」を挙げることができる。このうち「基本計画」では，①女性，②子ども，③高齢者，④障害者，⑤同和問題，⑥アイヌの人々，⑦外国人，⑧HIV感染者・ハンセン病患者等，⑨刑を終えて出所した人，⑩犯罪被害者等，⑪インターネットによる人権侵害，⑫北朝鮮当局による拉致問題等[(1)]などの課題が示されている。

　また，2021年に公表された「人権教育を取り巻く諸情勢について」には，「国内の個別的な人権課題」として，「子供の人権」では①いじめ，②不登校，③児童虐待等の課題が，他の「個別的な人権課題」として，以下の諸課題が列挙され，課題提示の趣旨が述べられている。

　①北朝鮮当局による拉致問題等の個別的な人権課題への追加

　②「障害者虐待の防止，障害者の養護者に対する支援等に関する法律」の制定

　③「障害を理由とする差別の解消の推進に関する法律」の制定

　④「本邦外出身者に対する不当な差別的言動の解消に向けた取組の推進に関する法律」の制定

　⑤「再犯の防止等の推進に関する法律」の制定

　⑥「部落差別の解消の推進に関する法律」の制定

　⑦インターネット上の誹謗中傷への対応

　⑧「アイヌの人々の誇りが尊重される社会を実現するための施策の推進に関する法律」の制定

　⑨ハンセン病家族国家賠償請求訴訟判決の受入れ

　⑩新型コロナウイルス感染症による偏見・差別への対応

---

(1)　「北朝鮮当局による拉致問題等」は，2011年，閣議決定により12番目の課題として追加された。

表14-4　「倉敷宣言」（2016年）の内容構成

課題認識
・貧困，格差，紛争，テロリズム，難民，移民
・環境，気候変動
・暴力，人種差別，排他，疎外，不平等
・社会的経済的に不利な立場の子ども，特別な支援を要する子ども
・虐待やいじめに苦しむ子ども，不登校の生徒，NEET
・性的指向や性自認を理由とした差別に苦しむ子ども
・脆弱で不利な状況にある人々（特に女児・女性）

教育的対応と方途
・他者理解，マイノリティの人権の尊重，自他の生命の尊重
・自由，民主主義，多元的共存，寛容，法の支配，人権の尊重
・社会的包摂，非差別，ジェンダー平等，市民教育，文化間の対話，相互理解
・他者への思いやり，ホスピタリティの精神，コミュニケーション能力，コラボレーション能力，創造性，批判的思考
・問題解決力，困難から立ち直る力，異なる考え方や価値観に対する寛容な精神，多文化共生社会，多様性，多様な人々の包摂と協働，異なる文化の人々と協働する力，グローバル化に対応した能力，個別性や多様性の尊重，性別に関する固定観念の払拭，社会的包摂への貢献
・ICTが持つ遠隔教育の可能性，虚偽の情報と現実の区別
・ジェンダーに基づく暴力や差別のない安全でインクルーシブで効果的な学習環境
・人間の尊厳の保持

出所：文部科学省（2016）をもとに筆者作成。

　これらの「個別的な人権課題」は，「社会の変化に伴って切実に意識されるようになってきた現代社会の諸課題」「持続可能な社会の実現に関わる課題」に他ならない。そうして，個別具体的な人権侵害の被害者が背後に存在する，切実な課題である。解決に向かうアプローチや方途は一様でなく，「正解や答えが一つに定まって」いない。学習指導要領が示した，総合における「現代社会の諸課題」と，人権教育における「個別的な人権課題」の接点は明らかであろう。

　表14-4は，G7教育大臣会合で採択された「倉敷宣言」（2016年）を，内容構成をふまえて再整理したものである。

　「倉敷宣言」には，国際社会が認識する課題，困難な状況下で苦しむ人々に資するための喫緊の対応が示されている。課題と教育的対応の項目を見れば，これらの課題のほとんどが，総合における「現代社会の諸課題」と，人権教育における「個別的な人権課題」と共通する内容であることがわかる。

表14-5　総合的な学習の時間に位置付けられた人権教育資料の題材

	岡山県教育委員会『岡山県人権学習ワークシート集』	奈良県教育委員会『なかまとともに』
小学校中学年	• 外国とのかかわりを知ろう〈在住外国人との共生〉 • 障害のある人 • お年よりと交流会をしよう	• 外国のことばで歌おう • わたしたちのまちたんけん • だれもが住みやすいまちに［障がい者］ • きみの家にも牛がいる〈牛を原料とした製品〉 • エイサーの島　沖縄 • マイタウン博士になろう • 請堤〈水害〉 • 歩み〈他者の痛み〉
小学校高学年	• 知ってる？子どもの権利 • ハンセン病 • 文字だけじゃ分からない〈情報モラル〉 • 著作権について考えよう	• わたしの仕事〈性別役割分担〉 • INORI〜祈り〜〈被爆〉 • 消えゆく氷河 • だれもが住みやすいまちに〈高齢者〉 • 外国につながりのある友だち
中学校	• 犯罪被害者の人権 • 自分の感情とうまく付き合うために〈「怒り」の感情〉 • 人の世に熱あれ〜全国水平社の創立〜 • ユニバーサルデザイン • アイヌの人々 • プライバシーの保護	• だけど，くじけない〈東日本大震災〉 • Education First〈マララ・ユスフザイ〉 • やさしさに包まれたなら〈自尊感情〉 • ふるさと • 明日を創る！〈結婚差別〉 • 障害者にとって暮らしやすい社会を • セクシャル・マイノリティにとって暮らしやすい社会を • 高齢者にとって暮らしやすい社会を • 外国人にとって暮らしやすい社会を • だれもが暮らしやすい社会を〜ハンセン病の歴史から〜 • 世界の平和のために〈テロ・戦争〉

出所：岡山県教育庁人権・同和教育課（2008／2009），奈良県教育委員会人権・地域教育課（2016）をもとに筆者作成。

4　人の生命と尊厳を探究する総合的な学習（探究）の時間を

　日本では，多くの自治体・教育委員会が，就学前，小・中・高校生のための人権教育資料，教師用資料を作成している。表14-5は，岡山県と奈良県の人権教育資料集から，総合での実施が明記された題材を整理したものである。

　学校教育では，人権や人権教育に係る知識の理解にとどまるのでなく，児童

生徒が実質的・実践的な知識を身に付け，人権感覚を醸成し，姿勢や態度，実践的行動に及ぶことが，期待されている。「現代的な諸課題」「横断的・総合的な課題」を取り上げる総合の時間は，その中核を担う機会となることが期待される。

　人の生命，人としての尊厳を不可侵の権利として真に理解するには，知的理解にとどまらず，人権感覚の醸成が不可欠となる。このことは，いじめ自殺事件，児童虐待死事件，ハンセン病や水俣病，ヘイトスピーチ，同和問題等々をめぐる人権侵害，そして第二次世界大戦と戦後の国際社会が体験したホロコーストと虐殺，殺戮まで，どの問題に対してもいうことができる。総合的な学習の時間，総合的な探究の時間を，国際社会と日本の課題をもとに，人々の困難な状況や課題を探究し，主体的に取り組み，対話を重ねることのできる，深い学びの場としたい。

学習課題　① 　国連人権理事会は，「人権教育のための世界計画第 4 フェーズ」が SDGs のターゲット 4.7 と足並みをそろえることを決定した。SDGs，人権教育のための世界計画，総合的な学習の時間の共通点と相違点について話し合ってみよう。
　　　　　　② 　総合的な学習の時間で取り組みたい課題を設定し，人の生命，人としての尊厳の視点から「対話的で主体的な深い学び」を実現する指導計画を立ててみよう。

引用・参考文献

梅野正信「人権教育資料の分析的研究 1 ――『協力的』『参加的』『体験的』な学習を中心とする指導例示の特色と傾向」『上越教育大学研究紀要』31，2012 年，29〜40 頁。

梅野正信「人権教育資料の分析的研究 2 ――人権課題に関わる指導例示の特色と傾向」『上越教育大学研究紀要』32，2013 年，59〜73 頁。

岡山県教育庁人権・同和教育課「人権教育指導資料 V　人権学習ワークシート集（上）」2008 年。https://www.pref.okayama.jp/uploaded/attachment/249575.pdf（2023 年 2 月 1 日最終閲覧）

岡山県教育庁人権・同和教育課「人権教育指導資料 VI　人権学習ワークシート集（下）」2009 年。https://www.pref.okayama.jp/uploaded/attachment/249585.pdf（2023 年 2 月 1 日最終閲覧）

外務省「世界人権宣言（仮訳文）」。https://www.mofa.go.jp/mofaj/gaiko/udhr/1b_001.html（2023 年 2 月 1 日最終閲覧）

国際連合広報センター「国際連合憲章」。https://www.unic.or.jp/info/un/charter/（2022年
　　7月17日最終閲覧）

奈良県教育委員会人権・地域教育課「なかまとともに」2016年。http://www.e-net.nara.
　　jp/ouen/index.cfm/12,0,81,198,html（2023年2月1日最終閲覧）

法務省「人権教育・啓発に関する基本計画」（閣議決定）2011年。https://www.moj.go.jp/
　　content/000073061.pdf（2022年7月17日最終閲覧）

文部科学省「国際連合教育科学文化機関憲章（ユネスコ憲章）／ The Constitution of
　　UNESCO」。https://www.mext.go.jp/unesco/009/001.htm（2022年7月17日最終閲覧）

文部科学省『小学校学習指導要領（平成20年告示）解説　総合的な学習の時間編』東洋館
　　出版社，2008年a。

文部科学省「人権教育の指導方法等の在り方について［第三次とりまとめ］　指導等の在り
　　方編」2008年b。https://www.mext.go.jp/b_menu/shingi/chousa/shotou/024/report/
　　08041404.htm（2022年7月17日最終閲覧）

文部科学省『中学校学習指導要領（平成20年告示）解説　総合的な学習の時間編』教育出
　　版，2008年c。

文部科学省「別冊　人権教育の指導方法等の在り方について［第三次とりまとめ］　実践
　　編」2008年d。https://www.mext.go.jp/b_menu/shingi/chousa/shotou/024/report/
　　attach/1370730.htm（2022年7月17日最終閲覧）

文部科学省「別冊　人権教育の指導方法等の在り方について［第三次とりまとめ］　実践編
　　──個別的な人権課題に対する取組」2008年e。https://www.mext.go.jp/b_menu/
　　shingi/chousa/shotou/024/report/attach/__icsFiles/afieldfile/2016/05/11/1370730_001.
　　pdf（2022年7月17日最終閲覧）

文部科学省「G7倉敷教育大臣会合　倉敷宣言」2016年。https://www.mext.go.jp/
　　component/a_menu/other/detail/__icsFiles/afieldfile/2016/06/17/1370953_2_3.pdf
　　（2022年7月17日最終閲覧）

文部科学省『小学校学習指導要領（平成29年告示）解説　総合的な学習の時間編』東洋館
　　出版社，2018年a。

文部科学省『中学校学習指導要領（平成29年告示）解説　総合的な学習の時間編』東山書
　　房，2018年b。

文部科学省「人権教育を取り巻く諸情勢について──人権教育の指導方法等の在り方につい
　　て［第三次とりまとめ］策定以降の補足資料」2021年。https://www.mext.go.jp/
　　content/20200310-mxt_jidou02-000100368_01.pdf。なお，本資料は毎年度更新版が公表
　　される。最新版は2022年3月の更新版。文部科学省「人権教育についての基礎資料」
　　で確認してほしい。https://www.mext.go.jp/a_menu/shotou/jinken/siryo/index.htm
　　（2022年7月17日最終閲覧）

第15章

総合的な学習の時間と防災教育

　防災教育は「生きる力」を育む「総合的な学習の時間」の具体的な教育実践となる。温帯モンスーンに属する日本列島およびその周辺は 4 枚のプレートが影響し合い，地震，津波，火山噴火，集中豪雨，土石流・地すべり等の影響を受けやすく，世界でも有数の自然災害多発地帯である。一方で日本列島は豊かな自然の恵みも受けており，災害と恩恵との二面性の取り扱いも必要である。また，自然環境や発生する自然災害が各地で大きく異なっているため，地域に根ざした防災教育も必要となる。近年は，持続可能な社会の構築に向け，自然災害への対応は国際的な課題となっている。地域に根ざしながら，国内外への防災・減災，復興教育にも理解を深める「グローカル」な視点を育成する学びを構築していこう。

1　防災教育の背景，その現状と課題

（1）日本における防災教育の重要性

　自然災害が頻発する日本列島では，防災教育は喫緊の課題である。『小・中学校学習指導要領（平成29年告示）解説　総則編』に，カリキュラム・マネジメントを意図した「防災を含む安全に関する教育（現代的な諸課題に関する教科等横断的な教育内容）」が記された。**防災教育**は取り扱う内容が教科の枠組みを超えており，学校行事等を含むすべての教育活動とも関わっている。「生きる力」を育成する教育改革の中で創設された「総合的な学習の時間」で期待される，これからの時代に必要な資質・能力を培う具現的な教育課題といってもよい。

　文部科学省（以下，文科省）は，「防災」を「**災害安全**」と同義とし，「災害

安全」は「生活安全」「交通安全」と共に「学校安全」を構成する。ここでの「災害」とは地震・津波，火山噴火など自然現象を原因とする「自然災害」と，火災や原子力災害などの「事故災害」に大別される。従来は，これらの災害を防ぐことを一般的に「防災」としていたが，火災や原子力災害と異なり，地震や豪雨などの自然現象は人間の力では防ぐことはできず，そのため，**阪神・淡路大震災**以降，「防災」より「減災」の言葉が使われることが多くなった。また，東日本大震災以降は，被災地を中心に復興教育も重要視されるようになっている。そのため，本章では防災教育に減災教育や復興教育の意図を含んでいることを断っておく。

　防災教育の目的や方法は，「総合的な学習の時間」のねらいとも重なり，その具現化として多方面から取り上げることができる。2017（平成29）年告示学習指導要領では「主体的・対話的で深い学び」に伴う教育活動が期待されている。本章では，「総合的な学習の時間」と「防災教育」の連動，ESD（持続可能な開発のための教育），SDGs（持続可能な開発目標）などをふまえた国際的な防災教育の意義，さらにはこれからの「生きる力」を育む個人レベルのレジリエンス（強靭性）から，将来の日本全体のレジリエンスを認識する。つまり国内の学校教育だけでなく，国際社会にも貢献可能な「グローカルな人材育成」にもふれたい。なお，本章と関係する拙著を章末の引用・参考文献に挙げておく。

（2）「総合的な学習の時間」設置以降の自然災害と教育活動

　防災教育と「総合的な学習の時間」との関わりは，1995年に生じた兵庫県南部地震を無視できない。翌年の中央教育審議会の答申で「これからの子供たちに必要となるのは，いかに社会が変化しようと，自分で課題を見つけ，自ら学び，自ら考え，主体的に判断し，行動し，よりよく問題を解決する資質や能力などであり，また，自らを律しつつ，他人とともに協調し，他人を思いやる心や感動する心など，豊かな人間性である」（中央教育審議会，1996）と示され，「生きる力」を育成するために新たに設置された「総合的な学習の時間」への期待が高かったことは述べるまでもない。

　「生きる力」とは何か，それをどのような教育活動において育成できるのか，

期待される「総合的な学習の時間」の中で，具体的に何を，どう実践すればよいのか，当初，教育現場や教育行政がとまどったのは無理もない。そこで，2008（平成20）年に学習指導要領が公示された時，あらためて「生きる力」について，詳細な説明が記された。しかし，皮肉なことに，2011年4月，小学校から順に新学習指導要領に則った新たな教育活動が全面実施される直前の3月11日に**東日本大震災**が発生した。国内において未曽有の被害が生じ，犠牲者は児童生徒・学校関係者だけでも600名を超えた。

　また，引き続き「生きる力」の育成がうたわれ，2017（平成29）年に公示された学習指導要領が，2020年4月から小学校より順次，全面実施される直前には，新型コロナウイルス感染症の拡大により，全国で休校が余儀なくされた（もっとも，それに先立つ2月に，安倍晋三首相〔当時〕が突然，全国の小・中学校，高等学校，特別支援学校について，3月2日から春休みまで臨時休業を行うよう要請したため，年度末の教育現場は大混乱に陥った）。まさに「いかに社会が変化しようと……」に対応できる「生きる力」の育成の必要性が痛感された。

　ただ，学校教育現場としては，これらの非常事態のすべてを否定的に捉えるのでなく，オンライン・オンデマンドなど，従来とは異なったICT教育の展開が見られるなどの成果があったことも無視できない。また，一向に進まなかった教員の働き方改革において，何が重要であるかを考える機会になったことも事実である。いずれも「総合的な学習の時間」とは無関係ではないが，本章では深入りはしない。あえて記述したのは，本章でも重視したい「レジリエンス（強靱性）」の育成にも関連しているからである。

（3）日本の教育改革と防災教育をふまえた「総合的な学習の時間」

　本項では，日本の教育改革の特色と，その流れをふまえた「総合的な学習の時間」の創設意義，さらには，防災・減災教育との関係を見ていきたい。まず，第一に，近代日本の教育改革は1872（明治5）年の学制を挙げることができる。第二に，戦後の民主主義に向けての教育である。これらは，いわば，西欧諸国の科学技術に対する追い付け・追い越せが「国家百年の大計」の教育の基本にあった。第一，第二とも，他国に教育のモデルがあり，効率的に知識・技能を

習得させることが教育の方向であったと捉えることができる。そのため，教育活動の目標が明確であり，成果，つまり評価の可視化も容易であった。

　しかし，第三の教育改革ともいえる「生きる力」の育成を目指した教育活動では，モデルどころか，総合的な学習の時間に期待された「自ら学び，自ら考え……」が子どもたちだけでなく，教員にも求められた。日本はお手本を探し，それに倣って努力を重ね，成果を挙げてきたといえる。さらに先述のように，「生きる力」の育成が，阪神・淡路大震災発生後に登場しただけでなく，その後，学習指導要領の改訂ごとに東日本大震災の発生，新型コロナウイルス感染症への対応に追われた。このような時代を背景として，科学技術が発達し，社会制度が発展しても解決できない問題が山積し続け，具体的な行動については専門家でも判断が異なるといった，絶対的な正答のない時代を生きる次世代の子どもたちに必要な力が求められている。VUCA（Volatility；変動性，Uncertainty；不確実性，Complexity；複雑性，Ambiguity；曖昧性）の時代に「総合的な学習の時間」の重要性はいっそう痛感される。近年，「STEM／STEAM教育（STEMとは，Science・Technology・Engineering・Mathematicsの頭文字，STEAMとはこれにArtが加わる）」が国際的にも注目されているが，自然科学の実用については，「理科」の知識はベースになっても，「A」の意味を幅広く取り入れた教科横断的な視点は，より必要である。現在では「A」に芸術・文化・生活・経済なども加えて考えられ，より総合的な学習の時間と連動するものと捉えることができる（藤岡，2022）。

　これまで，日本の教育改革では，諸外国からの圧力に対して（いわば「外圧」），諸外国に手本を求めて進めてきたといえる。しかし，第三の教育改革では，頻発する国内の自然災害からの圧力（いわば「内圧」）への取り組みも不可欠となっている。それ以上に，自然災害に対する防災・減災，復興に関する教育ついては経験蓄積のある日本が世界に貢献できる可能性も期待できる。

（4）防災をめぐる学校教育での取り扱いの課題

　教育課程上の各教科等の目標，内容等については，文科省の中でも初等中等教育局が担当している。一方，学校安全の担当は，総合教育政策局の中に位置

付けられている（2018年10月より現局。それ以前は，スポーツ・青少年局そして一時的には初等中等教育局にも所属していた）。2017（平成29）年告示学習指導要領以前の教科の目標や評価は4観点であった。それが，改訂にあたり，育成すべき資質・能力は「知識・技能」「思考力・判断力・表現力等」「学びに向かう力・人間性等」となった。学校安全のねらいは，これらと整合性が図られ次のように整理された。①様々な自然災害や事件・事故等の危険性，安全で安心な社会づくりの意義を理解し，安全な生活を実現するために必要な知識や技能を身に付けていること（知識・技能），②自らの安全の状況を適切に評価するとともに，必要な情報を収集し，安全な生活を実現するために何が必要かを考え，適切に意思決定し，行動するために必要な力を身に付けていること（思考力・判断力・表現力等），③安全に関する様々な課題に関心をもち，主体的に自他の安全な生活を実現しようとしたり，安全で安心な社会づくりに貢献しようとしたりする態度を身に付けていること（学びに向かう力・人間性等）。しかし，総合教育政策局での学校安全の1領域としての防災と，学習指導要領を担当する初等中等教育局の教育課程等との連動は，スポーツ・青少年局時代から十分とはいえなかった。たとえば，「東日本大震災を受けた防災教育・防災管理等に関する有識者会議」では「総合的な学習の時間」の中で，防災などの内容も取り入れる議論もあったが，局を越えての報告にはならなかった。その点から考えると教育現場にとって改善されたといえるかもしれない。

　各都道府県等の教育委員会においても，教育行政の組織上，防災教育を含む学校安全等は，保健体育課，健康安全課等（行政によって名称は異なる）が担当し，教育課程を担当する課や教育センターとは，指示・命令系統が異なっている。そのため，これを反映して学校教育現場でも，防災教育の教科での取り扱いと避難訓練や学校安全マニュアルとの連動に苦慮しているところが多い。

2　学校における防災教育の展開

（1）国（文科省）と各地域（都道府県等教育委員会）の取り組み

　文科省は2013年3月に『学校防災のための参考資料「生きる力」を育む防

災教育の展開』を刊行した（2011年3月に刊行予定であったが，印刷直前に東日本
大震災が発生した）。震災の教訓から「総合的な学習の時間」における実践例も
数多く記載された。その後，『学校安全資料　「生きる力」をはぐくむ学校での
安全教育』（第2版）が2019年3月に刊行された。文科省によると，これは
『学校防災のための参考資料　「生きる力」を育む防災教育の展開』の改訂版と
合本とのことであるが実際は，『学校安全資料　「生きる力」をはぐくむ学校で
の安全教育』の中で，災害安全が取り扱われているにすぎない。

　東日本大震災発生後は，各都道府県等の教育委員会でも地域に応じた「防災
教育副読本」等が作成された。ただ，それを担当する部署が保健体育課か義務
教育課，教育センターかで，趣は異なっている。大きな課題は，その副読本を
授業のどこで活用すべきかが，教育現場でのとまどいになっていることである。

　また，文科省は，2012年から3年間「実践的防災教育総合支援事業」を，
2015年から3年間「防災教育を中心とした実践的安全教育総合支援事業」を，
2018年から「実践的安全教育総合支援事業」を実施した。予算的な裏付けも
され，これらの事業によって，各都道府県教育委員会等は，先述の防災教育の
副読本や教員研修を充実させることが可能となった。

　2022年3月に閣議決定された「第3次学校安全の推進に関する計画」では，
施策の基本的な方向性として「地域の多様な主体と密接に連携・協働し，子供
の視点を加えた安全対策を推進する」「地域の災害リスクを踏まえた実践的な
防災教育・訓練を実施する」が示されている（文部科学省，2022：4）。これらは
「総合的な学習の時間」の中でも取り組まれることが期待される。

（2）東日本大震災被災地における取り組み

　防災教育を含めた学校安全を充実させるために，東日本大震災発生後，文科
省は防災教育に取り組む研究開発学校を指定した。宮城県と東京都の2つの小
学校が指定を受け，中でも仙台市の公立小学校では，地域とも連動した様々な
取り組みが見られた。東日本大震災を風化させないために，被災地を中心とし
た防災教育や復興教育など，教材やプログラム開発などの自校化と共に，他地
域での一般化・普遍化の視点からも実践が展開された。当学校は長期間，避難

所の役割を担っていただけに，統廃合された近辺の学校との連携や，地域と共に進められた復興教育の活動に重みが感じられた。また，国内外の多くの学校・教育関係者などから授業参観や研究の交流を受け入れた。

　研究開発学校では，学習指導要領に定められた教育課程を研究目的のために一部変更することが可能である。「総合的な学習の時間」と教科とを融合させた「防災安全科」の設置は，研究開発学校指定終了後も，「総合的な学習の時間」やそれと連動した教科の中で，枠組みを変えて実践が進められている。

　また，被災地の都道府県等では，教育行政と学校が連携した様々な実践が見られた。その中で，福島県教育委員会は，**福島第一原子力発電所事故**による避難先で生じたいじめ問題等を受け，まず放射線教育に取り組んだ。そして，放射線教育と共に防災教育も実施した。具体的な方法としての特色は全県での組織的な教員研修と副読本作成にあったといえる。東日本大震災発生後より，7つの地区別協議会を設置し，各教育事務所と研究協力校とが連動して防災教育・放射線教育を進めた。福島県は，北海道，岩手県に次ぐ広さであり，東日本大震災発生後も台風などの自然災害の被害も受けている。なお2023年4月現在も，原子力発電所事故のため，帰還困難区域が存在し，廃炉までの課題も継続されたままである。

（3）新潟県における自然災害と「総合的な学習の時間」の取り組み

　全国的に「総合的な学習の時間」が学校に根付き始めて以降も，新潟県各地では，気象庁が命名するレベルの災害につながる地震や豪雨等が発生した。2004年新潟福島豪雨，2004年新潟県中越地震，2007年中越沖地震が，それに相当する。

　それらを受けて，「**新潟県防災教育プログラム**」が作成された。この副読本は，各自然災害への学びを深めるため，6つの災害ごとの冊子および概要編，教員用ガイド編の計8冊からなり，全国レベルの質・量を備えた副読本といってもよい。これは教育委員会を超え，県知事（当時）自らが県内の防災教育を充実させるために発案し，中越地震の義援金の一部をこれに充てるなどして，重点的に取り組んだ成果と考えられる。なお，2020年3月に改訂され，新潟

県のWebページからダウンロードして，学校での活用が可能である。

　これまでに「総合的な学習の時間」と連動した環境教育や防災教育に対しての様々な実践が展開され，蓄積されてきた新潟県の取り組み例を一部紹介する。

　まず，加治川は羽越水害（1967年）にも関連して日本で初めての水害訴訟が生じた河川である。地域住民と行政との対立は，戦後の水害訴訟において，各地で見られた。しかしNPOが環境教育を主題として，加治川の環境保全に取り組み，地域と行政の仲立ちをして，将来の子どもたちの教育を考えた事例がある（たとえば，藤岡〔2011〕など）。

　2004年の新潟県中越地震では，長岡市や十日町市などの学校にも影響が生じた。地震の2年前から信濃川沿いの十日町市，長岡市，津南町などの複数の小学校と新潟県立歴史博物館などの博物館とが，縄文時代をテーマにして，「信濃川火炎街道博学連携プロジェクト」に取り組んでいた。これは，国宝にも指定されている縄文時代の「火焔土器」が分布する信濃川流域の小学校が，各市域の博物館の支援を得て，「総合的な学習の時間」で，1年間「縄文時代」の学習に取り組むものであった。大人たちは中越地震の被害のため，精神的にも大きなダメージを受けたが，子どもたちの前向きなプロジェクトへの取り組みによって，励まされたことも報告されている（このプロジェクトは2020年まで継続された）（藤岡，2008など）。

　また，同年2004年に発生した新潟・福島豪雨では，その後も水害を風化させないために，被災地域では防災教育に取り組んでいる。たとえば，見附市では，従来から「総合的な学習の時間」の中で環境教育にも熱心に取り組んでいた。その成果を生かし，「防災キャンプ」の開催やユネスコスクールへの全市的な参加など，学校の教育活動としてESDやSDGsとも連動した展開が見られる。

　糸魚川世界ジオパークは，日本で最初に世界ジオパークに認定された地域の一つである。ジオパークでは，自然環境の保全，地域の振興と共に，教育・啓発に関する取り組みが期待されている。そこで，糸魚川市教育委員会は，小学校中学年用，高学年用の理科副読本を作成し，市内の学校に配布した。特に小学校高学年用では，河川の働きや大地の成り立ちを取り扱うため，自然災害と

関連した内容も多く記述された。さらに地域に対しての誇りも育成するために，豊かな自然と人間生活への恵みも取り扱っている。これは，子どもたちだけでなく，地域の人々や訪れる人たちにも理解しやすい解説書となっている。

　一部しか取り上げることができなかったが，新潟県では，各地域の恵みと災害の二面性をもった自然環境，そこでの人間活動とつながった様々な教育実践が見られる。このような取り組みは新潟県だけでなく，各地域でも期待できるだろう。

3　持続可能な国際社会の構築と防災教育

（1）「総合的な学習の時間」と環境教育，ESD，SDGs

　地域を題材として，教科横断・総合的な学習として取り扱うことを考えた場合，環境教育，ESD，SDGsの観点は「生きる力」の育成の視点からも重要である。環境教育では，"Think Globally, Act Locally" の言葉が使われた。自然災害に関しても地域特有の災害を知り，それに備えることは不可欠であるが，国内外の災害についても理解する必要がある。防災教育は自分が遭遇する時の対応だけではない。災害が発生した時，自分にはどのような支援ができるかも考え，可能な行動に移すこともその目標である。SDGsのキャッチフレーズとして「誰一人取り残さない」という言葉がある。これをふまえた教育の展開も求められる。

（2）国連持続可能な開発のための教育と国連防災世界会議

　日本はこれまでも，防災や環境に関連して，国際社会に大きな貢献をしてきた。たとえば，第1回国連防災世界会議は，日本がホスト国となって1994年に横浜市で開催された。しかし，翌年1995年1月には兵庫県南部地震が発生し，その10年後に神戸市で第2回国連防災世界会議が開催された。この会議は，前年の12月に発生したスマトラ沖地震・インド洋大津波により20数万名を越える犠牲者が生じたため，国際的にも注目を浴びた。この時に日本から国連に提唱されたのが，2005年から10年間の国際的な防災に関する行動指針で

ある「兵庫行動枠組」である。ここでは，教育も一つの柱となっている。さらに同じく日本が国連に提唱した2005〜2014年の「国連持続可能な開発のための教育の10年」と連動していたのが特色である。なお，2011年に東日本大震災が発生した後，2015年3月に第3回国連防災世界会議が仙台市を中心として開催された。1つのテーマで国連の会議が3度とも開かれた例はない。国際社会で日本がリーダーシップをとった数少ない例といえる。この会議の成果としては「仙台防災枠組2015-2030」が策定され，SDGsと同様，2030年がゴールとされている。

4 「総合的な学習の時間」と連動したこれからの 防災教育への期待

　本章の総括として，最後に「総合的な学習の時間」のねらいを実現するために防災教育に期待される内容を，以下の7つの項目にまとめたい。なお，これらは筆者が繰り返し述べてきたものである（たとえば，藤岡〔2021〕など）。
①　身近な地域の過去の災害を知ることが将来の備えにつながる
　過去に発生した自然災害は今後も発生する可能性が高い。地域の過去の災害を学び，教訓を未来に生かす学びは，防災教育の基本となる。
②　移動の著しい時代，自分や次世代はどこにいるかわからない
　日本列島では，地域によって発生する自然災害の種類等は異なり，自分が生活する地域の自然環境をふまえた防災教育は不可欠である。しかし，人の移動の著しい時代，特に子どもたちは，国内で生じる可能性の高い自然災害を知っておく必要がある。
③　防災（災害安全）は安全・危機管理の基本となる
　防災教育で学んだ危険を予測・判断したり，自分たちを守ったりする行動をとることは，生活安全や交通安全にも生かされる必要がある。
④　先行き不透明な時代に「生きる力（生き抜く力）」を培う
　継続して「生きる力」の育成をうたった学習指導要領が改訂される度に，東日本大震災や新型コロナウイルス感染症等による衝撃が教育界に生じた。まさ

にこれからの想定外の災害，事件・事故等に対する「生きる力」が求められている。

⑤　学校と地域との新たなつながりを考える

　これまで，学校や教員は子どもたちの安全を守るために様々な取り組みをしてきたが，学校だけでの取り組みには限界がある。逆に災害時，学校は地域にとって，大きな拠り所となる。学校と地域との日常からの新たな結び付きが期待されている。

⑥　環境（自然・社会）・科学技術の二面性を知り，畏敬・感謝の念を培う

　自然は災害以上に多くの恩恵を人間に与えている。自然は人間にとって都合よくできているのでなく，その災害と恩恵の二面性を理解できるような教育活動も重要である。また，科学技術にも二面性があることを知る必要がある。

⑦　自分が社会にどう貢献できるかを考える機会となる

　子どもは，日頃，教員や大人によって守られている。しかし，自分がどのようなことで，地域や社会に貢献できるのかを考えることも大切であり，人と関わるキャリア教育，地域から世界へのつながりの意識を育成することも重要である。

学習課題　①　地域で近年生じた自然災害と，その原因となった自然現象を調べ，その後の地域の復興や防災等への取り組みを考えてみよう。地域の行政が発行しているハザードマップを入手し，今後発生する可能性の高い自然災害を話し合おう。
　　　　　　②　地域に残された石碑や文献などを調べ，かつての歴史時代の災害の状況を現在の地形図等に復元してみよう。地形改変などの影響も探ってみよう。

引用・参考文献

中央教育審議会「21世紀を展望した我が国の教育の在り方について（第一次答申）」1996年。
兵庫教育大学連合大学院・防災教育研究プロジェクトチーム（代表：藤岡達也）『近年の自然災害と学校防災Ⅰ〜Ⅲ』協同出版，2020〜2022年。
藤岡達也編著『環境教育と地域観光資源』学文社，2008年。
藤岡達也編著『環境教育と総合的な学習の時間』協同出版，2011年。
藤岡達也『絵でわかる日本列島の地震・噴火・異常気象』講談社，2018年。
藤岡達也『絵でわかる日本列島の地形・地質・岩石』講談社，2019年。

藤岡達也編著『知識とスキルがアップする　小学校教員と教育学部生のための理科授業の理論と実践』講談社，2021年。

藤岡達也『SDGsと防災教育——持続可能な社会をつくるための自然理解』大修館書店，2021年。

藤岡達也『一億人のSDGsと環境問題』講談社，2022年。

藤岡達也編著『よくわかるSTEAM教育の基礎と実例』講談社，2022年。

文部科学省「第3次学校安全の推進に関する計画について」2022年。https://www.mext.go.jp/content/20220325_mxt_kyousei02_000021515_01.pdf（2023年1月29日最終閲覧）

第Ⅲ部

総合的な探究の時間とこれからの総合学習

補章1

総合的な探究の時間①
——地域と連携した探究学習——

　2019年度から，「総合的な探究の時間」への取り組みが高等学校で本格的に始まった。本章では，生徒が地域の問題に対する課題を自ら発見し，多様な立場の異なる他者と協働で課題解決のための企画を実践する地域探究学習を，どのように地域と連携しながら生み出したのかについて，新潟県三条市にあるH校での実践事例をもとに説明する。地域連携を核にした高校の探究学習について一緒に学んでいこう。

1　地域探究学習を生み出すための取り組み——1年目の挑戦

（1）地域と連携した探究学習を生み出すために

　2018（平成30）年告示「高等学校学習指導要領」「第4章　総合的な探究の時間」「第1　目標」によれば，総合的な探究の時間の目標には「実社会や実生活と自己との関わりから問いを見いだし，自分で課題を立て，情報を集め，整理・分析して，まとめ・表現することができるようにする」ことが掲げられている。筆者は2015年度から3年間，教職の立場を離れ，新潟県職員として各市町村やNPO法人と協働で消費者教育を推進する貴重な機会を得た。その経験の中で，地域の人々と協働で何が課題かを考え，課題を解決するための企画を実践することを通して，新しい視点や考え方を発見する楽しさを見出すことができた。学校現場でも，地域の中で実社会とのつながりを実感し，自ら課題を立てて探究できる学びの場を生み出すことができれば，生徒もまた学習する楽しさを知り，主体的に学びに向かうようになるのではないか。そのように考え，学年の担当職員と地域連携を核にした「地域探究学習」の計画を立案した。

　はじめに課題となったのは，「探究学習の意味とは」「地域との連携を創り出す方法とは」について，私たち教師が情報を集めて答えを導き出すことだった。そこで，新潟県の総合的な探究の時間推進事業連絡協議会や県外視察から探究学習の理論と実践事例を学び，NPO法人の研修会でファシリテーション技法の知識を習得して，探究サイクルの基礎的スキルを得た。さらに，上越教育大学のK教授から上越教育大学附属中学校が積み重ねてきた総合的な学習の時間の取り組みと，地域連携の構築について教授を受けた。その中で，探究学習とは，教師が与えるのではなく，生徒が自ら問題に対する課題を見つけ，仮説を立てて解決策を実践する過程で新たな課題を見出すというサイクルを回すことにより，生徒を深い学びに誘うことと解を得た。また，地域に学びの場があることで，生徒は多様な立場の異なる地域の大人と協働で課題解決に取り組む体験を得て学ぶ意欲を高めると期待できることから，生徒が地域の大人と地域的問題を解決する「地域探究学習」を立ち上げることを決めた。そして，地域との連携を創り出すためには，教師自身が学校の垣根を超えて地域に飛び出し，地域の人々と信頼関係を築くことが求められるという1つの考えにたどり着いた。

（2）探究学習の導入

　10月，1年目の2019年度の総合的な探究の時間は，1年生241名を対象に実施した。はじめに，探究学習オリエンテーションを開き，「探究学習の意味とは」について講座を行った。そして，生徒に「多くの学生が食堂を利用するようになるためには」という問題を示し，班ごとに何が課題かを考えさせ，その課題を解決する仮説を立てさせた。さらに，シンキングツールを用いて具体的な解決策のアイディアを**発散**，**収束**させた（図補1-1）。この演習を通して，生徒は相手の意見を受けとめながら自分の考えを相手に伝えるコミュニケーションの技能を高めることができた。

　その後，身近な問題から社会と自己との**つながり**を生徒に学ばせるため，「スマホ・SNSの適切な利用——みんなでルールを決めてみよう」をテーマにした探究学習（新潟県弁護士会と連携）と，「若者の契約と成年年齢引き下げに

係る消費者トラブル」をテーマに
した探究学習（三条市市民なんでも
相談室と連携）を実施した。活動
の中で教師は答えを示さず，生徒
が解決のためのアイディアを班内
で出し合い，**納得解**を導き出す実
践を重ねた。

**（3）三条市と連携した地域探究
　　　学習を本格始動**

図補1-1　探究学習オリエンテーション
出所：筆者撮影。

　12月，三条市と連携をし，地域探究学習を本格的にスタートさせた。事前
に夏休みに三条市の協力担当課と打ち合わせ，生徒に示す地域的問題を協働で
発案した。そして，最終的に三条市の協力担当課が選び，提供を受けた6つの
地域的問題を生徒に発表し，生徒を希望制で6コースに分けた。各コースと三
条市から提供された地域的問題（テーマ）は表補1-1の通りである。

　1年次の地域探究学習は「問題解決第1サイクル」と位置付け，問題の解決
に向けて生徒が自ら探究するための**「型」の習得**に主眼をおいた。はじめに，
三条市職員を講師に招き，三条市の取り組みと地域的問題について，コースご
とに講座を実施した。協力担当課からは，市の取り組みを紹介した資料を提供
してもらった。これらの資料は，生徒が情報を収集する教材として活用した。
その後，生徒は地域的問題について，班ごとに**「何が課題か」「どうすれば解
決できるか」「どんな活動ができるか」**を話し合い，シンキングツールを活用
して主体的にアイディアを発散，収束させて生徒のオリジナルの企画を考案し
た。企画案は，パワーポイント資料（4～9枚）にまとめ，模造紙に貼り付け
て成果発表用資料とした（図補1-2）。そして，2月に，各コースの各班がポ
スターセッションで成果発表会を実施した。成果発表会には，三条市職員も参
加し，生徒の発表を評価してもらった。

表補1-1　地域探究学習の6コースと地域的問題

コース名	三条市から提供を受けた地域的問題
福祉コース	家にこもりがちな高齢者が，日常的に自然と外出したくなるまちづくりの企画とは
地場産業コース	若者が三条市で働きたいと思えるようにするには（高校生として何ができるか）
環境コース	家庭や個人でできる食品ロス削減の取り組みを市民に効果的に広めるためには
国際交流コース	三条市に住む外国人に必要なサポートとは何か
地域文化コース	地域財産である下田のいしぶみの魅力を市民にどう伝えるか
まちづくりコース	まちなかへ多くの市民が外出するためには

出所：筆者作成。

図補1-2　成果発表用資料
出所：筆者撮影。

（4）1年目の地域探究学習の成果

　中学校でウェビングやKJ法[(1)]を活用した総合学習を経験している生徒が多数いたため，オリエンテーションの段階からシンキングツールを活用した言語活動を定着させることができた。多くの生徒が，「話したことがない人とも話し合うことができた」「自分の意見を出すことができた」と，授業後に記入させた振り返りシートに書いていることから，他者と協働することに自信をもつ空気が生まれたことがうかがえる。

　また，地域探究学習の活動の中で，企画案をつくり終えた生徒が，「私たちはすごい」と自己を肯定する言葉を交わす姿が見られた。このことから，自分自身に対しても自信をもつ生徒が増えたように見受けられる。

（1）ウェビングとは，思い付いたアイディアを次々と記載していくことで，発想を再構成することができる技法。KJ法とは，カードに情報を記載し，類似のカードをグループ分けしてグループ間の関連性を見出し，発想や意見の集約化・統合化を行う技法。

　そして，探究学習を積み重ねる過程で，課題を発見することは自己と他者を成長させ，社会をよりよくしていくことにつながると気付く生徒や，次段階として，班の企画を実践に移すための新たな課題を**自ら設定**できる生徒も複数いた。参考として，生徒Aの振り返りを紹介する。

○10月4日　探究学習オリエンテーション
• 課題を発見することは，人々を喜ばせることや，自分の成長につながることを学んだ。

○10月16日　探究学習「スマホ・SNSの適切な利用に関するルールづくり」
• 一人ひとりの考えを共有することによって，自分では考えられなかった意見を多く見ることができ，新しい発見があった。
• 記録係をして，一人ひとりの考えに直接ふれることができるので，「こういう視点から見ているんだ」など，物事を見る視点に気付きがあった。

○2月25日　地域探究学習成果発表
• 自分たちの考えた企画を実践するためには，まず，住民の賛成が必要だと感じた。企画が良くても，身勝手に企画を進めれば，それを不満に思う人が少なからず出てくると思うので，まずは住民の賛否をとってから企画に移し，そこからどうよくなるかを実行しながら考えていくことが課題だと思った。

2　教師が生徒の伴走者となる取り組み──2年目の挑戦

（1）生徒が地域の協力機関と協働で行う企画実践

　『高等学校学習指導要領（平成30年告示）解説　総合的な探究の時間編』によれば，「総合的な探究の時間における学習では，問題解決的な学習が発展的に繰り返されていく。これを探究と呼ぶ」（文部科学省，2019：12）とされている。そのため，問題解決のプロセスを繰り返して生徒の学びを深めるため，2年次の地域探究学習を「問題解決第2サイクル」と位置付けて，1年次に三条市へ提案した企画案を，各班が地域の協力機関と協働で練り直し，実際に三条市内で実践する**校外探究活動**を計画した。しかし，教師だけでは人手が不足するため，地域教育コーディネーターをNPO法人に依頼し，地域との連携を強化す

ることとした。

　7月，地域教育コーディネーターが集めた地域探究学習に協力可能な三条市内の協力機関（36団体）に全体説明を行った。本校から地域探究学習に関する説明を行った後，各コースに分かれてもらい，「地域探究学習で期待していること」「不安なこと」などを話し合い，**協力機関の間でも情報共有**を行った。説明会が終了した後，協力機関に会場を移動してもらい，各コースで生徒と協力機関との「**マッチング会**」を開催した。マッチング会とは，生徒が班ごとに企画案のプレゼンテーションを行い，協力機関が「協力したい」と思えた企画の班に名刺を渡すことで，両者がマッチングする会である。会の終了後，マッチングした協力機関から名刺をもらった生徒は，期待に胸を膨らませ，生き生きとした表情をしていた。

　8月，各班はマッチングした協力機関と，コミュニケーションツールとしても使えるクラウドサービスで連絡をとり，日時を決めて協力機関を訪問した。2時間程度の打ち合わせの中で，実際に実現できる企画にしていくためのアドバイスをもらい，協力機関と企画案の練り直しを始めた。原則として協力機関と生徒との打ち合わせに，教員は引率しない方針をとった。教員は協力機関と生徒との協働作業を支援することが役割と考え，生徒が自走できるように**伴走**することを目指した。協力機関の意向で，いしぶみの巡検や商店街の町歩きを行う班もあった。生徒は目にする機会が少ない地域の魅力を肌で感じることができた。

　10月から11月にかけて，6コース（全36班）が実際に三条市内で企画を**実践**することができた。生徒の校外での活動は，準備に2日，企画実践に1日までとした。郵便やコミュニケーションツールなどのICTを活用し，校内にいながら企画を実践する班も多くあった。その結果，生徒は協力機関から学び，自走するようになった。企画の実践後，生徒に成果を分析させ活動報告を作成させた。

（2）生徒の企画実践の事例

　まちづくりコース第5班の企画実践を事例として紹介する。三条市から提供されたまちづくりコースの地域的問題は，先述の表補1-1のように「まちな

かへ多くの市民が外出するためには」である。第5班は，市のホームページを若者の視点からより魅力的な内容にするという企画案を立てたが実現は難しく，企画案を協力担当課と協働で練り直した。そして，中心市街地活性化イベントの実行委員会とのコラボ企画として，フォトコンテストを開催する企画を新たに立てることができた。この企画は，三条市の好きな場所の写真を撮り，実行委員会が運営するTwitterに写真を投稿するフォトコンテストである。投稿された写真はイベント会場で展示し，来場客の投票で最優秀賞を決定した。

　第5班は，写真を撮るために多くの市民が外出し，フォトコンテストに投稿された写真を見た市民もまた外出したくなるのではないかという**仮説**を立てた。写真好きな生徒がいたことを起点にアイディアを膨らませて企画を考案できたことは，実行委員会から高い評価を得た。また，生徒がパソコンで作成したポスターは実行委員会と練った作品であり，デザイン的にも優れ，好評を得た。

　イベントに参加した生徒は，「お年寄りなら大きな声でゆっくりと，子どもなら易しい言葉でわかりやすくするなど，話す相手によって話し方を変えることでコミュニケーションをしっかりとることができた」などの感想を述べており，企画の実践を通してコミュニケーション力と行動力が高まったことがうかがえる。

（3）校外探究活動（企画実践）で成長した生徒

　全コースの生徒の振り返りシートでは，生徒は次のように述べていた。

- やりたいという気持ちがあったら，協力してくれる人が沢山いる。
- この年代の人はどういうものを求めているのか，なぜ商店街に行かないのだろう？　ということを考える際に，色んな人の目線に立って物事を考えることが大事だと感じた。
- 今の世の中で人が集まって何かをするというのは大変なことだが，こんな時だからこそ，地域といった自分にとって身近なところに目を向けていくべきだと思った。
- みんなの意見をしっかりとまとめることができた。今回の校外探究活動で，まずは「知ろう」とすることが大切だということを学べた。

図補1-3　各コース成果発表

出所：筆者撮影。

生徒は校外探究活動を通して，多様な異なる立場の他者と**協働する力**やコミュニケーション力，**地域社会とつながる意欲**を高めたことがうかがえる。また，**自己肯定感**もより強まり，学校生活でも欠席する生徒数が減少するなど，よい影響が見られた。

（4）異学年交流を交えた成果発表

　1月，各コースに分かれて，校外探究活動の成果発表を行った（図補1-3）。各班が順番に成果発表を行い，発表を聞く班の代表は「他己評価シート」を記入し，発表班に渡した。他の班から評価を受けることで，生徒は自分では気付けなかった点も評価をされ，改善の手助けを得ることができた。

　2月，協力機関から選抜された各コースの最優秀企画と優秀企画を合わせた12班が，企画実践の成果を発表した。1年生も参観し，**異学年交流**の時間とした。1年生は，地域探究学習を実践中であったため，先輩から学ぶことは多かったように見受けられる。協力機関にも報告をかねて成果発表を見てもらうため，地域教育コーディネーターの協力のもと，班内のすべての保護者と生徒の同意が得られた班のみ，YouTubeで動画を協力機関に限定公開した。

（5）2年目の地域探究学習の成果

　地域探究学習を通して，生徒は，協力機関と協働することで学びを深めた。教師が伴走に徹したからこそ，生徒は自走でき，高校生にも**社会を動かす力**があるということを実感する生徒が現れた。また，校外探究活動の中で，スマートフォンのアプリを駆使してチラシを作成する生徒や，自宅のパソコンで動画や画像を編集する生徒がいた。放課後，情報処理教室でパワーポイント資料を作成する時に，ビデオ電話で友人に見せながら打ち合わせをする生徒もいた。これらのことから，生徒のICT活用能力の高さを知ることができた。教師が想像する以上に，生徒は様々な情報機器を活用して学習に生かす力をすでにもっており，この**情報活用能力**を生かせば，教育活動に変革をもたらすことが

できると実感した。

　教師もまた，地域の協力機関と打ち合わせることを通して，今まで知らなかった地域のことを知ったり，地域の中でだからこそできる（学校生活の中では見られない）生徒の成長を知る機会を得て，地域と関わり視野を広げることの大切さを実感したりした。そして，評価は生徒をランクづけるためにあるのではなく，評価を通して教師が**授業改善**を行うためにあると考えるようになった。

3　地域と連携した探究学習の授業づくりは教師の探究活動

　2020年度の地域と連携した探究学習の計画は，新型コロナの感染拡大により，4月から困難の連続だった。予定していた講座は実施できず，生徒が登校できるようになっても，グループでの話し合いが対面となるために制限せざるをえなかった。これまでの方法が通用しない状況下で，新たな校外探究活動の計画を立てつつ，同時に新型コロナウイルス感染拡大防止のためにICT活用方法を模索する挑戦は，まさに**教師の探究活動**である。産みの苦しみもある一方で，新しい教育活動の可能性を見出せる楽しさもあった。校外探究活動で生徒が自走を始めた時，教師の苦労はやりがいに変わった。生徒の成長を信じ，生徒と共に教師もまた探究する日々を送ることが，地域連携を核にした探究学習を実現する原動力である。今後の課題は，協力機関と地域教育コーディネーターとの連携を維持し，いかにして生徒の学びの場を創出し続けるかであるが，この新たな問題についても探究し続けたい。

学習課題　　① 身近な地域でどのような地域的問題があるかを調べてみよう。
　　　　　　　　② 地域的問題を解決するための課題（問い）と仮説を立ててみよう。
　　　　　　　　③ 地域と学校で共に生徒を育てるために何ができるか，アイディアを出し合ってみよう。

引用・参考文献

　佐藤浩章『高校教員のための探究学習入門——問いからはじめる7つのステップ』ナカニシヤ出版，2021年。

上越教育大学学校教育学部附属中学校，新井郁男監修『中学校　こうして作った総合学習』
　　教育開発研究所，1998年。

チェインバーリン，アダム／メイジック，スヴェタスラヴ『挫折ポイント　逆転の発想で
　　「無関心」と「やる気ゼロ」をなくす』福田スティーブ利久・吉田新一郎訳，新評論，
　　2021年。

文部科学省『高等学校学習指導要領（平成30年告示）解説　総合的な探究の時間編』学校
　　図書，2019年。

補章 2

総合的な探究の時間②
──キャリア教育の理論と実践──

　日本の高等学校ではこれまでに「総合的な学習の時間」を中心にキャリア教育が実践されてきたが，2022年にその流れが「総合的な探究の時間」に引き継がれることになる。そこで本章においては，これまでの「総合的な学習の時間」におけるキャリア教育を理論と実践の双方から振り返り，「総合的な探究の時間」を進めていくにあたっての課題を明らかにするとともに，今後の実践の指針となりうる展望を示す。また，キャリア教育の先進国であり，その長い実践の歴史を通して確かな成果を上げている米国のキャリア教育についても学び，日本のキャリア教育との違いについて検討してみよう。

1　日本の高等学校におけるキャリア教育の特徴

（1）歴　史
　日本で「**キャリア教育**」という用語は，1999年の中央教育審議会答申「初等中等教育と高等教育との接続の改善について」の中で，教育政策について述べる際に初めて使われた。その背景には，新規学卒者のフリーター志向の広がり，高等学校卒業後も進学・就職をしない者の増加，新規学卒者の就職後3年以内の離職の増加などの社会問題があり，その課題は学校教育と職業生活との接続にあると考えられた。
　2004年に文部科学省が出した「キャリア教育の推進に関する総合的調査研究協力者会議報告書」には，初めて「キャリア」と「キャリア教育」の定義が示された。そこで「キャリア教育」は，「端的には，『児童生徒一人一人の勤労観，職業観を育てる教育』」であるとされた（文部科学省，2004）。
　「高等学校学習指導要領」では，2009（平成21）年の改訂において，「キャリ

ア教育」が初めて記された。さらに2011年の中央教育審議会答申「今後の学校におけるキャリア教育・職業教育の在り方について」において，キャリア教育は新たに「一人一人の社会的・職業的自立に向け，必要な基盤となる能力や態度を育てることを通して，キャリア発達を促す教育」（中央教育審議会，2011）と定義された。これまでのキャリア教育が「**勤労観・職業観**」を育てることを重視したのに対して，ここでは「**社会的・職業的自立**」のために必要な基盤となる能力や態度を育てることを重視したものに変化している。

　その後，2016年の中央教育審議会答申を経て，2018（平成30）年に高等学校学習指導要領が告示され「キャリア教育の充実」が明記された。

（2）理　論

　2011年の中央教育審議会答申において，「社会の中で自分の役割を果たしながら，自分らしい生き方を実現していく過程を『**キャリア発達**』という」（中央教育審議会，2011）と「キャリア発達」の定義が示された。また，同じ年に出された文部科学省の『高等学校キャリア教育の手引き』には，「D. E. スーパーは，このキャリア発達を，生涯における役割の分化と統合の過程として示している」（文部科学省，2012：16）とし，キャリア発達の理論が米国の心理学者であるドナルド・E・スーパー（Donald E. Super）のものであることを示唆している。

　また佐藤史人らは，「**キャリア発達理論**」について「現在の学習指導要領や文科省の発行するキャリア教育の手引で示される考え方は，根本においてこの理論に基づいている」（佐藤ほか，2018：44）と述べている。そして，その代表的な理論がスーパーの職業適合性理論であり，「スーパーが目指したのは，人と職業との適合であった」としている（佐藤ほか，2018：45）。

（3）実　践

　2018（平成30）年の『高等学校学習指導要領（平成30年告示）解説　総則編』では，高等学校におけるキャリア教育の効果的な取り組みについて，「キャリア教育を効果的に展開していくためには，特別活動のホームルーム活動を要としながら，総合的な探究の時間や学校行事，公民科に新設された科目『公共』

をはじめとする各教科・科目における学習，個別指導としての教育相談等の機会を生かしつつ，学校の教育活動全体を通じて必要な資質・能力の育成を図っていく取組が重要になる」（文部科学省，2019b：149）と記されている。

　一方，『高等学校キャリア教育の手引き』には，「高等学校段階においては，自らの将来の**キャリア形成**を自ら考えさせ，選択させることが重要になる。（中略）自己の判断力や価値観を創る上で体験活動からの学びは重視したい」（文部科学省，2012：129）と書かれており，特に体験活動が重視されていることがわかる。

　また先ほどの『解説　総則編』では，キャリア教育の実践について，「その実施に当たっては，就業体験活動や社会人講話などの機会の確保が不可欠である。『社会に開かれた教育課程』の理念の下，幅広い地域住民等（キャリア教育や学校との連携をコーディネートする専門人材，高齢者，若者，PTA・青年団体，企業・NPO等）と目標やビジョンを共有し，連携・協働して生徒を育てていくことが求められる」（文部科学省，2019b：150）と記され，体験活動を実施するうえで必要になる地域の人材との連携・協働が強く求められていることがわかる。

　以上に述べたことから，体験活動が重視されつつある今後の日本のキャリア教育においては，「**総合的な探究の時間**」が重要な役割を果たすと考えられる。

2　米国の高等学校におけるキャリア教育の特徴

（1）歴　史

　米国のキャリア教育である**CTE**（Career and Technical Education）は，2006年に第四次パーキンス法（The Carl D. Perkins Career and Technical Education Act）によって従来の**職業教育**（Vocational Education）から変更されて誕生したが，どのような過程を経てCTEへと変化したのであろうか。

　1957年のソ連のスプートニクの打ち上げ成功に危機感を抱いた米国は，1958年に国防教育法を制定し，トップレベルの科学者・技術者の育成を目指したが，マイノリティをさらに落ちこぼれにしていくという結果に終わった。

　1960年代に入り，この問題を解決する方策として職業教育に注目が集まっ

た。1962年には，連邦政府による最初の主要な職業関連プログラムに関する
法規である人材開発訓練法が制定され，1963年に職業教育法が成立するが，
これらの法律もスプートニク・ショック後のエリート育成教育から発生したマ
イノリティの落ちこぼれや中途退学の問題等を解決するような効果は見られな
かった。

　1980年代に入ると，第一次パーキンス法が1984年に制定され，そのことが
契機となり，米国において職業教育は「非進学者を対象とした教育」と考えら
れるようになった（石嶺，2012：58）。第一次パーキンス法は，これまでに職業
教育において望ましい扱いを受けてこなかった者を特定し，低所得者層と特に
低学力層に優先的に予算の分配を行ったため，職業教育は非進学者向けの教育
として機能することになった（藤田，1992：34〜37）。

　1990年代に入ると，アカデミックな教育と職業教育の統合の必要性が議論
されるようになり，国民のアカデミックな能力と職業的技能の向上を図り，米
国経済の競争力を高めることを目的とする第二次パーキンス法が1990年に成
立した。その後，1998年成立の第三次パーキンス法を経て，その修正案であ
る第四次パーキンス法が成立し，これまでの職業教育という用語は，キャリア
教育（CTE）へと名称が変更された。石嶺ちづるは，この変更は「アカデミッ
クな学習と職業に関する学習を統合し，生徒のアカデミックな能力と職業的な
能力の双方の発達に寄与する，新しい職業教育として Career and Technical
Education を推進していくことを志向している」（石嶺，2012：59）と述べてい
る。2018年にはさらに修正が加えられ，第五次パーキンス法が成立した。

（2）理　論

　前項でCTE誕生の背景と過程についてふれたが，そもそもCTEとはどのよ
うな教育か，その理論について主な特徴を3つ挙げて説明する。

　1つ目の特徴は，多様性である。CTEは50の州とコロンビア特別区の高校
生，大学生が参加し，中学校，高等学校，大学などを通じて米国で大規模に実
施されている教育である。性別，人種，出身家庭等によらず，多くの高校生，
大学生を対象としており，高等学校を卒業した生徒の77％が少なくとも1つ

のCTEの単位を履修している。もちろん校種や参加者だけでなく，CTEのプログラム自体も非常に多様性に富んでいる。CTEのプログラムは，16の職業分野と79のキャリアパス（Career Path）からなるキャリアクラスター（Career Clusters）の中から，生徒が自分の興味関心に基づいて選択し履修することができる。

　2つ目の特徴は，職業教育とアカデミックな教育を統合し，科目として実施している点である。CTEは英語，数学，社会，理科などの基礎科目とCTEの科目を同時に学習していくカリキュラムを通して実施されている。基礎科目とCTEの科目を同時に学習していく理由は，学校で学んだことと実社会の関連性を作り，生徒の学習する目的（目標）を明確にし，学習意欲を高めるためで，生徒は学校での普段の学習と，自分の将来とのつながりやその生かし方を実感しながら学習していくことができるのである。

　3つ目の特徴は，幅広いパートナーシップである。生徒自身が幅広いコースの中から自分の興味のあるコースを選択し，科目として学校内外の人と交流しながらCTEを学習するには，企業，大学，行政の協力が不可欠である。CTEの予算は州ごとに十分に割り振られており，米国の様々な企業と大学がCTEの授業をサポートしている。

（3）実　践

　ここではCTEの成功のモデルといわれているPLTW（Project Lead The Way）を紹介する。

　PLTWのホームページによれば，PLTWは全米の小学校，中学校，高等学校で行われているSTEM（Science, Technology, Engineering and Mathematics）教育を提供している非営利団体である。現在，50州とコロンビア特別区の1万2200以上の学校で約1万5000のPLTWのコースが提供されている。

　PLTWには3つのコースがあるが，ここではPTE（Pathway To Engineering）を紹介する。このコースは高校生を対象とし，生徒は航空力学，宇宙航空学，宇宙の生命科学，ロボット工学の分野を探求する。生徒は業界トップクラスの3Dデザインソフトを使ってデザイン設計と製造を学習する。体験型，問題解

決型の授業スタイルで行われ，クラスメイトと協同的に学習しながら，21世紀型スキル（チームワーク，コミュニケーション能力，批判的思考力等）も同時に身に付けていく。最終的には，与えられた課題（デザイン設計と製造）をクリアするために，大学や研究機関からのアドバイスを受けながら課題に取り組み，STEMの専門家を相手に学習の成果を発表しなければならない。

　プログラムの効果には，「進学率の向上」「成績の向上」「退学率の改善」があり，その効果もきわめて高いことが統計的に明らかにされている。

　以上に述べた通り，日本と米国ではキャリア教育の「歴史」「理論」「実践」が大きく異なっている。この違いをふまえて以下の日本の高等学校の実践例を読んでみよう。

3　高等学校の総合的な学習の時間における キャリア教育の実践例

（1）高等学校の総合的な学習の時間におけるキャリア教育

　日本では，1999（平成11）年の『高等学校学習指導要領解説』の総則編において，初めて「**総合的な学習の時間**」について記載され，その学習活動の一つとして「自己の在り方生き方や進路について考察する学習活動」が示された。これは，キャリア教育との関連性を示唆していると考えられる。

　その後，2016年の中央教育審議会答申「幼稚園，小学校，中学校，高等学校及び特別支援学校の学習指導要領等の改善及び必要な方策等について」において，総合的な学習の時間の内容が見直しされた。「高等学校の総合的な学習の時間を，小・中学校の成果を踏まえつつ，自己のキャリア形成の方向性と関連付けながら，生涯にわたって探究する能力を育むための総仕上げとして位置付ける」と述べられ，また「名称を『総合的な探究の時間』とし主体的に探究することを支援する教材の導入も検討する」と示された（中央教育審議会，2016）。

　本節では，これまでの高等学校の総合的な学習の時間におけるキャリア教育の実践例を提示する。

（2）岐阜県立加茂高等学校理数科の実践例

　加茂高等学校理数科では，大学などと連携した学習や校外研修を行い，将来理系の進路を希望している生徒が，自ら探究し，問題解決する能力を伸ばすためにキャリア教育を取り入れている。そのため，「校外研修」「出前講座」「課題研究」などの体験活動を通して，教室での学びとキャリア教育の融合を図っている。

●校外研修

　1～2年生には近隣の自然や研究施設での学びの機会を提供している。理系の分野では，特に教科書で学習した理論や知識が，自然界や我々の実生活とどのように結びついているかを，実際に観察し体験しながら知識を深めていくことが大切である。将来，大学の理系学部に進学を考えている生徒にとって，学部選びやその後の職業を考えるうえでもよい機会になると考えられる。

　ここでは，2年生の核融合科学研究所の校外学習の様子を紹介する。

　理数科2年生は，7月に先端科学技術を体験することを目的に「核融合科学研究所」と「岐阜県先端科学体験センター」で研修を行っている。

　研修では，核融合科学研究所の研究者からプラズマや融合の仕組み等についての特別講義を聞く機会が設けられている。高等学校の物理や化学の授業の内容等についてもふれられるため，学校での学習をさらに深めることができる。

●出前講座

　加茂高等学校では学校公開日に合わせて，理数科では日本の大学等で研究を行っている外国人研究者を招いて出前講座を開催している。講座はすべて英語で行われ，講師には母国の文化等と取り組んでいる研究を紹介してもらう。将来理系分野への進学を希望する生徒が，外国人研究者の講義を聞き質問する機会をもつことは，進路選択をするうえで有益であると考えられる。

　ここでは，1年生の出前講座の様子を紹介する。

　京都大学iPS細胞研究所で，心臓の細胞について研究をしている外国人研究者の講義受けた。まず，母国であるスペインのお祭りや有名な建物の紹介がされた後，様々な国の人々と出会い一緒に研究することができることの魅力について，写真を使って語られた。生徒は，研究室に閉じこもってばかりいるとい

う研究者のイメージは，実際とかなり違っていることに気付けたはずである。

●課題研究

理数科2年生は課題研究報告会を毎年2月に実施している。課題研究の目的は，自然の事物・現象を科学的に探究することにより，自然科学や数学の基本的概念・原理・法則などの系統的な理解を深め，探究的態度・創造的能力の育成を図ることである。生徒は夏休み頃に最も興味のある科目と分野を選び，グループで数学・物理・化学・生物に関する研究を進めていくが，そのために時には放課後や休日なども利用する。課題研究報告会には，理数科の1年生と教員も参加し，司会や会場準備などの運営に関わる仕事を一緒に進めていく。

ここでは，2019年の2年生の課題研究報告会の様子を紹介する。

生徒たちの各グループはiPadを利用して研究をまとめ，PowerPointを使って研究成果を発表した。どのグループも長い時間をかけて自分たちの興味・関心のあるテーマを研究してきたため，レベルの高い発表内容であった。発表の形式は，①はじめに，②材料と方法，③結果，④考察，⑤結論，⑥反省・感想，⑦参考資料と決められていたが，こうした研究発表の手順は，大学での研究に必要な知識であり，進学した際にも，役立つと考えられる。

（3）高等学校の総合的な探究の時間におけるキャリア教育

『高等学校学習指導要領（平成30年告示）解説　総合的な探究の時間編』では，「改訂の基本的な考え方」として，「高等学校においては，名称を『総合的な探究の時間』に変更し，小・中学校における総合的な学習の時間の取組を基盤とした上で，各教科・科目等の特質に応じた『見方・考え方』を総合的・統合的に働かせることに加えて，自己の在り方生き方に照らし，自己のキャリア形成の方向性と関連付けながら『見方・考え方』を組み合わせて統合させ，働かせながら，自ら問いを見いだし探究する力を育成するようにした」（文部科学省，2019a：7）と述べられており，自己のキャリア形成の方向性と関連付けながら，自らの問いを見出し「探究する力を育成する」ことを重視していることがわかる。

4　今後の課題と展望

（1）課　題

　西村宗一郎は，「高等学校におけるキャリア教育の課題」として，「インターンシップが『一過性のイベント』にならないためには，事前・事後の中長期的な知識の学習に体系付けていく必要がある」こと，また「普通科高校においては，多くの学校で進路指導担当教員が兼務している。（中略）キャリア教育を実施する時間は十分に確保されていないし予算も確保されていない現状がある」ことを指摘している（西村，2019：82）。また，髙橋利行は，高等学校の「総合的な学習の時間」が「総合的な探究の時間」に移行する際の課題として，「総合的な学習の時間が課題研究の時間になってしまうことである」（髙橋，2017：115）と述べている。

　以上の課題からも，長い歴史をもち改善を積み重ねてきた米国のキャリア教育に比べて，日本のキャリア教育は歴史が浅く，教育プログラムの開発や実施体制の整備等が遅れていることがわかる。教育制度・環境が違う日米のキャリア教育を比較し米国のキャリア教育を日本にそのまま取り入れることはできないが，先の加茂高等学校のように「多様性」「職業教育とアカデミックな教育の統合」「幅広いパートナーシップ」という 3 つの優れた特徴を取り入れることは十分可能であろう。

（2）展　望

　藤田晃之らは，「高等学校におけるキャリア教育の展望」として，「新学習指導要領に示されているように，（アカデミック・）インターンシップなどの体験活動や，生徒が活動を記録し蓄積する教材等（キャリア・パスポート〔仮称〕）を活用し，中学校との接続や，高等学校卒業以降の教育や職業との接続をより円滑に進めることが求められる」と述べている（藤田，2018：143）。インターンシップなどの体験活動をより充実したものにするためには，企業，大学，行政等の協力・連携が不可欠であり，今後の拡充が強く望まれる。また，キャリ

ア・パスポートは，児童生徒が小学校から高等学校までのキャリア教育に関わる諸活動について自らの変容や成長を自己評価できるように工夫されたポートフォリオであるが，児童生徒の継続的なキャリア発達を支援するための活用が期待される。

　今後，高校生が自己のキャリア形成の方向性と関連付けながら，自らの問いを見出し探究する力を身に付けるためには，「総合的な探究の時間」を意図的・計画的に実施することが重要であると考えられる。

学習課題　① 米国の高等学校のキャリア教育は，日本と比較してどのような特色があるかをまとめてみよう。

　　　　　② 岐阜県立加茂高等学校のキャリア教育の各実践は，それぞれどのような目的で実施されているかを調べてみよう。

　　　　　③ 日本の高等学校のキャリア教育がどのように発展すれば，よりよくなるかを話し合ってみよう。

引用・参考文献

石嶺ちづる「アメリカのハイスクールにおける職業教育カリキュラムの特徴——南部地域教育連盟Preparation for Tomorrow プロジェクトの分析」『職業とキャリアの教育学』19，2012年，58〜59頁。

佐藤史人・伊藤一雄・佐々木英一・堀内達夫編著『新時代のキャリア教育と職業指導——免許法改定に対応して』法律文化社，2018年。

髙橋利行「高等学校『総合的な学習の時間』におけるキャリア教育に関する考察」『岐阜経済大学論集』51（2），2017年，105〜116頁。

田中宣秀「基礎学力重視という原点に戻って考えるべきキャリア教育の進路——米国における職業教育，職業指導，キャリア教育の歴史から学ぶ」『生涯学習・キャリア教育研究』4，2008年，13〜32頁。

中央教育審議会「初等中等教育と高等教育との接続の改善について（答申）」1999年。

中央教育審議会「今後の学校におけるキャリア教育・職業教育の在り方について（答申）」2011年。

中央教育審議会「幼稚園，小学校，中学校，高等学校及び特別支援学校の学習指導要領等の改善及び必要な方策等について（答申）」2016年。

西村宗一郎「キャリア教育に至る歴史的経緯と課題」『北里大学教職課程センター教育研究』5，2019年，77〜88頁。

藤田晃之「1980年代アメリカにおける『教育の卓越性』の実像——ハイスクール生徒の
　　キャリア開発を視点として」『教育学研究』59（2），1992年，34～37頁。
藤田晃之編著『MINERVAはじめて学ぶ教職19　キャリア教育』ミネルヴァ書房，2018年。
文部科学省『高等学校学習指導要領（平成11年告示）解説　総則編』東山書房，1999年。
文部科学省「キャリア教育の推進に関する総合的調査研究協力者会議報告書——児童生徒一
　　人一人の勤労観，職業観を育てるために」2004年。https://www.mext.go.jp/b_menu/
　　shingi/chousa/shotou/023/toushin/04012801/002/010.pdf（2023年1月29日最終閲覧）
文部科学省『高等学校キャリア教育の手引き』教育出版，2012年。
文部科学省『高等学校学習指導要領（平成30年告示）解説　総合的な探究の時間編』学校
　　図書，2019年a。
文部科学省『高等学校学習指導要領（平成30年告示）解説　総則編』東洋館出版社，2019
　　年b。
Association for Career and Technical Education (ACTE), 2021. https://www.acteonline.
　　org/（2022年11月27日最終閲覧）
Bent, R. K. & McCann, L. E., *Administration of Secondary School*, 1960.
Project Lead The Way, 2021. https://www.pltw.org/（2022年11月27日最終閲覧）
The National Association of State of Directors of Career Technical Education Consortium
　　(NASDCTEs), 2021. https://careertech.org/（2022年11月27日最終閲覧）
U. S. Department of Education, CTE Data Story, 2022. https://www2.ed.gov/datastory/
　　cte/index.html#data-story-title（2022年11月27日最終閲覧）

総合的な探究の時間③
──NPO法人と連携して取り組む探究学習──

　高等学校で，総合的な探究の時間を学ぶ意味とは何か。それを実現するために必要なことは何か。これらの問いは，現役の教師でも自信をもって答えることができないのではないだろうか。このような現実の中で，総合的な探究の時間を一から始めるとしたら，教師だけの力でどこまでできるだろうか。ここでは，筆者が前々任校で，実際に総合的な探究の時間を始めるまでに行った準備と1年目の実践を振り返りながら，NPO法人をはじめとした外部機関との協力によってできたことをまとめ，その利点と注意点を明らかにしていく。そして，今後，高等学校の教師が総合的な探究の時間の学びをデザインしていくうえで必要なことを学んでいこう。

1　総合的な探究の時間を始めるための準備

（1）なぜ総合的な探究の時間を学ぶのか

　数学の教師をしていると，必ず「先生，数学って何の役に立っているの？」という質問が生徒から投げかけられる。今日，様々な情報を自ら手に入れられる世の中で，そもそもなぜ勉強しなければならないのか，という疑問は誰にでもあるのではないだろうか。生徒の様子を見ると，積極的に学ぶ姿もあるが，外を眺めているとか，他のことを考えているだろうなという姿，眠気を我慢しているのだろうなという姿もあれば，とうとう眠気に耐えられなくなった姿もある。「この姿は，我々教師の授業づくりの結果ではないのか」，この生徒たちに対して，「もっと意欲的に取り組みたくなる何かを提供しなくてはならない，何とかしなければ」と思いながら，教師を続けてきた。

　前々任校の新潟県立新潟東高等学校でも，同様であった。当校は，約6割の

生徒が学校と同じ区内から通学しており，交通の便が悪いこともあって，「家から近い高校だから進学した」という実態がある。また，将来のなりたい自分を目指すというよりは，近くで入れる大学があれば行きたいし，そうでなければ専門学校でもよい，という生徒が多い。『高等学校学習指導要領（平成30年告示）解説　総合的な探究の時間編』（以下，『解説』）では，「今回の改訂は，高大接続改革という，高等学校教育を含む初等中等教育改革と，大学教育の改革，そして両者をつなぐ大学入学者選抜改革という一体的な改革や，更に，キャリア教育の視点で学校と社会の接続を目指す中で実施されるものである。改めて，高等学校学習指導要領の定めるところに従い，各高等学校において生徒が卒業までに身に付けるべきものとされる資質・能力を育成していくために，どのようにしてこれまでの授業の在り方を改善していくべきかを，各学校や教師が考える必要がある」（文部科学省，2019：3）と述べられており，我々教師は，総合的な探究の時間を学ばせることにより，生徒が自ら課題を発見し，それを解決していく過程で必要な知識を得るために，各教科を学ぶ必要があることを理解させ，同時に自らの授業の在り方を考えていかなければならないのである。

（2）教師がやる気になる働きかけ

　高等学校（以下，高校）の風土において，新たに何かを始めることはなかなか難しい。「今のままでもいいんじゃないの？」という教師は必ずいる。そのような中で，総合的な探究の時間を始めるには，それなりの準備が必要で，特にその学校の教師がやってみたいと思うことが重要だ。したがって，総合的な探究の時間を始めるには，遅くとも前年度から準備を始める必要があり，その準備を行うための組織づくりも必要である。しかし，前述の通り新たなことを始めることに賛同する教師は少ないから，当校では外部機関の手を借り，当時，進路指導主事であった筆者と特定非営利活動法人みらいずworks[(1)]（以下，みら

---

(1) 2012年の設立以降，「学びのデザイン」「コーディネート」「ファシリテーション」の3つを専門性とする，希望がもてない子ども・若者に対し，身近な家族や友達との人間関係を深め，地域や社会と関わりながら社会参画意識や課題を探究し学び続ける力を育てることで，「自分から自分らしくみんなとともに，社会をつくる人を育てる」教育支援団体。

いずworks）とで協力して準備を行った。

　次に，当校の教師が「来年度から総合的な探究の時間が始まるのだ」と，やる気になる働きかけとして，2回の職員研修と生徒全員を対象とするアンケートを行った。内容は，次の通りである。

① 第1回職員研修

　はじめに，みらいずworks代表者より，総合的な探究の時間について，教師に対して次のように講義をしてもらった。

　総合的な探究の時間を通して育てたい生徒像を考えてもらうために，当校の教育目標を確認し，「育てたい生徒像」を4人1グループによるワークショップ形式で考え出してもらう。各グループから出た意見をまとめて，3年間で「育てたい生徒像」を決める。このことにより，当校教師全員で考えて決めた「育てたい生徒像」を大切にしていくことを自覚してもらう効果が得られる。

　結果，当校の「育てたい生徒像」は「自分を知り，地域を知り，自らの役割を考え，主体的に行動し，困難を乗り越え，粘り強く取り組む生徒」となった。さらに教師の意見を分類し，次の目標を立てた。

- 地域資源に興味をもち，より発展させる。
- 様々な情報を取捨選択できる力をつける。
- 周りの状況を見て，協働できる力をつける。

② 第2回職員研修

　2回目の研修では，総合的な探究の時間において生徒のどのような資質・能力を育みたいのかを明らかにするために，1年間の授業計画について，教科横断プラン案を作成することにした。

　まず，筆者とみらいずworksで，事前に決めておいた3年間の大まかなプラン，「1年次：東区での地域貢献活動を行う，2年次：東区の観光プランを考える，3年次：何かしらのアクションを起こす」をもとに，育てたい資質・能力を4，5人のグループで考えてもらった。

　次に，各グループで考えた資質・能力をもち寄り，それらの力を育むために，どの単元でどのような力を育むことができるか，3年間を見通して，各教科で系統的に考えた。

このような話し合いを通して，教師個人の参加意識を高め，さらに総合的な探究の時間の学びには各教科の学びも必要であり，かつ大いに役立つことを自覚してもらうことができるのである。

③　生徒アンケート

今度は，生徒を対象に「今後，自分が身に付けたいことは」，という問いに対してアンケートを実施した。生徒による主な回答は次の通りである。

- 自分の思っていることをうまく相手に伝えたい。
- 出された課題はできるが，自分で課題を見つけて解決できるようになりたい。
- イヤイヤやるのではなく，自分から進んでやれるようになりたい。
- 自分で得た情報を自分の中で処理できるようになりたい。

また，「これから高校の授業はどのように変わると良いと思うか」という問いには，

- もっと総合の時間を増やして，自分で考える時間を鍛える。
- 生徒同士で話し合いながら，学び合う授業。
- 暗記よりも考えることを増やしていくとよいと思う。
- もっと意見をいい合う授業が増えるとよいと思う。

という回答が出た。

これらの回答を見れば，教師も今まで通りの考え方や授業のやり方では，生徒の期待には応えられないことがわかる。ここから，さらに教師の当事者意識を高めることができる。

（3）ゴールを見据えた計画の作成

どのような教育計画も，その先に待っている**ゴールを見据えた計画**でなければならない。前項の成果をもとに，筆者とみらいずworksで教育計画案を作成し，校長の了解を得て，**全職員で共有**することによって，総合的な探究の時間の全体計画が完成した（図補3-1）。

生徒の実態	学校教育目標	地域の願い
• 学習意欲が低い • 自己肯定感が低い • 言われたことは素直にやれる • 粘り強く課題に取り組む力が少ない	○知的探究心を養う ○豊かな人間性を育む ○心身ともに健全な人間を育成する	• 将来的に東区に残ってほしい • 東区の高校の卒業生として，地域を担う，発展させる人に育って欲しい

総合的な探究の時間で育てたい生徒像	自分を知り，地域を知り，自らの役割を考え，主体的に行動し，困難を乗り越え，粘り強く取り組む生徒
目　標	①地域資源に興味関心をもち，より発展させる ②様々な情報を取捨選択できる力をつける ③周りの状況を見て，協働できる力をつける

育てようとする資質や能力及び態度	評価の観点，評価規準
• 様々な情報の中から正しい情報を見つける力 • 地域に目を向け，課題や可能性を発見する力 • 自分の興味だけでなく，他が興味を持つ内容に目を向ける力 • 誰とでも協力できる力 • 何事も途中で諦めず，最後まで究める力	• どの媒体から情報を得るか。複数の情報を収集し，正しいか判断する • 地域の人や情報から課題を探し，解決方法を考えているか • 同じグループや課題に向かっている人から，意見を求めているか • 自分の力量を把握し，できることとできないことを判断できるか • 予め目標を設定し，無理のない計画を立てることができているか • 調べた内容を的確に表現し，他人に伝え，その結果を次に生かそうとすることができるか

全体テーマ	探そう！発信しよう！住みたくなる東区，帰りたくなる東区		
学年テーマ	1学年	2学年	3学年
	東区の企業を知る	東区の観光プランを作る	2年間の学びのまとめ
学習目標	東区の企業のPR動画を作成し，企業の実態を知る	東区の観光プランを作ることにより，東区の魅力や課題を発見する	2年間を振り返り，個人として課題や魅力に思ったことを，さらに深く探究し，まとめる
学習内容	• 探究オリエンテーション • 東区地域課より，東区の現状と課題を話してもらう • 地域貢献活動オリエンテーション • 情報発信，収集の基本を学び，動画作成の基礎を学ぶ • 企業への取材活動 • 取材活動のまとめ • 動画作成 • 発表準備 • ポスターセッション • 振り返り	• 探究オリエンテーション • 1学年時に身につけた情報発信，収集の基本を活かし，自らテーマを見つけ，取材活動を行う • 取材内容をもとに観光プランを作成する • 作成したプランを大学等の研究機関，東区，協力機関等に見てもらい，指導，助言を仰ぐ • 作成したプランの公開	• 探究オリエンテーション • 2年間の学びを通して，東区の課題や魅力をまとめる • まとめた内容を振り返り，研究テーマを見つける • テーマを解決するために，どのような方法があるのか，自ら大学等の研究機関を探し，協力を依頼する • 研究成果をまとめ発表する

図補 3-1　平成30年度新潟県立新潟東高等学校の総合的な探究の時間の全体計画

出所：筆者作成。

2　1年目の教師の実践と生徒の実践

（1）1年間の活動の概略
　総合的な探究の時間の1年目の具体的な学習目標は，区内の企業と協力して PR動画の作成を通して，企業の実態を知ることである。そして，表補3‐1の 通り活動した。

（2）教師が実践したこと
　1年生の教師は，生徒の指導にあたるが，その間，他学年の教師は，研修で 総合的な探究の時間を中心とした評価の考え方とカリキュラム・マネジメント について理解を深めた。

　評価の考え方の研修では，『解説』より，評価規準の設定および，評価の手 順について学び，当校の全体計画（図補3‐1）にある「評価の観点」「評価規 準」に基づいたルーブリック，生徒の自己評価表，評価ファイルを作成した。

　カリキュラム・マネジメントの研修では，「そもそもカリキュラム・マネジ メントとは何か」から始まり，当校の全体計画にある「評価の観点」「評価規 準」を各教科の評価に用いた場合，どのような活動や生徒の反応にあてはめる ことができるかを考えることによって，教科横断的なカリキュラムを試作する ことができた。

（3）生徒が実践したこと
　1年目の主たる活動は第1項の通りだが，それを成功させるために，4月の 入学間もない時期に，生徒同士の人間関係づくりを行った。クラス目標づくり を通して人間関係づくりを行い，探究学習のみならず，今後の学習活動全体の 円滑化を図った。これは，担任のクラスづくりに対する思いを生徒に伝える機 会でもあり，それに生徒が応える形で積極的に話し合いが行われていた。この 人間関係づくりは，探究学習を行ううえで，必ず行うべきものである。

　次に，探究学習の目的やテーマを知り，主体的に取り組むための動機付けを

表捕3-1　1年目の年間計画

実施月	生徒の活動	時数
4月	人間関係づくり	4
5月	探究学習オリエンテーション※	3
7月	地域貢献活動オリエンテーション※	3
	企業等への取材活動	6
8月	企業等での動画撮影・取材活動	6
10月	取材活動のまとめ・動画編集	3
12月	動画編集・発表用ポスター製作	3
2月	ポスターセッションリハーサル※	3
3月	成果発表会※	6
		計37

注：※はみらいずworksと連携して行った。
出所：筆者作成。

意図して探究学習オリエンテーションを行った。内容は、次の通りである。

①みらいずworks代表者によるミニレクチャー「探究学習とは？」：なぜ、探究学習が必要なのか、その目的と効果を話してもらった。

②区職員によるゲストトーク：地域連携の視点で見た区の現状を知ってもらい、高校生に期待することを話してもらった。

③生徒の各グループによる問いづくりワーク：1つの絵を見て、気づいたこと、疑問点などを書き出していく活動で、好奇心を刺激し、たくさんの問いをつくる練習を行ったうえで、区の魅力や価値を高校生目線でPRするにはどうしたらよいか、という問いづくりを行った。

④生徒の各グループによる、グループ対話（ファシリテーション）の練習：③でつくった問いの中から1つ選んで対話する練習を行った。

　以上のことを通して、生徒は総合的な探究の時間で何を学ぶべきか理解できた。

　その後、生徒は事前準備を経て地域発信活動（企業への取材・動画撮影、それらのまとめ活動）を行った。取材・動画撮影の受け入れ協力企業は45団体に上り、その開拓は非常に困難で、みらいずworksの協力なしにはできなかった。さらにみらいずworksには、受け入れ協力企業を対象とした地域発信活動説明会も開いてもらった。その目的は、当校で行う総合的な探究の時間の概要を説明し、それをもとに企業同士でもグループワークを行い、その意義を確認してもらうためである。

その結果，生徒の受け入れについて十分な理解が得られたことはもちろん，説明会が始まる前から企業同士の交流が行われたことは，当校の総合的な探究の時間がすでに地域貢献となっていることを示していた。

この後，生徒は各グループで企業を訪問し，動画撮影のための準備と撮影を行い，入手した素材をもとに動画の編集とポスターの作成に入った。しかし，年が明け，これからが追い込みというところで新型コロナウイルス感染症の影響で臨時休校に入り，作業ができないばかりか，成果発表会さえも中止せざるをえなかったのである。

3　外部機関との連携で得られること

（1）新潟東高等学校での2年間の活動を振り返って

さて，準備期間も含めて，当校の総合的な探究の時間の2年間を振り返ると，そのスタートからみらいずworksとの連携があった。そもそも教師が授業をつくる時，そのもとになるのは自分が受けた授業であることが多いのではないだろうか。しかし，前身の「総合的な学習の時間」が始まってから15年以上経っても，新潟県内の高校で総合的な探究の時間のモデルとなるような授業を見たことがなかった。それゆえ，他の教師と総合的な探究の時間について共通のイメージをもつことは難しく，それが可能だったのは校長とみらいずworksだけだったのである。したがって，準備の段階から実践まで，教師を引っ張っていくにはみらいずworksの協力が不可欠であった。みらいずworksとは，2年目に正式に3カ年の連携を契約し，その3年間で教師に総合的な探究の時間の計画づくりから実践までを経験してもらうことになった。

（2）NPO法人等との連携で得られたこと

NPO法人等との連携には，大きく次の2つのメリットがあった。

第一に，圧倒的なマンパワーを得られることである。みらいずworksの当校の担当者自体は1人であったが，多くの協力が必要であれば，その手配をしてくれた。前述の通り，協力企業や自治体が45団体集まる時もあるし，大学

生の力を借りたこともあった。

　第二に，豊富な知見をもとにニーズにあったプログラムを提案してくれることである。もちろん，その実践の手伝いもしてくれる。

　それらの結果，得られることは何であるだろうか。それは，教師の総合的な探究の時間の経験が増えることと，ゆとりをもって実践できることである。多くの学校は，普段の授業準備，学級経営，校務分掌に加えて，さらに総合的な探究の時間の実践に，相当な時間と人数と労力をかけている。だから，総合的な探究の時間に真剣に取り組もうとすると，教師の負担は明らかに増えてしまうのである。

　第1節第2項の活動では，筆者は事前の打ち合わせには参加したが，職員研修と生徒に対するアンケートの企画・実施は，すべてみらいずworksが行った。おかげで，細かな計画，資料づくり，運営に始まり，アンケートの集計・分析に多くの時間を費やす必要がなくなり，その分の教師の時間は，本来の業務である，授業研究や実践，学級経営に回すことができ，その恩恵は生徒が受け取ることになるのである。

（3）総合的な探究の時間の実践のためにあらためて考えること

　さて，何度も述べているが，多くの学校は総合的な探究の時間を教師だけで行っている。講演や研修などで外部に講師を依頼することはあっても，当校のように3年契約でコーディネートを依頼するところは少ないだろう。実際，経費もかかるし，1年でもその負担は大きい。そこで，考えることは，すべての学校でNPO法人等の外部機関と，しかも長期間に渡って連携する必要はないということである。公立の学校では教師の異動が行われるから，当校が実践した3年間を経験した教師はもちろんのこと，1年でも2年でも経験していれば，その経験を次の異動先で生かすことができる。連携によって得られた見識をもとに，理想的な総合的な探究の時間をつくっていく過程を学ぶことで，その学校で実践し，さらに異動先でも実践し，いずれは県内全域に広めていくことができるのである。

学習課題　① NPO法人等と学校が連携するために,「最初に行うべきことは何か」考えてみよう。

② 本章で取り上げた事例の他にも, NPO法人等が高校と協力して探究活動を行っている事例を調べてみよう。

③ 総合的な探究の時間の実践で, 外部機関が行えることと, 行ってはならないことは何か考えてみよう。

引用・参考文献

赤坂真二・西川純編『学び続ける教師になるためのガイドブック　学力向上・授業力向上編——上越教育大学流　教師力アップの極意』明治図書, 2014年。

石川一郎『2020年からの教師問題』KKベストセラーズ, 2017年。

小熊英二『社会を変えるには』講談社, 2012年。

高校教育研究会『月刊高校教育』8月号, 学事出版, 2019年。

田村学・廣瀬志保『「探究」を探究する——本気で取り組む高校の探究活動』学事出版, 2017年。

浜田博文『学校を変える新しい力——教師のエンパワーメントとスクールリーダーシップ』小学館, 2012年。

文部科学省『高等学校学習指導要領（平成30年告示）解説　総合的な探究の時間編』学校図書, 2019年。

<figure>

補章 4

</figure>

総合的な学習の時間と現代的課題

　本章では，総合的な学習の時間と現代的課題として，2023年現在いまだ猛威をふるう新型コロナウイルス感染症（COVID-19）と，持続可能な開発のための教育（ESD）などを取り上げ学習する。

　最初に，新型コロナウイルス感染症と持続可能な社会の創り手を育成する教育について，総合的な学習の時間を中心に検討する。次に，新型コロナウイルス感染症と学校教育，危機管理とカリキュラム・マネジメントを中心に検討する。最後に，新型コロナウイルス感染症を理由とする「偏見・差別」解消のための学習活動とそれを総合的な学習の時間で取り扱う根拠と理由，意義を理解しよう。

1　現代的課題としての新型コロナウイルス感染症

（1）持続可能な社会を揺るがす新型コロナウイルス感染症

　2019年12月，突如発生した新型コロナウイルス感染症は，またたく間に世界各国・諸地域に広がった。2023年1月31日現在，全世界の累積感染者数は7億5347万9439人，累積死亡者数は681万2798人となった（WHO「新型コロナウイルス感染症〔COVID-19〕WHO公式情報特設ページ」）。日本は2023年1月31日の段階で，陽性者数約3253万2905人，死亡者数6万8091人となり，甚大な被害をもたらしている（厚生労働省「データからわかる——新型コロナウイルス感染症情報」）。

　国内外において，新型コロナウイルス感染症に関わって，深刻な人権侵害や暴言・暴行，差別的な取り扱いが報告されている。また，「ワクチン格差」のように，地球上の豊かな国と貧しい国がこれまで以上に顕在化し，各国・各地

域で貧困，分断，人権侵害が多数報告されている。新型コロナウイルス感染症は，人間の生命・身体だけではなく，人の心の中にまで侵入し，人間の尊厳をも破壊している。2000年代だけでも，2002年のSARS，2009年の新型インフルエンザ，2012年のMARS，2019年の新型コロナウイルス感染症，その他，鳥インフルエンザやエボラ出血熱など，ウイルスによるパンデミックが頻発している。このことは，私たちの持続可能な社会の在り方の根幹を揺るがしている。これまで以上に人間同士の関係の在り方，人間と自然界との関係の在り方，人間とテクノロジーの関係の在り方を問い直す必要がある。新型コロナウイルス感染症は私たちに，何を持続させ，何を捨て，何を新たに創造すべきなのかを，私たちに厳しく問いかけている。

（2）新型コロナウイルス感染症に対応する教育

　持続可能な社会を脅かす存在に対応するためにも，あらためて持続可能な開発のための教育（以下，ESD）に注目したい。

　2016年12月に発表された中央教育審議会の答申「幼稚園，小学校，中学校，高等学校及び特別支援学校の学習指導要領等の改善及び必要な方策等について」（以下，2016年答申）には，「持続可能な開発のための教育（ESD）は，次期学習指導要領改訂の全体において基盤となる理念である」（文部科学省，2016：240）と記載がある。2017（平成29）年3月に公示された幼稚園教育要領，小・中学校学習指導要領および2018（平成30）年3月に公示された高等学校学習指導要領では，全体の内容に係る前文および総則において，「持続可能な社会の創り手」の育成が掲げられている。まさに，学習指導要領の基盤としてESDが位置付いているといえる。

　ESDが目指す方向性は，教科等を越えた教育課程全体の取り組みを通じて，児童生徒が，自然環境や地域の将来などを自らの課題として捉え，そうした課題の解決に向けて自分ができることを考え実践できるようにしていくことである。

　また，現代的な諸課題に対応して求められる資質・能力について，2016年答申は次のように示している（文部科学省，2016：40〜41）。

> 　世界とその中における我が国を広く相互的な視野で捉えながら，社会の中で自ら問題を発見し解決していくことができるようにしていくことも重要となる。国際的に共有されている持続可能な開発目標（SDGs）なども踏まえつつ，自然環境や資源の有限性，貧困，イノベーションなど，地域や地球規模の諸課題について，子供一人一人が自らの課題として考え，持続可能な社会づくりにつなげていく力を育んでいくことが求められる。

　現代的諸課題については，SDGsなどもふまえながら，地域や地球規模の諸課題について，子ども一人ひとりが自らの課題として考えること，つまり，自分事として考えることを重視している。そのうえで，持続可能な社会づくりにつなげる力の育成が求められている。そのための具体的な改善策として，次のように「総合的な学習の時間」に期待を寄せている（文部科学省，2016：240）。

> （持続可能な社会という視点）
> 　持続可能な開発のための教育（ESD）は，次期学習指導要領改訂の全体において基盤となる理念であると言えるが，そこで求められている資質・能力（国立教育政策研究所の整理によれば，「多様性」「相互性」「有限性」「公平性」「連携性」「責任性」といった概念の理解，「批判的に考える力」「未来像を予測して計画を立てる力」「多面的・総合的に考える力」などの力）は，総合的な学習の時間で探究的に学習する中で，より確かな力としていくことになると考えられる。
> 　持続可能な社会の担い手として必要とされる資質・能力を育成するには，どのようなテーマを学習課題とするかではなく，必要とされる資質・能力を育むことを意識した学習を展開することが重要である。各学校がESDの視点からの教科横断的な学習を一層充実していくに当たり，総合的な学習の時間が中心的な役割を果たしていくことが期待される。

　ここでは，次の3つについて述べている。

　1つ目は，ESDは次期学習指導要領の全体における基盤である。

　2つ目は，求められる資質・能力を次の2種類に分類して示している。

　「多様性」「相互性」「有限性」「公平性」「連携性」「責任性」といった概念の理解と，「批判的に考える力」「未来像を予測して計画を立てる力」「多面的・総合的に考える力」などの力である。

　3つ目は，持続可能な社会の担い手を育成するための資質・能力を育成するためには，テーマではなく，必要とされる資質・能力を意識した学習を展開する。

　以上のことをふまえ，あらためて，新型コロナウイルス感染症を総合的な学習の時間でどのように扱うかを考えてみたい。

　何よりも大切なのは，新型コロナウイルス感染症ありきではなく，児童生徒の資質・能力を育成するために，新型コロナウイルス感染症をテーマとすることである。つまり，単元計画を構想する際，新型コロナウイルス感染症と「多様性」「相互性」「有限性」「公平性」「連携性」「責任性」などの概念の理解と「批判的に考える力」「未来像を予測して計画を立てる力」「多面的・総合的に考える力」との関係から検討する必要がある。ESDが示す資質・能力と新型コロナウイルス感染症が人類にもたらした大きな問題を，資質・能力の育成に重きを置いて構想する必要がある。

（3）令和の日本型学校教育

　2021年1月26日，中央教育審議会の答申「『令和の日本型学校教育』の構築を目指して──全ての子供たちの可能性を引き出す，個別最適な学びと，協働的な学びの実現」（以下，2021年答申）が公表された。

　2021年答申では，概要の中で，急激に変化する時代の中で育むべき資質・能力を検討する際の時代認識として，社会の在り方が劇的に変わる「Society5.0時代」の到来と，新型コロナウイルスの感染拡大などにより先行き不透明な「予測困難な時代」の2つを示している。そのうえで，2017（平成29）年・2018（平成30）年告示の学習指導要領の着実な実施とICTの活用を推奨する。そうすることで，「一人一人の児童生徒が，自分のよさや可能性を認識するとともに，あらゆる他者を価値のある存在として尊重し，多様な人々と協働しながら様々な社会的変化を乗り越え，豊かな人生を切り拓き，持続可能な社会の創り手となる」（文部科学省，2021：3）ことができるようにすることが必要と述べている。

　また，義務教育の留意点として，次のことを強調している（文部科学省，

2021：39)。

> 　児童生徒が多様化し学校が様々な課題を抱える中にあっても，義務教育において決して誰一人取り残さない，ということを徹底する必要がある。このため，一人一人の能力，適性等に応じ，その意欲を高めやりたいことを深められる教育を実現するとともに，学校を安全・安心な居場所として保障し，様々な事情を抱える多様な児童生徒が，実態として学校教育の外に置かれてしまわないように取り組むことが必要である。また，多様性を尊重する態度や互いのよさを生かして協働する力，持続可能な社会づくりに向けた態度，リーダーシップやチームワーク，感性，優しさや思いやりなどの人間性等を育むことも重要である。

　2021年答申は，日本型学校教育の課題として，子どもたちの多様化や情報化への遅れ，教師の長時間労働等を挙げつつ，新型コロナウイルス感染症の感染防止策と学校教育活動の両立，今後起こりうる新たな感染症への備えとしての教室環境や指導体制等の整備も求めている。

　ここで，あらためて，令和の日本型学校教育と新型コロナウイルス感染症の関係を検討したい。令和の日本型学校教育は，日本の教育が新型コロナウイルス感染症のためダメージを受けたことに言及し，さらに新たな感染症の流行を想定している。そうした状況においても，学びを止めず，ピンチをチャンスに変えようと，様々な施策を打ち出し，GIGAスクール構想の実現や新学習指導要領の着実な実施など，必要な改革を躊躇なく進めることを教育現場に求めている。

　このようなことを考えると，総合的な学習の時間においては，新型コロナ感染症などの現代的課題や，将来直面するであろう未来の課題等を積極的に総合的な学習の時間のテーマとして，取り上げるべきであろう。

　次に，具体的な事例として，新型コロナウイルス感染症と学校教育，人権教育について検討する。

2　新型コロナウイルス感染症と学校教育

（1）新型コロナウイルス感染症と総合的な学習の時間

　2020 年 2 月，全国すべての小・中学校，高等学校，特別支援学校に，1 カ月間を臨時休校とすることが要請され，それ以来，各学校はこれまでに経験したことのない状況にも対応し続けている。感染拡大防止のため，3 密（密閉・密集・密接）を避けた授業はどのように行うか，給食の時間の配膳や食事はどのように行うのか，学校行事は実施するのか，実施するとしたらどのような方法で行うか等，様々な場面で判断をしながら教育活動を進めてきたのである。

　2020 年度は，小学校学習指導要領（2017〔平成 29〕年告示）の全面実施の年であった。各学校では，2019 年度には編成を終え，次年度に備えていた。それが，開始早々から，大幅な見直しを迫られることになった。中でも，体験的な学習を重視する総合的な学習の時間は，難しい対応を迫られてきた。総合的な学習の時間においては，社会との関わりを重視した探究や体験的な学習が重視されているからである。小・中学校学習指導要領「第 5 章　総合的な学習の時間」（中学校では第 4 章）の「第 3　指導計画の作成と内容の取扱い」には，次のような記述がある（括弧内は中学校）。

> 　2　第 2 の内容の取扱いについては，次の事項に配慮するものとする。
> （中略）
> (4)　自然体験や（職場体験活動，）ボランティア活動などの社会体験，ものづくり，生産活動などの体験活動，観察・実験，見学や調査，発表や討論などの学習活動を積極的に取り入れること。
> （中略）
> (7)　学校図書館の活用，他の学校との連携，公民館，図書館，博物館等の社会教育施設や社会教育関係団体等の各種団体との連携，地域の教材や学習環境の積極的な活用などの工夫を行うこと。

　社会体験や生産活動などの体験活動，見学や調査，各種団体との連携等においては人との接触が生まれやすい。「人と関わる学習活動は危険だからやめて

おこう」「子どもが共通課題を解決するために集まって相談するのは危険だからやめておこう」と学習活動をただ減らしていくのでは，児童生徒に確かな資質・能力を育むことは難しい。危機管理をふまえたカリキュラム・マネジメントが必要になる。

（2）危機管理とカリキュラム・マネジメント

　危機事例は多様であり，どのような学習活動を行う時にも起こりうるものである。だからこそ，事故を未然に防ぐための事前の入念な計画や指導，学習活動中の指導，学習活動後の指導が大切である。危機管理は，「人々の生命や心身等に危害をもたらす様々な危険や災害が防止され，万が一事故等が発生した場合，発生が差し迫った状況において，被害を最小限にするために適切かつ迅速に対処すること」（文部科学省，2019：12）と定義されており，学校教育全般に関わる。ここでは，総合的な学習の時間に関わる危機管理，特に新型コロナウイルス感染症に焦点をあてて考える。

① カリキュラムの柔軟な変更

　総合的な学習の時間のカリキュラムとして，学校の全体計画，年間指導計画，単元計画，本時案などがある。それぞれの計画を練る時に，児童生徒に目指す資質・能力を育むために，どのような対象を取り上げ，どのように学習活動を進めていこうかと考える。その際，新型コロナウイルス感染症の防止の視点から指導計画を見直すことが必要となった。これまでは，児童生徒が地域の高齢者との関わりをもちつつ，地域の高齢者が周囲の人と関わる機会をつくる活動を実施できていても，コロナ禍では，高齢者と直接関わることが難しい。高齢者施設への訪問も難しくなった。そのような状況をふまえて，その中でできる活動を考えていくのか，それとも対象やテーマを変えて新たに計画を作成するのか，判断が求められる。A小学校では，2020年5月中旬までのおよそ1カ月をかけて，学習材も変え，新しい年間指導計画を作った。たとえば，5年生の担任が当初考えていた計画には，人と関わる活動や食べる活動，学習対象となるフィールドに出かける活動が多く含まれていたため，リスクを減らすために，オンラインで実施できる活動に変更したということである。[1]

　このように，カリキュラムを考えるところから危機管理は始まっている。また，作成した計画に沿って学習活動を進めていても状況は変化していく。計画通りにできないからこの活動はできないと決める前に，まずは，他にできる方法がないか考えることが大切である。外部講師に直接会えないのであれば，ビデオ会議ツールなどを活用してやり取りをすることができるだろうし，教師が出向いてビデオに撮ってくることも考えられる。集団で調理したり，食べたりする活動ができないのであれば，各自が家庭で挑戦して結果を持ち寄るなど，できる方法を模索することが大切である。

② 　児童生徒とともにカリキュラムを創る

　コロナ禍においても，どのような活動ならば実施できるのかを考える必要がある。しかし，それを教師だけで考えるのはもったいない。児童生徒と共に考えていくことが，子ども主体のカリキュラムの創造につながる。高齢者施設への訪問は難しい，ではどのような活動ならできるだろうか。学んだことを地域の人に伝えるための発表会は難しい，ではどんな方法ならできるだろうか。このようなことを子どもと一緒に考えるのである。子どもが思いつかないことに関しては，教師の方から「これについてはどうかな？」「こんな危険があるかもしれないね」というように考えを引き出しながら確認していくことで，児童生徒の問題意識や危機意識を高めることもできる。

（3）教員に求められる危機意識

　児童生徒の安全の確保が保障されることが不可欠な学校において，教員には，安全で安心な学校環境の整備や，安全を確保するための組織的な取り組みが求められる。そこで各学校は，学校の立地する環境や学校規模，児童生徒の年齢や通学の状況をふまえて危機管理マニュアルを作成している。[2]それゆえ，カリキュラムを作成する際には，まず，自校にはどのような危機管理マニュアルが

---

(1)　A小学校の教頭からの聞き取りによれば，当初，中山間地の過疎化問題を扱い，地域住民と共に特産物を用いた調理・飲食を考えていたが，ICT社会をテーマとする活動に変更した。
(2)　学校安全保健法第29条に，「危険等発生時対処要領」（危機管理マニュアル）を作成することが義務付けられている。

あるかを確認することが必要である。また，文部科学省や厚生労働省からは，緊急事態宣言等に関わってその都度，通知やガイドラインが出される。各学校[3]においては，それらをふまえて自校のガイドラインの見直しを行っている。まずは，このような法令に基づいて各学校で作成した文書について理解しておくことが必要である。そのうえで，学習場面で起こりうる危機を想定した計画を立案し，実際の教育活動場面において適切な指導を行っていくことが必要になる。危機意識をもった対応が基盤としてあってこそ，総合的な学習の時間における児童生徒の確かな学びを実現することができる。

3　新型コロナウイルス感染症による偏見・差別への対応

2021年3月，国の指針である「人権教育の指導方法等の在り方について[第三次とりまとめ]」（2008年）を補足する文書「人権教育を取り巻く諸情勢について［第三次とりまとめ］補足資料」（補足資料）が，文部科学省から教育委員会等に通知された。[4]

「補足資料」には，「国内の個別的な人権課題」として13の課題が挙げられ，そこに「⑩新型コロナウイルス感染症による偏見・差別への対応」が加えられている。学校における人権教育上の重要課題として，COVID-19への感染に関わる「偏見・差別」を抑止し解消する取り組みが，位置付けられたのである。

項目⑩の内容は2022年更新版の補足資料でも踏襲され，「学校においても，いじめや偏見・差別等を防ぐ取組が必要である」のような，新型コロナウイルス感染症拡大に伴う「偏見・差別」解消を目的とする教育の必要性を指摘し，「過去に生じた他の感染症による不当な偏見・差別と同様の過ちを繰り返さないようにしなければならない」と結ばれている（文部科学省，2021a：19／2021b：20）。

---

(3) 文部科学省初等中等教育局健康教育・食育課「新型インフルエンザ等対策特別措置法に基づく緊急事態宣言等を踏まえた小学校，中学校及び高等学校等における新型コロナウイルス感染症への対応に関する留意事項について」（2021年6月18日）など。
(4) 本書第14章を参照。なお，補足資料は年度ごとに更新版が発表される予定である。適宜確認されたい。

表補4-1　衆議院による新型インフルエンザ等対策特別措置法の際の附帯決議　第12項目
（2021年2月）

> 12　国及び地方公共団体は，かつてハンセン病や後天性免疫不全症候群等の患者等に対するいわれなき差別や偏見が存在したことを重く受け止め，国民は何人に対しても不当な差別的取扱い等を行ってはならないことを明確にし，悪質な差別的取扱い等を行った者には法的責任が問われ得ること等も含めて周知するとともに，（中略）過去に生じた他の感染症による不当な偏見・差別と同様の過ちを繰り返さないようにしなければならない。

注：なお参議院附帯決議では「周知を徹底する」と記載されている。
出所：衆議院（2021）。

　補足資料には，「新型インフルエンザ等対策特別措置法」（最終改正：令和3年法律第5号）および同附帯決議（衆議院・参議院）が資料として納められているが，このうち，表補4-1は，「衆議院による法改正の際の附帯決議」（2021年2月）第12項目である。

　「かつてハンセン病や（中略）重く受け止め」の箇所は，同様の趣旨が，「感染症の予防及び感染症の患者に対する医療に関する法律」（以下，感染症法）やハンセン病問題に対する施策の中で，繰り返し言明されてきた。

　感染症法前文には，後に違憲判決（熊本地裁2001年5月11日判決）を受けることになる「らい予防法」（1996年廃止）等を念頭に，「我が国においては，過去にハンセン病，後天性免疫不全症候群等の感染症の患者等に対するいわれのない差別や偏見が存在した」ことや，特にこの事実を「重く受け止め」，「これを教訓として今後に生かすことが必要である」とし，「感染症の患者等の人権を尊重」することが述べられている。

　表補4-2は，感染症であるハンセン病をめぐる「偏見・差別」関連経緯と，2020年の2月以来，国として「偏見・差別」の抑止を要請して発出されてきた主要文書等とを，重ねて示したものである。

　日本における新型コロナウイルスの感染拡大前年に出された，ハンセン病家族訴訟熊本地裁判決（2019年）は，「学校教育において，すべての児童生徒」に対し，「偏見差別の是正を含む人権啓発教育」の「適切な措置」がなされなかった点につき，文部省（当時）および文部科学省の「違法性が認められる」と判断した。政府は，判決を受けて，「人権教育などの普及啓発活動の強化に取り組みます」と言明し（首相談話），学校・教師に対しては，文科省通知を

表補4-2　感染症を理由とする偏見・差別解消に関する近年の施策等

ハンセン病をめぐる近年の経緯	
1996年4月	らい予防法の廃止に関する法律制定
1998年10月	感染症の予防及び感染症の患者に対する医療に関する法律（感染症法）
2001年5月	ハンセン病訴訟熊本地裁判決
2002年3月	人権教育・啓発に関する基本計画（個別的な人権課題に記載）策定
2019年6月	ハンセン病家族訴訟熊本地裁判決
7月	内閣総理大臣談話（閣議決定）
8月	文部科学省通知「ハンセン病に関する教育の実施について（通知）」（令和元初児生第13号）
COVID-19をめぐる「偏見・差別」抑止施策	
2020年2月	文部科学大臣によるメッセージ「保護者，学校の教職員の皆さんへ」
3月	「新型コロナウイルス感染症対策本部決定「新型コロナウイルス感染症対策の基本的対処方針」（その後数度にわたり改正）
8月	文部科学大臣によるメッセージ「教職員をはじめ学校関係者の皆様へ」
10月	文部科学省／日本学校保健会「新型コロナウイルス　差別・偏見をなくそうプロジェクト」発足
11月	新型コロナウイルス感染症対策分科会「偏見・差別とプライバシーに関するワーキンググループ」提言
2021年3月	「新型インフルエンザ等対策特別措置法」改正（「偏見・差別の防止につき国や地方公共団体の責務規定新設。衆参附帯決議は2月）
	文部科学省「人権教育を取り巻く諸情勢について［第三次とりまとめ］補足資料」公表
2022年3月	文部科学省「人権教育を取り巻く諸情勢について［第三次とりまとめ］補足資料」（更新版）公表

出所：筆者作成。

　もって，「ハンセン病に対する偏見や差別の解消のための適切な教育」への協力を要請した。

　2020年以降の新型コロナウイルスの感染拡大を理由とする偏見・差別への対応は，ハンセン病問題に対する，偏見・差別の抑止・解消のための施策と重なる形で，今日の我が国の課題となっている。政府，自治体，学校，教員が，総力を挙げて取り組んでいることの背景として，このことを指摘しておきたい。

表補4-3 新型コロナウイルスの感染拡大を理由とする偏見・差別への自治体の対応（抜粋）

千葉県教育委員会ほか	「『誰か』のことじゃない。」 「認めあい，力をあわせて，より良い社会へ」（2021.3.11）
新潟県教育委員会	「児童生徒の皆さんへ」（2020.4.9）
岐阜県人権教育協議会	「『人権教育啓発資料「ひびきあい」19』：新型コロナウイルス感染症の感染者等に対する偏見や差別，いじめの防止」（2020.7）
三重県教育委員会	「人権学習指導資料：なくそう！新型コロナウイルス感染症に係る偏見，いじめ・差別」 「新型コロナウイルスに負けない！〜差別や偏見をなくすために〜」（動画）（2020.10.7）
滋賀県教育委員会	「想像力を働かせ，気づき，考え，学び合い・自らの生き方につなぐ人権学習指導資料」（2021.3.9）
大阪府教育庁	「新型コロナウイルス感染症に伴う差別等について考える教材及び学習指導案」（2020.7.28）
奈良県教育委員会	「新型コロナウイルスと向き合い，乗り越えるために」（ワークシート・指導資料）「新型コロナウイルスに関する偏見や差別に立ち向かう」（動画）
徳島県教育委員会	「じんけんミニスタディ3」（動画）
長崎県教育委員会	「新型コロナウイルスのはなし」（学習指導案と資料）

出所：各教育委員会のホームページをもとに筆者作成。

4 自治体，教育委員会の実践的取り組み

前節で述べた課題⑩の解説部分を結ぶ言葉，「学校においても，いじめや偏見・差別等を防ぐ取組が必要である」について考えてみよう。実際に，新型コロナウイルスの感染拡大を理由とする偏見・差別への対応においては，自治体や教育委員会から，人権教育の施策や資料が数多く提供されてきた。表補4-3は，公的機関に公開されている学習資料等の一部・抜粋である。

国，自治体，学校，教師は，偏見・差別の解消に向けて，総力を挙げて，教育実践に取り組んできた。

このような偏見・差別を解消し抑止するための学習は，「切実に意識される」「正解や答えが1つに定まっているものではない」課題の学習であり，「教科の枠組みを超えて，児童生徒が，互いに助け合い，高め合い，深めていく」学習

過程が不可欠である。まさに総合的な学習の時間における「現代社会の諸課題」といえるだろう。

学習課題　① 新型コロナウイルス感染症とESDの関係について探究し，児童生徒に何をどのように問題提起したらよいかを考えよう。
　　　　　② 総合的な学習の時間の年間指導計画を作成する際に考えられる危機管理の視点（各種感染症，食物アレルギー，怪我，交通事故，等）を挙げてみよう。
　　　　　③ 表補4-3を見て，総合的な学習の時間でどのように活用したらよいか，学習指導案を作成してみよう。

引用・参考文献

厚生労働省「データからわかる——新型コロナウイルス感染症情報」。https://covid19.mhlw.go.jp/（2023年2月1日最終閲覧）

衆議院「新型インフルエンザ等対策特別措置法等の一部を改正する法律案に対する附帯決議」（第204回国会閣法第6号附帯決議），2021年。https://www.shugiin.go.jp/internet/itdb_rchome.nsf/html/rchome/Futai/naikakuCC9F516DF7274F944925867 0000 AB0BB.htm（2023年2月1日最終閲覧）

WHO健康開発総合研究センター「新型コロナウイルス感染症（COVID-19）WHO公式情報特設ページ」。https://extranet.who.int/kobe_centre/ja/covid（2023年2月1日最終閲覧）

文部科学省「幼稚園，小学校，中学校，高等学校及び特別支援学校の学習指導要領等の改善及び必要な方策等について（答申）」2016年。

文部科学省『「生きる力」をはぐくむ学校での安全教育』東京書籍，2019年。

文部科学省「人権教育の指導方法等の在り方について［第三次とりまとめ］補足資料」2021年a。https://www.mext.go.jp/b_menu/shingi/chousa/shotou/128/report.htm（2023年2月1日最終閲覧）

文部科学省「『令和の日本型学校教育』の構築を目指して——全ての子供たちの可能性を引き出す，個別最適な学びと，協働的な学びの実現（答申）」2021年b（令和3年4月22日更新）。

付　録

小学校学習指導要領（平成29年告示）（抜粋）

（平成29年3月告示）

第1章　総則

第1　小学校教育の基本と教育課程の役割

1　各学校においては，教育基本法及び学校教育法その他の法令並びにこの章以下に示すところに従い，児童の人間として調和のとれた育成を目指し，児童の心身の発達の段階や特性及び学校や地域の実態を十分考慮して，適切な教育課程を編成するものとし，これらに掲げる目標を達成するよう教育を行うものとする。

2　学校の教育活動を進めるに当たっては，各学校において，第3の1に示す主体的・対話的で深い学びの実現に向けた授業改善を通して，創意工夫を生かした特色ある教育活動を展開する中で，次の(1)から(3)までに掲げる事項の実現を図り，児童に生きる力を育むことを目指すものとする。

(1)　基礎的・基本的な知識及び技能を確実に習得させ，これらを活用して課題を解決するために必要な思考力，判断力，表現力等を育むとともに，主体的に学習に取り組む態度を養い，個性を生かし多様な人々との協働を促す教育の充実に努めること。その際，児童の発達の段階を考慮して，児童の言語活動など，学習の基盤をつくる活動を充実するとともに，家庭との連携を図りながら，児童の学習習慣が確立するよう配慮すること。

(2)　道徳教育や体験活動，多様な表現や鑑賞の活動等を通して，豊かな心や創造性の涵（かん）養を目指した教育の充実に努めること。

学校における道徳教育は，特別の教科である道徳（以下「道徳科」という。）を要として学校の教育活動全体を通じて行うものであり，道徳科はもとより，各教科，外国語活動，総合的な学習の時間及び特別活動のそれぞれの特質に応じて，児童の発達の段階を考慮して，適切な指導を行うこと。

道徳教育は，教育基本法及び学校教育法に定められた教育の根本精神に基づき，自己の生き方を考え，主体的な判断の下に行動し，自立した人間として他者と共によりよく生きるための基盤となる道徳性を養うことを目標とすること。

道徳教育を進めるに当たっては，人間尊重の精神と生命に対する畏敬の念を家庭，学校，その他社会における具体的な生活の中に生かし，豊かな心をもち，伝統と文化を尊重し，それらを育んできた我が国と郷土を愛し，個性豊かな文化の創造を図るとともに，平和で民主的な国家及び社会の形成者として，公共の精神を尊び，社会及び国家の発展に努め，他国を尊重し，国際社会の平和と発展や環境の保全に貢献し未来を拓（ひら）く主体性のある日本人の育成に資することとなるよう特に留意すること。

(3)　学校における体育・健康に関する指導を，児童の発達の段階を考慮して，学校の教育活動全体を通じて適切に行うことにより，健康で安全な生活と豊かなスポーツライフの実現を目指した教育の充実に努めること。特に，学校における食育の推進並びに体力の向上に関する指導，安全に関する指導及び心身の健康の保持増進に関する指導については，体育科，家庭科及び特別活動の時間はもとより，各教科，道徳科，外国語活動及び総合的な学習の時間などにおいてもそれぞれの特質に応じて適切に行うよう努めること。また，それらの指導を通して，家庭や地域社会との連携を図りながら，日常生活において適切な体育・健康に関する活動の実践を促し，生涯を通じて健康・安全で活力ある生活を送るための基礎が培われるよう配慮すること。

3　2の(1)から(3)までに掲げる事項の実現を図り，豊かな創造性を備え持続可能な社会の創り手となることが期待される児童に，生きる力を育むことを目指すに当たっては，学校教育全体並びに各教科，道徳科，外国語活動，総合的な学習の時間及び特別活動（以下「各教科等」という。ただし，第2の3の(2)のア及びウにおいて，特別活動については学級活動（学校給食に係るものを除く。）に限る。）の指導を通してどのような資質・能力の育成を目指すのかを明確

にしながら，教育活動の充実を図るものとする。その際，児童の発達の段階や特性等を踏まえつつ，次に掲げることが偏りなく実現できるようにするものとする。

(1) 知識及び技能が習得されるようにすること。

(2) 思考力，判断力，表現力等を育成すること。

(3) 学びに向かう力，人間性等を涵養すること。

4 各学校においては，児童や学校，地域の実態を適切に把握し，教育の目的や目標の実現に必要な教育の内容等を教科等横断的な視点で組み立てていくこと，教育課程の実施状況を評価してその改善を図っていくこと，教育課程の実施に必要な人的又は物的な体制を確保するとともにその改善を図っていくことなどを通して，教育課程に基づき組織的かつ計画的に各学校の教育活動の質の向上を図っていくこと（以下「カリキュラム・マネジメント」という。）に努めるものとする。

第2 教育課程の編成

1 各学校の教育目標と教育課程の編成

　教育課程の編成に当たっては，学校教育全体や各教科等における指導を通して育成を目指す資質・能力を踏まえつつ，各学校の教育目標を明確にするとともに，教育課程の編成についての基本的な方針が家庭や地域とも共有されるよう努めるものとする。その際，第5章総合的な学習の時間の第2の1に基づき定められる目標との関連を図るものとする。

2 教科等横断的な視点に立った資質・能力の育成

(1) 各学校においては，児童の発達の段階を考慮し，言語能力，情報活用能力（情報モラルを含む。），問題発見・解決能力等の学習の基盤となる資質・能力を育成していくことができるよう，各教科等の特質を生かし，教科等横断的な視点から教育課程の編成を図るものとする。

(2) 各学校においては，児童や学校，地域の実態及び児童の発達の段階を考慮し，豊かな人生の実現や災害等を乗り越えて次代の社会を形成することに向けた現代的な諸課題に対応して求められる資質・能力を，教科等横断的な視点で育成していくことができるよう，各

学校の特色を生かした教育課程の編成を図るものとする。

3 教育課程の編成における共通的事項

(1) 内容等の取扱い

ア 第2章以下に示す各教科，道徳科，外国語活動及び特別活動の内容に関する事項は，特に示す場合を除き，いずれの学校においても取り扱わなければならない。

イ 学校において特に必要がある場合には，第2章以下に示していない内容を加えて指導することができる。また，第2章以下に示す内容の取扱いのうち内容の範囲や程度等を示す事項は，全ての児童に対して指導するものとする内容の範囲や程度等を示したものであり，学校において特に必要がある場合には，この事項にかかわらず加えて指導することができる。ただし，これらの場合には，第2章以下に示す各教科，道徳科，外国語活動及び特別活動の目標や内容の趣旨を逸脱したり，児童の負担過重となったりすることのないようにしなければならない。

ウ 第2章以下に示す各教科，道徳科，外国語活動及び特別活動の内容に掲げる事項の順序は，特に示す場合を除き，指導の順序を示すものではないので，学校においては，その取扱いについて適切な工夫を加えるものとする。

エ 学年の内容を2学年まとめて示した教科及び外国語活動の内容は，2学年間かけて指導する事項を示したものである。各学校においては，これらの事項を児童や学校，地域の実態に応じ，2学年間を見通して計画的に指導することとし，特に示す場合を除き，いずれかの学年に分けて，又はいずれの学年においても指導するものとする。

オ 学校において2以上の学年の児童で編制する学級について特に必要がある場合には，各教科及び道徳科の目標の達成に支障のない範囲内で，各教科及び道徳科の目標及び内容について学年別の順序によらないことができる。

カ 道徳科を要として学校の教育活動全体を通じて行う道徳教育の内容は，第3章特別の教科道徳の第2に示す内容とし，その実施に当たっては，第6に示す道徳教育に関する配慮

事項を踏まえるものとする。

(2)　授業時数等の取扱い

ア　各教科等の授業は，年間35週（第１学年については34週）以上にわたって行うよう計画し，週当たりの授業時数が児童の負担過重にならないようにするものとする。ただし，各教科等や学習活動の特質に応じ効果的な場合には，夏季，冬季，学年末等の休業日の期間に授業日を設定する場合を含め，これらの授業を特定の期間に行うことができる。

イ　特別活動の授業のうち，児童会活動，クラブ活動及び学校行事については，それらの内容に応じ，年間，学期ごと，月ごとなどに適切な授業時数を充てるものとする。

ウ　各学校の時間割については，次の事項を踏まえ適切に編成するものとする。

　(ア)　各教科等のそれぞれの授業の１単位時間は，各学校において，各教科等の年間授業時数を確保しつつ，児童の発達の段階及び各教科等や学習活動の特質を考慮して適切に定めること。

　(イ)　各教科等の特質に応じ，10分から15分程度の短い時間を活用して特定の教科等の指導を行う場合において，教師が，単元や題材など内容や時間のまとまりを見通した中で，その指導内容の決定や指導の成果の把握と活用等を責任をもって行う体制が整備されているときは，その時間を当該教科等の年間授業時数に含めることができること。

　(ウ)　給食，休憩などの時間については，各学校において工夫を加え，適切に定めること。

　(エ)　各学校において，児童や学校，地域の実態，各教科等や学習活動の特質等に応じて，創意工夫を生かした時間割を弾力的に編成できること。

エ　総合的な学習の時間における学習活動により，特別活動の学校行事に掲げる各行事の実施と同様の成果が期待できる場合においては，総合的な学習の時間における学習活動をもって相当する特別活動の学校行事に掲げる各行事の実施に替えることができる。

(3)　指導計画の作成等に当たっての配慮事項

　各学校においては，次の事項に配慮しながら，学校の創意工夫を生かし，全体として，調和のとれた具体的な指導計画を作成するものとする。

ア　各教科等の指導内容については，(1)のアを踏まえつつ，単元や題材など内容や時間のまとまりを見通しながら，そのまとめ方や重点の置き方に適切な工夫を加え，第３の１に示す主体的・対話的で深い学びの実現に向けた授業改善を通して資質・能力を育む効果的な指導ができるようにすること。

イ　各教科等及び各学年相互間の関連を図り，系統的，発展的な指導ができるようにすること。

ウ　学年の内容を２学年まとめて示した教科及び外国語活動については，当該学年間を見通して，児童や学校，地域の実態に応じ，児童の発達の段階を考慮しつつ，効果的，段階的に指導するようにすること。

エ　児童の実態等を考慮し，指導の効果を高めるため，児童の発達の段階や指導内容の関連性等を踏まえつつ，合科的・関連的な指導を進めること。

4　学校段階等間の接続

　教育課程の編成に当たっては，次の事項に配慮しながら，学校段階等間の接続を図るものとする。

(1)　幼児期の終わりまでに育ってほしい姿を踏まえた指導を工夫することにより，幼稚園教育要領等に基づく幼児期の教育を通して育まれた資質・能力を踏まえて教育活動を実施し，児童が主体的に自己を発揮しながら学びに向かうことが可能となるようにすること。

　　また，低学年における教育全体において，例えば生活科において育成する自立し生活を豊かにしていくための資質・能力が，他教科等の学習においても生かされるようにするなど，教科等間の関連を積極的に図り，幼児期の教育及び中学年以降の教育との円滑な接続が図られるよう工夫すること。特に，小学校入学当初においては，幼児期において自発的な活動としての遊びを通して育まれてきたことが，各教科等における学習に円滑に接続されるよう，生活科を中心に，合科的・関連的な指導や弾力的な時間割の設定など，指導の

工夫や指導計画の作成を行うこと。
(2) 中学校学習指導要領及び高等学校学習指導要領を踏まえ，中学校教育及びその後の教育との円滑な接続が図られるよう工夫すること。特に，義務教育学校，中学校連携型小学校及び中学校併設型小学校においては，義務教育9年間を見通した計画的かつ継続的な教育課程を編成すること。

第3　教育課程の実施と学習評価

1　主体的・対話的で深い学びの実現に向けた授業改善

各教科等の指導に当たっては，次の事項に配慮するものとする。

(1) 第1の3の(1)から(3)までに示すことが偏りなく実現されるよう，単元や題材など内容や時間のまとまりを見通しながら，児童の主体的・対話的で深い学びの実現に向けた授業改善を行うこと。

特に，各教科等において身に付けた知識及び技能を活用したり，思考力，判断力，表現力等や学びに向かう力，人間性等を発揮させたりして，学習の対象となる物事を捉え思考することにより，各教科等の特質に応じた物事を捉える視点や考え方（以下「見方・考え方」という。）が鍛えられていくことに留意し，児童が各教科等の特質に応じた見方・考え方を働かせながら，知識を相互に関連付けてより深く理解したり，情報を精査して考えを形成したり，問題を見いだして解決策を考えたり，思いや考えを基に創造したりすることに向かう過程を重視した学習の充実を図ること。

(2) 第2の2の(1)に示す言語能力の育成を図るため，各学校において必要な言語環境を整えるとともに，国語科を要としつつ各教科等の特質に応じて，児童の言語活動を充実すること。あわせて，(7)に示すとおり読書活動を充実すること。

(3) 第2の2の(1)に示す情報活用能力の育成を図るため，各学校において，コンピュータや情報通信ネットワークなどの情報手段を活用するために必要な環境を整え，これらを適切に活用した学習活動の充実を図ること。また，

各種の統計資料や新聞，視聴覚教材や教育機器などの教材・教具の適切な活用を図ること。

あわせて，各教科等の特質に応じて，次の学習活動を計画的に実施すること。

ア　児童がコンピュータで文字を入力するなどの学習の基盤として必要となる情報手段の基本的な操作を習得するための学習活動

イ　児童がプログラミングを体験しながら，コンピュータに意図した処理を行わせるために必要な論理的思考力を身に付けるための学習活動

(4) 児童が学習の見通しを立てたり学習したことを振り返ったりする活動を，計画的に取り入れるように工夫すること。

(5) 児童が生命の有限性や自然の大切さ，主体的に挑戦してみることや多様な他者と協働することの重要性などを実感しながら理解することができるよう，各教科等の特質に応じた体験活動を重視し，家庭や地域社会と連携しつつ体系的・継続的に実施できるよう工夫すること。

(6) 児童が自ら学習課題や学習活動を選択する機会を設けるなど，児童の興味・関心を生かした自主的，自発的な学習が促されるよう工夫すること。

(7) 学校図書館を計画的に利用しその機能の活用を図り，児童の主体的・対話的で深い学びの実現に向けた授業改善に生かすとともに，児童の自主的，自発的な学習活動や読書活動を充実すること。また，地域の図書館や博物館，美術館，劇場，音楽堂等の施設の活用を積極的に図り，資料を活用した情報の収集や鑑賞等の学習活動を充実すること。

2　学習評価の充実

学習評価の実施に当たっては，次の事項に配慮するものとする。

(1) 児童のよい点や進歩の状況などを積極的に評価し，学習したことの意義や価値を実感できるようにすること。また，各教科等の目標の実現に向けた学習状況を把握する観点から，単元や題材など内容や時間のまとまりを見通しながら評価の場面や方法を工夫して，学習の過程や成果を評価し，指導の改善や学習意

欲の向上を図り，資質・能力の育成に生かす
ようにすること。
(2)　創意工夫の中で学習評価の妥当性や信頼性
が高められるよう，組織的かつ計画的な取組
を推進するとともに，学年や学校段階を越え
て児童の学習の成果が円滑に接続されるよう
に工夫すること。

第5章　総合的な学習の時間

第1　目　標

探究的な見方・考え方を働かせ，横断的・総
合的な学習を行うことを通して，よりよく課題
を解決し，自己の生き方を考えていくための資
質・能力を次のとおり育成することを目指す。
(1)　探究的な学習の過程において，課題の解決
に必要な知識及び技能を身に付け，課題に関
わる概念を形成し，探究的な学習のよさを理
解するようにする。
(2)　実社会や実生活の中から問いを見いだし，
自分で課題を立て，情報を集め，整理・分析
して，まとめ・表現することができるように
する。
(3)　探究的な学習に主体的・協働的に取り組む
とともに，互いのよさを生かしながら，積極
的に社会に参画しようとする態度を養う。

第2　各学校において定める目標及び内容

1　目　標
各学校においては，第1の目標を踏まえ，各
学校の総合的な学習の時間の目標を定める。
2　内　容
各学校においては，第1の目標を踏まえ，各
学校の総合的な学習の時間の内容を定める。
3　各学校において定める目標及び内容の取扱
い
各学校において定める目標及び内容の設定に
当たっては，次の事項に配慮するものとする。
(1)　各学校において定める目標については，各
学校における教育目標を踏まえ，総合的な学
習の時間を通して育成を目指す資質・能力を
示すこと。
(2)　各学校において定める目標及び内容につい
ては，他教科等の目標及び内容との違いに留
意しつつ，他教科等で育成を目指す資質・能

力との関連を重視すること。
(3)　各学校において定める目標及び内容につい
ては，日常生活や社会との関わりを重視する
こと。
(4)　各学校において定める内容については，目
標を実現するにふさわしい探究課題，探究課
題の解決を通して育成を目指す具体的な資
質・能力を示すこと。
(5)　目標を実現するにふさわしい探究課題につ
いては，学校の実態に応じて，例えば，国際
理解，情報，環境，福祉・健康などの現代的
な諸課題に対応する横断的・総合的な課題，
地域の人々の暮らし，伝統と文化など地域や
学校の特色に応じた課題，児童の興味・関心
に基づく課題などを踏まえて設定すること。
(6)　探究課題の解決を通して育成を目指す具体
的な資質・能力については，次の事項に配慮
すること。
ア　知識及び技能については，他教科等及び総
合的な学習の時間で習得する知識及び技能が
相互に関連付けられ，社会の中で生きて働く
ものとして形成されるようにすること。
イ　思考力，判断力，表現力等については，課
題の設定，情報の収集，整理・分析，まと
め・表現などの探究的な学習の過程において
発揮され，未知の状況において活用できるも
のとして身に付けられるようにすること。
ウ　学びに向かう力，人間性等については，自
分自身に関すること及び他者や社会との関わ
りに関することの両方の視点を踏まえること。
(7)　目標を実現するにふさわしい探究課題及び
探究課題の解決を通して育成を目指す具体的
な資質・能力については，教科等を越えた全
ての学習の基盤となる資質・能力が育まれ，
活用されるものとなるよう配慮すること。

第3　指導計画の作成と内容の取扱い

1　指導計画の作成に当たっては，次の事項に
配慮するものとする。
(1)　年間や，単元など内容や時間のまとまりを
見通して，その中で育む資質・能力の育成に
向けて，児童の主体的・対話的で深い学びの
実現を図るようにすること。その際，児童や
学校，地域の実態等に応じて，児童が探究的

な見方・考え方を働かせ，教科等の枠を超え
た横断的・総合的な学習や児童の興味・関心
等に基づく学習を行うなど創意工夫を生かし
た教育活動の充実を図ること。
(2) 全体計画及び年間指導計画の作成に当たっ
ては，学校における全教育活動との関連の下
に，目標及び内容，学習活動，指導方法や指
導体制，学習の評価の計画などを示すこと。
(3) 他教科等及び総合的な学習の時間で身に付
けた資質・能力を相互に関連付け，学習や生
活において生かし，それらが総合的に働くよ
うにすること。その際，言語能力，情報活用
能力など全ての学習の基盤となる資質・能力
を重視すること。
(4) 他教科等の目標及び内容との違いに留意し
つつ，第1の目標並びに第2の各学校におい
て定める目標及び内容を踏まえた適切な学習
活動を行うこと。
(5) 各学校における総合的な学習の時間の名称
については，各学校において適切に定めるこ
と。
(6) 障害のある児童などについては，学習活動
を行う場合に生じる困難さに応じた指導内容
や指導方法の工夫を計画的，組織的に行うこ
と。
(7) 第1章総則の第1の2の(2)に示す道徳教育
の目標に基づき，道徳科などとの関連を考慮
しながら，第3章特別の教科道徳の第2に示
す内容について，総合的な学習の時間の特質
に応じて適切な指導をすること。
2　第2の内容の取扱いについては，次の事項
に配慮するものとする。
(1) 第2の各学校において定める目標及び内容
に基づき，児童の学習状況に応じて教師が適
切な指導を行うこと。
(2) 探究的な学習の過程においては，他者と協
働して課題を解決しようとする学習活動や，
言語により分析し，まとめたり表現したりす
るなどの学習活動が行われるようにすること。
その際，例えば，比較する，分類する，関連
付けるなどの考えるための技法が活用される
ようにすること。
(3) 探究的な学習の過程においては，コン

ピュータや情報通信ネットワークなどを適切
かつ効果的に活用して，情報を収集・整理・
発信するなどの学習活動が行われるよう工夫
すること。その際，コンピュータで文字を入
力するなどの学習の基盤として必要となる情
報手段の基本的な操作を習得し，情報や情報
手段を主体的に選択し活用できるよう配慮す
ること。
(4) 自然体験やボランティア活動などの社会体
験，ものづくり，生産活動などの体験活動，
観察・実験，見学や調査，発表や討論などの
学習活動を積極的に取り入れること。
(5) 体験活動については，第1の目標並びに第
2の各学校において定める目標及び内容を踏
まえ，探究的な学習の過程に適切に位置付け
ること。
(6) グループ学習や異年齢集団による学習など
の多様な学習形態，地域の人々の協力も得つ
つ，全教師が一体となって指導に当たるなど
の指導体制について工夫を行うこと。
(7) 学校図書館の活用，他の学校との連携，公
民館，図書館，博物館等の社会教育施設や社
会教育関係団体等の各種団体との連携，地域
の教材や学習環境の積極的な活用などの工夫
を行うこと。
(8) 国際理解に関する学習を行う際には，探究
的な学習に取り組むことを通して，諸外国の
生活や文化などを体験したり調査したりする
などの学習活動が行われるようにすること。
(9) 情報に関する学習を行う際には，探究的な
学習に取り組むことを通して，情報を収集・
整理・発信したり，情報が日常生活や社会に
与える影響を考えたりするなどの学習活動が
行われるようにすること。第1章総則の第3
の1の(3)のイに掲げるプログラミングを体験
しながら論理的思考力を身に付けるための学
習活動を行う場合には，プログラミングを体
験することが，探究的な学習の過程に適切に
位置付くようにすること。

中学校学習指導要領（平成29年告示）（抜粋）

（平成29年3月告示）

第1章　総則

第1　中学校教育の基本と教育課程の役割

1　各学校においては，教育基本法及び学校教育法その他の法令並びにこの章以下に示すところに従い，生徒の人間として調和のとれた育成を目指し，生徒の心身の発達の段階や特性及び学校や地域の実態を十分考慮して，適切な教育課程を編成するものとし，これらに掲げる目標を達成するよう教育を行うものとする。

2　学校の教育活動を進めるに当たっては，各学校において，第3の1に示す主体的・対話的で深い学びの実現に向けた授業改善を通して，創意工夫を生かした特色ある教育活動を展開する中で，次の(1)から(3)までに掲げる事項の実現を図り，生徒に生きる力を育むことを目指すものとする。

(1)　基礎的・基本的な知識及び技能を確実に習得させ，これらを活用して課題を解決するために必要な思考力，判断力，表現力等を育むとともに，主体的に学習に取り組む態度を養い，個性を生かし多様な人々との協働を促す教育の充実に努めること。その際，生徒の発達の段階を考慮して，生徒の言語活動など，学習の基盤をつくる活動を充実するとともに，家庭との連携を図りながら，生徒の学習習慣が確立するよう配慮すること。

(2)　道徳教育や体験活動，多様な表現や鑑賞の活動等を通して，豊かな心や創造性の涵養を目指した教育の充実に努めること。

学校における道徳教育は，特別の教科である道徳（以下「道徳科」という。）を要として学校の教育活動全体を通じて行うものであり，道徳科はもとより，各教科，総合的な学習の時間及び特別活動のそれぞれの特質に応じて，生徒の発達の段階を考慮して，適切な指導を行うこと。

道徳教育は，教育基本法及び学校教育法に定められた教育の根本精神に基づき，人間と

しての生き方を考え，主体的な判断の下に行動し，自立した人間として他者と共によりよく生きるための基盤となる道徳性を養うことを目標とすること。

道徳教育を進めるに当たっては，人間尊重の精神と生命に対する畏敬の念を家庭，学校，その他社会における具体的な生活の中に生かし，豊かな心をもち，伝統と文化を尊重し，それらを育んできた我が国と郷土を愛し，個性豊かな文化の創造を図るとともに，平和で民主的な国家及び社会の形成者として，公共の精神を尊び，社会及び国家の発展に努め，他国を尊重し，国際社会の平和と発展や環境の保全に貢献し未来を拓(ひら)く主体性のある日本人の育成に資することとなるよう特に留意すること。

(3)　学校における体育・健康に関する指導を，生徒の発達の段階を考慮して，学校の教育活動全体を通じて適切に行うことにより，健康で安全な生活と豊かなスポーツライフの実現を目指した教育の充実に努めること。特に，学校における食育の推進並びに体力の向上に関する指導，安全に関する指導及び心身の健康の保持増進に関する指導については，保健体育科，技術・家庭科及び特別活動の時間はもとより，各教科，道徳科及び総合的な学習の時間などにおいてもそれぞれの特質に応じて適切に行うよう努めること。また，それらの指導を通して，家庭や地域社会との連携を図りながら，日常生活において適切な体育・健康に関する活動の実践を促し，生涯を通じて健康・安全で活力ある生活を送るための基礎が培われるよう配慮すること。

3　2の(1)から(3)までに掲げる事項の実現を図り，豊かな創造性を備え持続可能な社会の創り手となることが期待される生徒に，生きる力を育むことを目指すに当たっては，学校教育全体並びに各教科，道徳科，総合的な学習の時間及び特別活動（以下「各教科等」という。ただし，第2の3の(2)のア及びウにおいて，特別活動については学級活動（学校給食に係るものを除く。）に限る。）の指導を通してどのような資質・能力の育成を目指すのかを明確にしながら，

教育活動の充実を図るものとする。その際，生徒の発達の段階や特性等を踏まえつつ，次に掲げることが偏りなく実現できるようにするものとする。

(1) 知識及び技能が習得されるようにすること。

(2) 思考力，判断力，表現力等を育成すること。

(3) 学びに向かう力，人間性等を涵養（かん）すること。

4 各学校においては，生徒や学校，地域の実態を適切に把握し，教育の目的や目標の実現に必要な教育の内容等を教科等横断的な視点で組み立てていくこと，教育課程の実施状況を評価してその改善を図っていくこと，教育課程の実施に必要な人的又は物的な体制を確保するとともにその改善を図っていくことなどを通して，教育課程に基づき組織的かつ計画的に各学校の教育活動の質の向上を図っていくこと（以下「カリキュラム・マネジメント」という。）に努めるものとする。

第2 教育課程の編成

1 各学校の教育目標と教育課程の編成

教育課程の編成に当たっては，学校教育全体や各教科等における指導を通して育成を目指す資質・能力を踏まえつつ，各学校の教育目標を明確にするとともに，教育課程の編成についての基本的な方針が家庭や地域とも共有されるよう努めるものとする。その際，第4章総合的な学習の時間の第2の1に基づき定められる目標との関連を図るものとする。

2 教科等横断的な視点に立った資質・能力の育成

(1) 各学校においては，生徒の発達の段階を考慮し，言語能力，情報活用能力（情報モラルを含む。），問題発見・解決能力等の学習の基盤となる資質・能力を育成していくことができるよう，各教科等の特質を生かし，教科等横断的な視点から教育課程の編成を図るものとする。

(2) 各学校においては，生徒や学校，地域の実態及び生徒の発達の段階を考慮し，豊かな人生の実現や災害等を乗り越えて次代の社会を形成することに向けた現代的な諸課題に対応して求められる資質・能力を，教科等横断的な視点で育成していくことができるよう，各

学校の特色を生かした教育課程の編成を図るものとする。

3 教育課程の編成における共通的事項

(1) 内容等の取扱い

ア 第2章以下に示す各教科，道徳科及び特別活動の内容に関する事項は，特に示す場合を除き，いずれの学校においても取り扱わなければならない。

イ 学校において特に必要がある場合には，第2章以下に示していない内容を加えて指導することができる。また，第2章以下に示す内容の取扱いのうち内容の範囲や程度等を示す事項は，全ての生徒に対して指導するものとする内容の範囲や程度等を示したものであり，学校において特に必要がある場合には，この事項にかかわらず加えて指導することができる。ただし，これらの場合には，第2章以下に示す各教科，道徳科及び特別活動の目標や内容の趣旨を逸脱したり，生徒の負担過重となったりすることのないようにしなければならない。

ウ 第2章以下に示す各教科，道徳科及び特別活動の内容に掲げる事項の順序は，特に示す場合を除き，指導の順序を示すものではないので，学校においては，その取扱いについて適切な工夫を加えるものとする。

エ 学校において2以上の学年の生徒で編制する学級について特に必要がある場合には，各教科の目標の達成に支障のない範囲内で，各教科の目標及び内容について学年別の順序によらないことができる。

オ 各学校においては，生徒や学校，地域の実態を考慮して，生徒の特性等に応じた多様な学習活動が行えるよう，第2章に示す各教科や，特に必要な教科を，選択教科として開設し生徒に履修させることができる。その場合にあっては，全ての生徒に指導すべき内容との関連を図りつつ，選択教科の授業時数及び内容を適切に定め選択教科の指導計画を作成し，生徒の負担過重となることのないようにしなければならない。また，特に必要な教科の名称，目標，内容などについては，各学校が適切に定めるものとする。

カ　道徳科を要として学校の教育活動全体を通じて行う道徳教育の内容は，第3章特別の教科道徳の第2に示す内容とし，その実施に当たっては，第6に示す道徳教育に関する配慮事項を踏まえるものとする。

(2)　授業時数等の取扱い

ア　各教科等の授業は，年間35週以上にわたって行うよう計画し，週当たりの授業時数が生徒の負担過重にならないようにするものとする。ただし，各教科等や学習活動の特質に応じ効果的な場合には，夏季，冬季，学年末等の休業日の期間に授業日を設定する場合を含め，これらの授業を特定の期間に行うことができる。

イ　特別活動の授業のうち，生徒会活動及び学校行事については，それらの内容に応じ，年間，学期ごと，月ごとなどに適切な授業時数を充てるものとする。

ウ　各学校の時間割については，次の事項を踏まえ適切に編成するものとする。

　(ア)　各教科等のそれぞれの授業の1単位時間は，各学校において，各教科等の年間授業時数を確保しつつ，生徒の発達の段階及び各教科等や学習活動の特質を考慮して適切に定めること。

　(イ)　各教科等の特質に応じ，10分から15分程度の短い時間を活用して特定の教科等の指導を行う場合において，当該教科等を担当する教師が，単元や題材など内容や時間のまとまりを見通した中で，その指導内容の決定や指導の成果の把握と活用等を責任をもって行う体制が整備されているときは，その時間を当該教科等の年間授業時数に含めることができること。

　(ウ)　給食，休憩などの時間については，各学校において工夫を加え，適切に定めること。

　(エ)　各学校において，生徒や学校，地域の実態，各教科等や学習活動の特質等に応じて，創意工夫を生かした時間割を弾力的に編成できること。

エ　総合的な学習の時間における学習活動により，特別活動の学校行事に掲げる各行事の実施と同様の成果が期待できる場合においては，総合的な学習の時間における学習活動をもって相当する特別活動の学校行事に掲げる各行事の実施に替えることができる。

(3)　指導計画の作成等に当たっての配慮事項

各学校においては，次の事項に配慮しながら，学校の創意工夫を生かし，全体として，調和のとれた具体的な指導計画を作成するものとする。

ア　各教科等の指導内容については，(1)のアを踏まえつつ，単元や題材など内容や時間のまとまりを見通しながら，そのまとめ方や重点の置き方に適切な工夫を加え，第3の1に示す主体的・対話的で深い学びの実現に向けた授業改善を通して資質・能力を育む効果的な指導ができるようにすること。

イ　各教科等及び各学年相互間の関連を図り，系統的，発展的な指導ができるようにすること。

4　学校段階間の接続

教育課程の編成に当たっては，次の事項に配慮しながら，学校段階間の接続を図るものとする。

(1)　小学校学習指導要領を踏まえ，小学校教育までの学習の成果が中学校教育に円滑に接続され，義務教育段階の終わりまでに育成することを目指す資質・能力を，生徒が確実に身に付けることができるよう工夫すること。特に，義務教育学校，小学校連携型中学校及び小学校併設型中学校においては，義務教育9年間を見通した計画的かつ継続的な教育課程を編成すること。

(2)　高等学校学習指導要領を踏まえ，高等学校教育及びその後の教育との円滑な接続が図られるよう工夫すること。特に，中等教育学校，連携型中学校及び併設型中学校においては，中等教育6年間を見通した計画的かつ継続的な教育課程を編成すること。

第3　教育課程の実施と学習評価

1　主体的・対話的で深い学びの実現に向けた授業改善

各教科等の指導に当たっては，次の事項に配慮するものとする。

(1)　第1の3の(1)から(3)までに示すことが偏りなく実現されるよう，単元や題材など内容や

時間のまとまりを見通しながら，生徒の主体的・対話的で深い学びの実現に向けた授業改善を行うこと。

特に，各教科等において身に付けた知識及び技能を活用したり，思考力，判断力，表現力等や学びに向かう力，人間性等を発揮させたりして，学習の対象となる物事を捉え思考することにより，各教科等の特質に応じた物事を捉える視点や考え方（以下「見方・考え方」という。）が鍛えられていくことに留意し，生徒が各教科等の特質に応じた見方・考え方を働かせながら，知識を相互に関連付けてより深く理解したり，情報を精査して考えを形成したり，問題を見いだして解決策を考えたり，思いや考えを基に創造したりすることに向かう過程を重視した学習の充実を図ること。

(2) 第2の2の(1)に示す言語能力の育成を図るため，各学校において必要な言語環境を整えるとともに，国語科を要としつつ各教科等の特質に応じて，生徒の言語活動を充実すること。あわせて，(7)に示すとおり読書活動を充実すること。

(3) 第2の2の(1)に示す情報活用能力の育成を図るため，各学校において，コンピュータや情報通信ネットワークなどの情報手段を活用するために必要な環境を整え，これらを適切に活用した学習活動の充実を図ること。また，各種の統計資料や新聞，視聴覚教材や教育機器などの教材・教具の適切な活用を図ること。

(4) 生徒が学習の見通しを立てたり学習したことを振り返ったりする活動を，計画的に取り入れるように工夫すること。

(5) 生徒が生命の有限性や自然の大切さ，主体的に挑戦してみることや多様な他者と協働することの重要性などを実感しながら理解することができるよう，各教科等の特質に応じた体験活動を重視し，家庭や地域社会と連携しつつ体系的・継続的に実施できるよう工夫すること。

(6) 生徒が自ら学習課題や学習活動を選択する機会を設けるなど，生徒の興味・関心を生かした自主的，自発的な学習が促されるよう工夫すること。

(7) 学校図書館を計画的に利用しその機能の活用を図り，生徒の主体的・対話的で深い学びの実現に向けた授業改善に生かすとともに，生徒の自主的，自発的な学習活動や読書活動を充実すること。また，地域の図書館や博物館，美術館，劇場，音楽堂等の施設の活用を積極的に図り，資料を活用した情報の収集や鑑賞等の学習活動を充実すること。

2 学習評価の充実

学習評価の実施に当たっては，次の事項に配慮するものとする。

(1) 生徒のよい点や進歩の状況などを積極的に評価し，学習したことの意義や価値を実感できるようにすること。また，各教科等の目標の実現に向けた学習状況を把握する観点から，単元や題材など内容や時間のまとまりを見通しながら評価の場面や方法を工夫して，学習の過程や成果を評価し，指導の改善や学習意欲の向上を図り，資質・能力の育成に生かすようにすること。

(2) 創意工夫の中で学習評価の妥当性や信頼性が高められるよう，組織的かつ計画的な取組を推進するとともに，学年や学校段階を越えて生徒の学習の成果が円滑に接続されるように工夫すること。

第4章 総合的な学習の時間

第1 目標

探究的な見方・考え方を働かせ，横断的・総合的な学習を行うことを通して，よりよく課題を解決し，自己の生き方を考えていくための資質・能力を次のとおり育成することを目指す。

(1) 探究的な学習の過程において，課題の解決に必要な知識及び技能を身に付け，課題に関わる概念を形成し，探究的な学習のよさを理解するようにする。

(2) 実社会や実生活の中から問いを見いだし，自分で課題を立て，情報を集め，整理・分析して，まとめ・表現することができるようにする。

(3) 探究的な学習に主体的・協働的に取り組むとともに，互いのよさを生かしながら，積極

的に社会に参画しようとする態度を養う。

第2　各学校において定める目標及び内容

1　目　標

　各学校においては，第1の目標を踏まえ，各学校の総合的な学習の時間の目標を定める。

2　内　容

　各学校においては，第1の目標を踏まえ，各学校の総合的な学習の時間の内容を定める。

3　各学校において定める目標及び内容の取扱い

　各学校において定める目標及び内容の設定に当たっては，次の事項に配慮するものとする。

(1)　各学校において定める目標については，各学校における教育目標を踏まえ，総合的な学習の時間を通して育成を目指す資質・能力を示すこと。

(2)　各学校において定める目標及び内容については，他教科等の目標及び内容との違いに留意しつつ，他教科等で育成を目指す資質・能力との関連を重視すること。

(3)　各学校において定める目標及び内容については，日常生活や社会との関わりを重視すること。

(4)　各学校において定める内容については，目標を実現するにふさわしい探究課題，探究課題の解決を通して育成を目指す具体的な資質・能力を示すこと。

(5)　目標を実現するにふさわしい探究課題については，学校の実態に応じて，例えば，国際理解，情報，環境，福祉・健康などの現代的な諸課題に対応する横断的・総合的な課題，地域や学校の特色に応じた課題，生徒の興味・関心に基づく課題，職業や自己の将来に関する課題などを踏まえて設定すること。

(6)　探究課題の解決を通して育成を目指す具体的な資質・能力については，次の事項に配慮すること。

ア　知識及び技能については，他教科等及び総合的な学習の時間で習得する知識及び技能が相互に関連付けられ，社会の中で生きて働くものとして形成されるようにすること。

イ　思考力，判断力，表現力等については，課題の設定，情報の収集，整理・分析，まと

め・表現などの探究的な学習の過程において発揮され，未知の状況において活用できるものとして身に付けられるようにすること。

ウ　学びに向かう力，人間性等については，自分自身に関すること及び他者や社会との関わりに関することの両方の視点を踏まえること。

(7)　目標を実現するにふさわしい探究課題及び探究課題の解決を通して育成を目指す具体的な資質・能力については，教科等を越えた全ての学習の基盤となる資質・能力が育まれ，活用されるものとなるよう配慮すること。

第3　指導計画の作成と内容の取扱い

1　指導計画の作成に当たっては，次の事項に配慮するものとする。

(1)　年間や，単元など内容や時間のまとまりを見通して，その中で育む資質・能力の育成に向けて，生徒の主体的・対話的で深い学びの実現を図るようにすること。その際，生徒や学校，地域の実態等に応じて，生徒が探究的な見方・考え方を働かせ，教科等の枠を超えた横断的・総合的な学習や生徒の興味・関心等に基づく学習を行うなど創意工夫を生かした教育活動の充実を図ること。

(2)　全体計画及び年間指導計画の作成に当たっては，学校における全教育活動との関連の下に，目標及び内容，学習活動，指導方法や指導体制，学習の評価の計画などを示すこと。その際，小学校における総合的な学習の時間の取組を踏まえること。

(3)　他教科等及び総合的な学習の時間で身に付けた資質・能力を相互に関連付け，学習や生活において生かし，それらが総合的に働くようにすること。その際，言語能力，情報活用能力など全ての学習の基盤となる資質・能力を重視すること。

(4)　他教科等の目標及び内容との違いに留意しつつ，第1の目標並びに第2の各学校において定める目標及び内容を踏まえた適切な学習活動を行うこと。

(5)　各学校における総合的な学習の時間の名称については，各学校において適切に定めること。

(6)　障害のある生徒などについては，学習活動

を行う場合に生じる困難さに応じた指導内容
や指導方法の工夫を計画的，組織的に行うこ
と。
(7)　第1章総則の第1の2の(2)に示す道徳教育
の目標に基づき，道徳科などとの関連を考慮
しながら，第3章特別の教科道徳の第2に示
す内容について，総合的な学習の時間の特質
に応じて適切な指導をすること。
2　第2の内容の取扱いについては，次の事項
に配慮するものとする。
(1)　第2の各学校において定める目標及び内容
に基づき，生徒の学習状況に応じて教師が適
切な指導を行うこと。
(2)　探究的な学習の過程においては，他者と協
働して課題を解決しようとする学習活動や，
言語により分析し，まとめたり表現したりす
るなどの学習活動が行われるようにすること。
その際，例えば，比較する，分類する，関連
付けるなどの考えるための技法が活用される
ようにすること。
(3)　探究的な学習の過程においては，コン
ピュータや情報通信ネットワークなどを適切
かつ効果的に活用して，情報を収集・整理・
発信するなどの学習活動が行われるよう工夫
すること。その際，情報や情報手段を主体的
に選択し活用できるよう配慮すること。
(4)　自然体験や職場体験活動，ボランティア活
動などの社会体験，ものづくり，生産活動な
どの体験活動，観察・実験，見学や調査，発
表や討論などの学習活動を積極的に取り入れ
ること。
(5)　体験活動については，第1の目標並びに第
2の各学校において定める目標及び内容を踏
まえ，探究的な学習の過程に適切に位置付け
ること。
(6)　グループ学習や異年齢集団による学習など
の多様な学習形態，地域の人々の協力も得つ
つ，全教師が一体となって指導に当たるなど
の指導体制について工夫を行うこと。
(7)　学校図書館の活用，他の学校との連携，公
民館，図書館，博物館等の社会教育施設や社
会教育関係団体等の各種団体との連携，地域
の教材や学習環境の積極的な活用などの工夫

を行うこと。
(8)　職業や自己の将来に関する学習を行う際に
は，探究的な学習に取り組むことを通して，
自己を理解し，将来の生き方を考えるなどの
学習活動が行われるようにすること。

高等学校学習指導要領(平成30年告示)(抜粋)

(平成30年3月告示)

第1章　総則

第1款　高等学校教育の基本と教育課程の役割
1　各学校においては，教育基本法及び学校教
育法その他の法令並びにこの章以下に示すとこ
ろに従い，生徒の人間として調和のとれた育成
を目指し，生徒の心身の発達の段階や特性等，
課程や学科の特色及び学校や地域の実態を十分
考慮して，適切な教育課程を編成するものとし，
これらに掲げる目標を達成するよう教育を行う
ものとする。
2　学校の教育活動を進めるに当たっては，各
学校において，第3款の1に示す主体的・対話
的で深い学びの実現に向けた授業改善を通して，
創意工夫を生かした特色ある教育活動を展開す
る中で，次の(1)から(3)までに掲げる事項の実現
を図り，生徒に生きる力を育むことを目指すも
のとする。
(1)　基礎的・基本的な知識及び技能を確実に習
得させ，これらを活用して課題を解決するた
めに必要な思考力，判断力，表現力等を育む
とともに，主体的に学習に取り組む態度を養
い，個性を生かし多様な人々との協働を促す
教育の充実に努めること。その際，生徒の発
達の段階を考慮して，生徒の言語活動など，
学習の基盤をつくる活動を充実するとともに，
家庭との連携を図りながら，生徒の学習習慣
が確立するよう配慮すること。
(2)　道徳教育や体験活動，多様な表現や鑑賞の
活動等を通して，豊かな心や創造性の涵養を
目指した教育の充実に努めること。
　　学校における道徳教育は，人間としての在
り方生き方に関する教育を学校の教育活動全

体を通じて行うことによりその充実を図るものとし，各教科に属する科目（以下「各教科・科目」という。），総合的な探究の時間及び特別活動（以下「各教科・科目等」という。）のそれぞれの特質に応じて，適切な指導を行うこと。

道徳教育は，教育基本法及び学校教育法に定められた教育の根本精神に基づき，生徒が自己探求と自己実現に努め国家・社会の一員としての自覚に基づき行為しうる発達の段階にあることを考慮し，人間としての在り方生き方を考え，主体的な判断の下に行動し，自立した人間として他者と共によりよく生きるための基盤となる道徳性を養うことを目標とすること。

道徳教育を進めるに当たっては，人間尊重の精神と生命に対する畏敬の念を家庭，学校，その他社会における具体的な生活の中に生かし，豊かな心をもち，伝統と文化を尊重し，それらを育んできた我が国と郷土を愛し，個性豊かな文化の創造を図るとともに，平和で民主的な国家及び社会の形成者として，公共の精神を尊び，社会及び国家の発展に努め，他国を尊重し，国際社会の平和と発展や環境の保全に貢献し未来を拓く主体性のある日本人の育成に資することとなるよう特に留意すること。

(3)　学校における体育・健康に関する指導を，生徒の発達の段階を考慮して，学校の教育活動全体を通じて適切に行うことにより，健康で安全な生活と豊かなスポーツライフの実現を目指した教育の充実に努めること。特に，学校における食育の推進並びに体力の向上に関する指導，安全に関する指導及び心身の健康の保持増進に関する指導については，保健体育科，家庭科及び特別活動の時間はもとより，各教科・科目及び総合的な探究の時間などにおいてもそれぞれの特質に応じて適切に行うよう努めること。

また，それらの指導を通して，家庭や地域社会との連携を図りながら，日常生活において適切な体育・健康に関する活動の実践を促し，生涯を通じて健康・安全で活力ある生活

を送るための基礎が培われるよう配慮すること。

3　2の(1)から(3)までに掲げる事項の実現を図り，豊かな創造性を備え持続可能な社会の創り手となることが期待される生徒に，生きる力を育むことを目指すに当たっては，学校教育全体及び各教科・科目等の指導を通してどのような資質・能力の育成を目指すのかを明確にしながら，教育活動の充実を図るものとする。その際，生徒の発達の段階や特性等を踏まえつつ，次に掲げることが偏りなく実現できるようにするものとする。

(1)　知識及び技能が習得されるようにすること。
(2)　思考力，判断力，表現力等を育成すること。
(3)　学びに向かう力，人間性等を涵養すること。

4　学校においては，地域や学校の実態等に応じて，就業やボランティアに関わる体験的な学習の指導を適切に行うようにし，勤労の尊さや創造することの喜びを体得させ，望ましい勤労観，職業観の育成や社会奉仕の精神の涵養に資するものとする。

5　各学校においては，生徒や学校，地域の実態を適切に把握し，教育の目的や目標の実現に必要な教育の内容等を教科等横断的な視点で組み立てていくこと，教育課程の実施状況を評価してその改善を図っていくこと，教育課程の実施に必要な人的又は物的な体制を確保するとともにその改善を図っていくことなどを通して，教育課程に基づき組織的かつ計画的に各学校の教育活動の質の向上を図っていくこと（以下「カリキュラム・マネジメント」という。）に努めるものとする。

第2款　教育課程の編成

1　各学校の教育目標と教育課程の編成

教育課程の編成に当たっては，学校教育全体や各教科・科目等における指導を通して育成を目指す資質・能力を踏まえつつ，各学校の教育目標を明確にするとともに，教育課程の編成についての基本的な方針が家庭や地域とも共有されるよう努めるものとする。その際，第4章の第2の1に基づき定められる目標との関連を図るものとする。

2　教科等横断的な視点に立った資質・能力の

育成
(1)　各学校においては，生徒の発達の段階を考慮し，言語能力，情報活用能力（情報モラルを含む。），問題発見・解決能力等の学習の基盤となる資質・能力を育成していくことができるよう，各教科・科目等の特質を生かし，教科等横断的な視点から教育課程の編成を図るものとする。
(2)　各学校においては，生徒や学校，地域の実態及び生徒の発達の段階を考慮し，豊かな人生の実現や災害等を乗り越えて次代の社会を形成することに向けた現代的な諸課題に対応して求められる資質・能力を，教科等横断的な視点で育成していくことができるよう，各学校の特色を生かした教育課程の編成を図るものとする。
3　教育課程の編成における共通的事項
(3)　各教科・科目等の授業時数等
ア　全日制の課程における各教科・科目及びホームルーム活動の授業は，年間35週行うことを標準とし，必要がある場合には，各教科・科目の授業を特定の学期又は特定の期間（夏季，冬季，学年末等の休業日の期間に授業日を設定する場合を含む。）に行うことができる。
イ　全日制の課程における週当たりの授業時数は，30単位時間を標準とする。ただし，必要がある場合には，これを増加することができる。
ウ　定時制の課程における授業日数の季節的配分又は週若しくは1日当たりの授業時数については，生徒の勤労状況と地域の諸事情等を考慮して，適切に定めるものとする。
エ　ホームルーム活動の授業時数については，原則として，年間35単位時間以上とするものとする。
オ　生徒会活動及び学校行事については，学校の実態に応じて，それぞれ適切な授業時数を充てるものとする。
カ　定時制の課程において，特別の事情がある場合には，ホームルーム活動の授業時数の一部を減じ，又はホームルーム活動及び生徒会活動の内容の一部を行わないものとすること

ができる。
キ　各教科・科目等のそれぞれの授業の1単位時間は，各学校において，各教科・科目等の授業時数を確保しつつ，生徒の実態及び各教科・科目等の特質を考慮して適切に定めるものとする。
ク　各教科・科目等の特質に応じ，10分から15分程度の短い時間を活用して特定の各教科・科目等の指導を行う場合において，当該各教科・科目等を担当する教師が単元や題材など内容や時間のまとまりを見通した中で，その指導内容の決定や指導の成果の把握と活用等を責任をもって行う体制が整備されているときは，その時間を当該各教科・科目等の授業時数に含めることができる。
ケ　総合的な探究の時間における学習活動により，特別活動の学校行事に掲げる各行事の実施と同様の成果が期待できる場合においては，総合的な探究の時間における学習活動をもって相当する特別活動の学校行事に掲げる各行事の実施に替えることができる。
コ　理数の「理数探究基礎」又は「理数探究」の履修により，総合的な探究の時間の履修と同様の成果が期待できる場合においては，「理数探究基礎」又は「理数探究」の履修をもって総合的な探究の時間の履修の一部又は全部に替えることができる。
(5)　各教科・科目等の内容等の取扱い
ア　学校においては，第2章以下に示していない事項を加えて指導することができる。また，第2章以下に示す内容の取扱いのうち内容の範囲や程度等を示す事項は，当該科目を履修する全ての生徒に対して指導するものとする内容の範囲や程度等を示したものであり，学校において必要がある場合には，この事項にかかわらず指導することができる。ただし，これらの場合には，第2章以下に示す教科，科目及び特別活動の目標や内容の趣旨を逸脱したり，生徒の負担が過重となったりすることのないようにするものとする。
イ　第2章以下に示す各教科・科目及び特別活動の内容に掲げる事項の順序は，特に示す場合を除き，指導の順序を示すものではないの

で，学校においては，その取扱いについて適
切な工夫を加えるものとする。
ウ　学校においては，あらかじめ計画して，各
教科・科目の内容及び総合的な探究の時間に
おける学習活動を学期の区分に応じて単位ご
とに分割して指導することができる。
エ　学校においては，特に必要がある場合には，
第２章及び第３章に示す教科及び科目の目標
の趣旨を損なわない範囲内で，各教科・科目
の内容に関する事項について，基礎的・基本
的な事項に重点を置くなどその内容を適切に
選択して指導することができる。
(6)　指導計画の作成に当たって配慮すべき事項
　各学校においては，次の事項に配慮しながら，
学校の創意工夫を生かし，全体として，調和の
とれた具体的な指導計画を作成するものとする。
ア　各教科・科目等の指導内容については，単
元や題材など内容や時間のまとまりを見通し
ながら，そのまとめ方や重点の置き方に適切
な工夫を加え，第３款の１に示す主体的・対
話的で深い学びの実現に向けた授業改善を通
して資質・能力を育む効果的な指導ができる
ようにすること。
イ　各教科・科目等について相互の関連を図り，
系統的，発展的な指導ができるようにするこ
と。
　4　学校段階等間の接続
　教育課程の編成に当たっては，次の事項に配
慮しながら，学校段階等間の接続を図るものと
する。
(1)　現行の中学校学習指導要領を踏まえ，中学
校教育までの学習の成果が高等学校教育に円
滑に接続され，高等学校教育段階の終わりま
でに育成することを目指す資質・能力を，生
徒が確実に身に付けることができるよう工夫
すること。特に，中等教育学校，連携型高等
学校及び併設型高等学校においては，中等教
育６年間を見通した計画的かつ継続的な教育
課程を編成すること。
(2)　生徒や学校の実態等に応じ，必要がある場
合には，例えば次のような工夫を行い，義務
教育段階での学習内容の確実な定着を図るよ
うにすること。

ア　各教科・科目の指導に当たり，義務教育段
階での学習内容の確実な定着を図るための学
習機会を設けること。
イ　義務教育段階での学習内容の確実な定着を
図りながら，必履修教科・科目の内容を十分
に習得させることができるよう，その単位数
を標準単位数の標準の限度を超えて増加して
配当すること。
ウ　義務教育段階での学習内容の確実な定着を
図ることを目標とした学校設定科目等を履修
させた後に，必履修教科・科目を履修させる
ようにすること。
(3)　大学や専門学校等における教育や社会的・
職業的自立，生涯にわたる学習のために，高
等学校卒業以降の教育や職業との円滑な接続
が図られるよう，関連する教育機関や企業等
との連携により，卒業後の進路に求められる
資質・能力を着実に育成することができるよ
う工夫すること。
第３款　教育課程の実施と学習評価
1　主体的・対話的で深い学びの実現に向けた
授業改善
　各教科・科目等の指導に当たっては，次の事
項に配慮するものとする。
(1)　第１款の３の(1)から(3)までに示すことが偏
りなく実現されるよう，単元や題材など内容
や時間のまとまりを見通しながら，生徒の主
体的・対話的で深い学びの実現に向けた授業
改善を行うこと。
　　特に，各教科・科目等において身に付けた
知識及び技能を活用したり，思考力，判断力，
表現力等や学びに向かう力，人間性等を発揮
させたりして，学習の対象となる物事を捉え
思考することにより，各教科・科目等の特質
に応じた物事を捉える視点や考え方（以下
「見方・考え方」という。）が鍛えられていく
ことに留意し，生徒が各教科・科目等の特質
に応じた見方・考え方を働かせながら，知識
を相互に関連付けてより深く理解したり，情
報を精査して考えを形成したり，問題を見い
だして解決策を考えたり，思いや考えを基に
創造したりすることに向かう過程を重視した
学習の充実を図ること。

(2) 第2款の2の(1)に示す言語能力の育成を図るため，各学校において必要な言語環境を整えるとともに，国語科を要としつつ各教科・科目等の特質に応じて，生徒の言語活動を充実すること。あわせて，(6)に示すとおり読書活動を充実すること。

(3) 第2款の2の(1)に示す情報活用能力の育成を図るため，各学校において，コンピュータや情報通信ネットワークなどの情報手段を活用するために必要な環境を整え，これらを適切に活用した学習活動の充実を図ること。また，各種の統計資料や新聞，視聴覚教材や教育機器などの教材・教具の適切な活用を図ること。

(4) 生徒が学習の見通しを立てたり学習したことを振り返ったりする活動を，計画的に取り入れるように工夫すること。

(5) 生徒が生命の有限性や自然の大切さ，主体的に挑戦してみることや多様な他者と協働することの重要性などを実感しながら理解することができるよう，各教科・科目等の特質に応じた体験活動を重視し，家庭や地域社会と連携しつつ体系的・継続的に実施できるよう工夫すること。

(6) 学校図書館を計画的に利用しその機能の活用を図り，生徒の主体的・対話的で深い学びの実現に向けた授業改善に生かすとともに，生徒の自主的，自発的な学習活動や読書活動を充実すること。また，地域の図書館や博物館，美術館，劇場，音楽堂等の施設の活用を積極的に図り，資料を活用した情報の収集や鑑賞等の学習活動を充実すること。

2　学習評価の充実

学習評価の実施に当たっては，次の事項に配慮するものとする。

(1) 生徒のよい点や進歩の状況などを積極的に評価し，学習したことの意義や価値を実感できるようにすること。また，各教科・科目等の目標の実現に向けた学習状況を把握する観点から，単元や題材など内容や時間のまとまりを見通しながら評価の場面や方法を工夫して，学習の過程や成果を評価し，指導の改善や学習意欲の向上を図り，資質・能力の育成

に生かすようにすること。

(2) 創意工夫の中で学習評価の妥当性や信頼性が高められるよう，組織的かつ計画的な取組を推進するとともに，学年や学校段階を越えて生徒の学習の成果が円滑に接続されるように工夫すること。

第4章　総合的な探究の時間

第1　目　標

探究の見方・考え方を働かせ，横断的・総合的な学習を行うことを通して，自己の在り方生き方を考えながら，よりよく課題を発見し解決していくための資質・能力を次のとおり育成することを目指す。

(1) 探究の過程において，課題の発見と解決に必要な知識及び技能を身に付け，課題に関わる概念を形成し，探究の意義や価値を理解するようにする。

(2) 実社会や実生活と自己との関わりから問いを見いだし，自分で課題を立て，情報を集め，整理・分析して，まとめ・表現することができるようにする。

(3) 探究に主体的・協働的に取り組むとともに，互いのよさを生かしながら，新たな価値を創造し，よりよい社会を実現しようとする態度を養う。

第2　各学校において定める目標及び内容

1　目　標

各学校においては，第1の目標を踏まえ，各学校の総合的な探究の時間の目標を定める。

2　内　容

各学校においては，第1の目標を踏まえ，各学校の総合的な探究の時間の内容を定める。

3　各学校において定める目標及び内容の取扱い

各学校において定める目標及び内容の設定に当たっては，次の事項に配慮するものとする。

(1) 各学校において定める目標については，各学校における教育目標を踏まえ，総合的な探究の時間を通して育成を目指す資質・能力を示すこと。

(2) 各学校において定める目標及び内容については，他教科等の目標及び内容との違いに留

意しつつ，他教科等で育成を目指す資質・能力との関連を重視すること。

(3) 各学校において定める目標及び内容については，地域や社会との関わりを重視すること。

(4) 各学校において定める内容については，目標を実現するにふさわしい探究課題，探究課題の解決を通して育成を目指す具体的な資質・能力を示すこと。

(5) 目標を実現するにふさわしい探究課題については，地域や学校の実態，生徒の特性等に応じて，例えば，国際理解，情報，環境，福祉・健康などの現代的な諸課題に対応する横断的・総合的な課題，地域や学校の特色に応じた課題，生徒の興味・関心に基づく課題，職業や自己の進路に関する課題などを踏まえて設定すること。

(6) 探究課題の解決を通して育成を目指す具体的な資質・能力については，次の事項に配慮すること。

ア　知識及び技能については，他教科等及び総合的な探究の時間で習得する知識及び技能が相互に関連付けられ，社会の中で生きて働くものとして形成されるようにすること。

イ　思考力，判断力，表現力等については，課題の設定，情報の収集，整理・分析，まとめ・表現などの探究の過程において発揮され，未知の状況において活用できるものとして身に付けられるようにすること。

ウ　学びに向かう力，人間性等については，自分自身に関すること及び他者や社会との関わりに関することの両方の視点を踏まえること。

(7) 目標を実現するにふさわしい探究課題及び探究課題の解決を通して育成を目指す具体的な資質・能力については，教科・科目等を越えた全ての学習の基盤となる資質・能力が育まれ，活用されるものとなるよう配慮すること。

第3　指導計画の作成と内容の取扱い

1　指導計画の作成に当たっては，次の事項に配慮するものとする。

(1) 年間や，単元など内容や時間のまとまりを見通して，その中で育む資質・能力の育成に向けて，生徒の主体的・対話的で深い学びの

実現を図るようにすること。その際，生徒や学校，地域の実態等に応じて，生徒が探究の見方・考え方を働かせ，教科・科目等の枠を超えた横断的・総合的な学習や生徒の興味・関心等に基づく学習を行うなど創意工夫を生かした教育活動の充実を図ること。

(2) 全体計画及び年間指導計画の作成に当たっては，学校における全教育活動との関連の下に，目標及び内容，学習活動，指導方法や指導体制，学習の評価の計画などを示すこと。

(3) 目標を実現するにふさわしい探究課題を設定するに当たっては，生徒の多様な課題に対する意識を生かすことができるよう配慮すること。

(4) 他教科等及び総合的な探究の時間で身に付けた資質・能力を相互に関連付け，学習や生活において生かし，それらが総合的に働くようにすること。その際，言語能力，情報活用能力など全ての学習の基盤となる資質・能力を重視すること。

(5) 他教科等の目標及び内容との違いに留意しつつ，第1の目標並びに第2の各学校において定める目標及び内容を踏まえた適切な学習活動を行うこと。

(6) 各学校における総合的な探究の時間の名称については，各学校において適切に定めること。

(7) 障害のある生徒などについては，学習活動を行う場合に生じる困難さに応じた指導内容や指導方法の工夫を計画的，組織的に行うこと。

(8) 総合学科においては，総合的な探究の時間の学習活動として，原則として生徒が興味・関心，進路等に応じて設定した課題について知識や技能の深化，総合化を図る学習活動を含むこと。

2　内容の取扱いに当たっては，次の事項に配慮するものとする。

(1) 第2の各学校において定める目標及び内容に基づき，生徒の学習状況に応じて教師が適切な指導を行うこと。

(2) 課題の設定においては，生徒が自分で課題を発見する過程を重視すること。

(3) 第2の3の(6)のウにおける両方の視点を踏
    まえた学習を行う際には，これらの視点を生
    徒が自覚し，内省的に捉えられるよう配慮す
    ること。

(4) 探究の過程においては，他者と協働して課
    題を解決しようとする学習活動や，言語によ
    り分析し，まとめたり表現したりするなどの
    学習活動が行われるようにすること。その際，
    例えば，比較する，分類する，関連付けるな
    どの考えるための技法が自在に活用されるよ
    うにすること。

(5) 探究の過程においては，コンピュータや情
    報通信ネットワークなどを適切かつ効果的に
    活用して，情報を収集・整理・発信するなど
    の学習活動が行われるよう工夫すること。そ
    の際，情報や情報手段を主体的に選択し活用
    できるよう配慮すること。

(6) 自然体験や就業体験活動，ボランティア活
    動などの社会体験，ものづくり，生産活動な
    どの体験活動，観察・実験・実習，調査・研
    究，発表や討論などの学習活動を積極的に取
    り入れること。

(7) 体験活動については，第1の目標並びに第
    2の各学校において定める目標及び内容を踏
    まえ，探究の過程に適切に位置付けること。

(8) グループ学習や個人研究などの多様な学習
    形態，地域の人々の協力も得つつ，全教師が
    一体となって指導に当たるなどの指導体制に
    ついて工夫を行うこと。

(9) 学校図書館の活用，他の学校との連携，公
    民館，図書館，博物館等の社会教育施設や社
    会教育関係団体等の各種団体との連携，地域
    の教材や学習環境の積極的な活用などの工夫
    を行うこと。

(10) 職業や自己の進路に関する学習を行う際に
    は，探究に取り組むことを通して，自己を理
    解し，将来の在り方生き方を考えるなどの学
    習活動が行われるようにすること。

**我々の世界を変革する：
持続可能な開発のための2030アジェンダ(抜粋)**

(2015年9月25日第70回国連総会採択)

(外務省仮訳)

前 文

このアジェンダは，人間，地球及び繁栄のた
めの行動計画である。これはまた，より大きな
自由における普遍的な平和の強化を追求するもので
もある。我々は，極端な貧困を含む，あらゆる
形態と側面の貧困を撲滅することが最大の地球
規模の課題であり，持続可能な開発のための不
可欠な必要条件であると認識する。

すべての国及びすべてのステークホルダーは，
協同的なパートナーシップの下，この計画を実
行する。我々は，人類を貧困の恐怖及び欠乏の
専制から解き放ち，地球を癒やし安全にするこ
とを決意している。我々は，世界を持続的かつ
強靱（レジリエント）な道筋に移行させるため
に緊急に必要な，大胆かつ変革的な手段をとる
ことに決意している。我々はこの共同の旅路に
乗り出すにあたり，誰一人取り残さないことを
誓う。

今日我々が発表する17の持続可能な開発のた
めの目標（SDGs）と，169のターゲットは，こ
の新しく普遍的なアジェンダの規模と野心を示
している。これらの目標とターゲットは，ミレ
ニアム開発目標（MDGs）を基にして，ミレニ
アム開発目標が達成できなかったものを全うす
ることを目指すものである。これらは，すべて
の人々の人権を実現し，ジェンダー平等とすべ
ての女性と女児の能力強化を達成することを目
指す。これらの目標及びターゲットは，統合さ
れ不可分のものであり，持続可能な開発の三側
面，すなわち経済，社会及び環境の三側面を調
和させるものである。

これらの目標及びターゲットは，人類及び地
球にとり極めて重要な分野で，向こう15年間に
わたり，行動を促進するものになろう。

人 間

我々は，あらゆる形態及び側面において貧困

と飢餓に終止符を打ち，すべての人間が尊厳と
平等の下に，そして健康な環境の下に，その持
てる潜在能力を発揮することができることを確
保することを決意する。

地　球

　我々は，地球が現在及び将来の世代の需要を
支えることができるように，持続可能な消費及
び生産，天然資源の持続可能な管理並びに気候
変動に関する緊急の行動をとることを含めて，
地球を破壊から守ることを決意する。

繁　栄

　我々は，すべての人間が豊かで満たされた生
活を享受することができること，また，経済的,
社会的及び技術的な進歩が自然との調和のうち
に生じることを確保することを決意する。

平　和

　我々は，恐怖及び暴力から自由であり，平和
的，公正かつ包摂的な社会を育んでいくことを
決意する。平和なくしては持続可能な開発はあ
り得ず，持続可能な開発なくして平和もあり得
ない。

パートナーシップ

　我々は，強化された地球規模の連帯の精神に
基づき，最も貧しく最も脆弱な人々の必要に特
別の焦点をあて，全ての国，全てのステークホ
ルダー及び全ての人の参加を得て，再活性化さ
れた「持続可能な開発のためのグローバル・
パートナーシップ」を通じてこのアジェンダを
実施するに必要とされる手段を動員することを
決意する。

　持続可能な開発目標の相互関連性及び統合さ
れた性質は，この新たなアジェンダ（以後「新
アジェンダ」と呼称）の目的が実現されること
を確保する上で極めて重要である。もし我々が
このアジェンダのすべての範囲にわたり自らの
野心を実現することができれば，すべての人々
の生活は大いに改善され，我々の世界はより良
いものへと変革されるであろう。

索　引

《監修者紹介》

広岡義之 （ひろおかよしゆき）　神戸親和大学教育学部・同大学院特任教授

林　泰成 （はやしやすなり）　上越教育大学学長

貝塚茂樹 （かいづかしげき）　武蔵野大学教育学部・同大学院教授

《執筆者紹介》所属，執筆分担，執筆順，＊は編者

＊釜田　聡 （かまださとし）　編著者紹介参照：はじめに，第1章，第8章，補章4

田村　学 （たむらまなぶ）　國學院大學人間開発学部教授：第2章

＊松井千鶴子 （まついちづこ）　編著者紹介参照：第3章，補章4

小林晃彦 （こばやしあきひこ）　上越教育大学学校実習・ボランティア支援室特任教授：第4章

多田孝志 （ただたかし）　金沢学院大学教育学部教授：第5章

神田　章 （かんだあきら）　新発田市立東豊小学校教諭：第6章

山之内知行 （やまのうちともゆき）　柏崎市立荒浜小学校校長：第7章

増田有貴 （ますだゆうき）　村上市立荒川中学校教諭，上越教育大学専門職学位課程：第9章

原　瑞穂 （はらみずほ）　上越教育大学大学院学校教育研究科准教授：第10章

小高さほみ （こだかさほみ）　上越教育大学大学院学校教育研究科教授：第11章

渡辺径子 （わたなべみちこ）　上越教育大学大学院学校教育研究科准教授：第12章

鈴木克典 （すずきかつのり）　上越教育大学学校教育実践研究センター特任教授：第13章

大崎　貢 （おおさきみつぐ）　上越教育大学附属中学校教諭：第13章

＊梅野正信 （うめのまさのぶ）　編著者紹介参照：第14章，補章4

藤岡達也 （ふじおかたつや）　滋賀大学大学院教育学研究科教授：第15章

田島阿樹 （たじまあき）　新潟県立新潟翠江高等学校通信制教諭：補章1

田島弘司（たじまこうじ）　上越教育大学大学院学校教育研究科教授：補章2

宮崎遼（みやざきりょう）　サウスイーストミズーリ州立大学修士課程（英語教授法）：補章2

早川昌（はやかわあきら）　新潟県立三条東高等学校教頭：補章3

《編著者紹介》

釜田　聡（かまだ・さとし）

　1958年生まれ。上越教育大学大学院学校教育研究科教授。上越教育大学大学院学校教育研究科教科・領域教育専攻修了。修士（教育学）。主著に『「上越教師の会」の研究』（共編著）学文社，2007年。『日韓で考える歴史教育——教科書比較とともに』（共著）明石書店，2010年。『日韓中でつくる国際理解教育』（共著）明石書店，2014年。『上越発「総合学習」のあゆみと展開——子どもの力を引き出し育む総合的な学習の時間を創造するために』（共編著）三恵社，2020年。『国際理解教育を問い直す——現代的課題への15のアプローチ』（共編著）明石書店，2021年など。

松井　千鶴子（まつい・ちづこ）

　1959年生まれ。上越教育大学大学院学校教育研究科教授。上越教育大学大学院学校教育研究科学校教育専攻修了。修士（教育学）。主著に『教員養成は今変わる』（共著）教育出版，2007年。『学び続ける教師になるためのガイドブック　成功する学校改善プロジェクト編』（共著）明治図書，2015年。『上越発「総合学習」のあゆみと展開——子どもの力を引き出し育む総合的な学習の時間を創造するために』（共編著）三恵社，2020年など。

梅野　正信（うめの・まさのぶ）

1955年生まれ。学習院大学文学部教授。上越教育大学大学院学校教育研究科教科・領域教育専攻修了。博士（学校教育学）。主著に『社会科歴史教科書成立史──占領期を中心に』日本図書センター，2004年。『日本映画に学ぶ教育・社会・いのち』エイデル研究所，2005年。『裁判判決で学ぶ日本の人権──中学高校授業づくりのための判決書教材資料』明石書店，2006年。『教育管理職のための法常識講座──判決に学ぶ「いじめ」「体罰」「ネット」「虐待」「学級崩壊」への対応』上越教育大学出版会，2015年。『映画で見直す教育基本法』三恵社，2022年など。

ミネルヴァ教職専門シリーズ⑪
総合的な学習の時間の新展開

2023 年 4 月 20 日　初版第 1 刷発行　　　　〈検印省略〉

定価はカバーに
表示しています

編著者	釜	田	聡
	松	井	千鶴子
	梅	野	正 信
発行者	杉	田	啓 三
印刷者	坂	本	喜 杏

発行所　株式会社　ミネルヴァ書房
607-8494　京都市山科区日ノ岡堤谷町1
電話代表　(075)581-5191
振替口座　01020-0-8076

Ⓒ釜田・松井・梅野ほか, 2023　冨山房インターナショナル・藤沢製本

ISBN 978-4-623-09531-5
Printed in Japan

ミネルヴァ教職専門シリーズ

広岡義之・林 泰成・貝塚茂樹 監修

全12巻

Ａ５判／美装カバー／200〜260頁／本体予価2400〜2600円／＊は既刊

ミネルヴァ書房
https://www.minervashobo.co.jp/